토실토실 영단어 영숙어 - 심화편

ⓒ 김영일, 2020

1판 1쇄 인쇄_2020년 9월 20일
1판 1쇄 발행_2020년 9월 30일

지은이_김영일
펴낸이_홍정표

펴낸곳_글로벌콘텐츠
　　　　등록_제25100-2008-000024호

공급처_(주)글로벌콘텐츠출판그룹
　　　　대표_홍정표　이사_김미미　편집_권군오 김수아 이상민 홍명지　기획·마케팅_노경민 이종훈
　　　　주소_서울특별시 강동구 풍성로 87-6　전화_02) 488-3280　팩스_02) 488-3281
　　　　홈페이지_http://www.gcbook.co.kr　메일_edit@gcbook.co.kr

값 13,800원
ISBN 979-11-5852-293-3　13740

토익, 입사시험, 공무원 시험 고득점 대비
실전 핵심 단어와 숙어

필수 핵심 단어

필수 숙어

실용 숙어

토실
토실
영단어
영숙어 심화편

김영일 지음

글로벌콘텐츠

머리말

영어 단어와 숙어는 토익뿐만 아니라 어떠한 형태의 영어시험이나 학습에 필수적이라는 것은 틀림이 없다. 대기업 입사시험이나 공무원시험에도 영어 단어와 숙어는 난도를 달리하여 응시자들을 테스트한다. 그러므로 영어 단어와 숙어는 영어로 학습하는 모든 학습자들에게는 필수적일 수밖에 없는 것이다. 이미 필자는 토익에 관한 책을 여러 권 출간한 바 있다. 이번에 내놓는 책을 독자들이 기존의 문법책과 함께 차례대로 학습을 하면 많은 도움이 되리라고 믿는다. 또한 필자는 이번에 출간하는 단어와 숙어 책이 독자들이 실전에 완벽하게 대비하도록 심혈을 기울였으므로 이 책을 철저하게 독파한다면 소기의 성과를 거둘 것이라고 생각한다.

『토실토실 영단어 영숙어 - 심화편』은 총 세 단계로 나누어서 엮었다.

첫번째 단계는 반드시 알아야 할 핵심적인 단어를 실었다.
두번째 단계는 반드시 익혀야 할 필수 숙어를 실었다.
세번째 단계는 실용 숙어를 선별했다.
이 세 단계를 제대로 학습한다면 어렵지 않게 문제를 풀 수 있을 것이다.

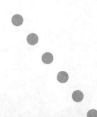

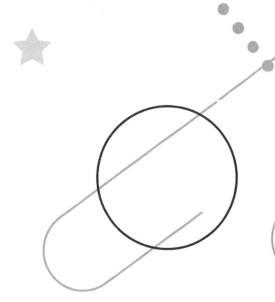

　수록한 단어와 숙어들은 모두 반드시 알아야 하지만 편의상 제목을 붙여 놓았다. 하나의 숙어가 여러 가지의 뜻을 가지고 있기에 뜻풀이를 여러 가지로 해놓았고 거기에 알맞은 예문도 실용적으로 이용할 수 있도록 들어놓았다. 오직 필자는 이 한 권의 단어 숙어 책이 독자들에게 토익 시험뿐만 아니라 기타 시험에서도 좋은 결과를 가져다주기를 간절히 바라는 바이다.

　끝으로 이 책의 출판을 위해 많은 노력을 아끼지 않으신 글로벌콘텐츠 홍정표 대표님과 편집부 직원들에게도 깊은 감사의 인사를 드리는 바이다.

2020, 8, 15. 연구실에서

차례 • CONTENTS

토실토실 영단어 영숙어

필 수
핵심 단어

abandon

york

A/a

abandon

동 버리다, 포기하다

to leave completely and forever

He **abandoned** his wife.
그는 아내를 버렸다.

Don't **abandon** the attempt.
그 시도를 포기하지 마라.

abandoned 형 버림받은, 자포자기의
abandonment 명 포기, 유기

abate

동 약해지다, 줄이다

to become less fierce ; decrease

I want to **abate** his pain.
나는 그의 고통을 덜어 주기를 원한다.

The flood has **abated**. 홍수는 줄었다.
The pain **abates**. 고통이 가라앉는다.
abatement 감소, 삭제

abhor

동 …을 몹시 싫어하다, 질색하다, 증오하다

to feel great gated for

I **abhor** snakes.
나는 뱀을 몹시 싫어한다.

Most people **abhor** cruelty to children.
많은 사람들이 어린이 학대를 혐오한다.

abhorrent 몹시 싫은, 질색인
abhorrence 질색, 혐오, 증오

abide

동 견디다, 준수하다

to bear ; tolerate

Abide with us.
우리와 함께 머무르도록 해요.

I can't **abide** that fellow.
그 녀석에 대해서는 참을 수가 없다.

abide by
지키다, -에 따르다

the event that abides in her memory
그녀의 기억에 생생한 그 사건

abidance 명 머무름, 준수

abolish

동 없애다, 폐지하다

to bring to an end by law ; stop

How can we **abolish** war?
어떻게 하면 전쟁을 없앨 수 있을까?

There are many bad customs and laws that ought to be **abolished**.
폐지되어야 할 악습과 악법이 많다.

abolition 폐지

abound

동 많이 있다, 풍부하다

to exist in large numbers or great quantity

Fish **abound** in the sea.
물고기는 바다에 많다.

He **abounds** in courage. 그는 용기가 많다.
The kitchen abounds with cockroaches.
그 부엌에는 바퀴벌레가 득실거린다.

abundant 형 풍부한, 풍족한
abundance 명 풍부, 다수, 다량
abounding 형 풍부한, 수두룩한

abrupt

형 갑작스러운, 무뚝뚝한

sudden and unexpected

His **abrupt** question embarrassed me.
그의 갑작스러운 질문은 나를 당황하게 만들었다.

absorb

동 흡수하다, 열중케 하다

to take or suck in ; to take up all the attention of

These pollutants are **absorbed** into the system.
이들 오염 물질은 체내에 흡수된다.

A small firm was **absorbed** in a large one.
작은 회사는 큰 회사에 흡수되었다.

A sponge **absorbs** water.
스폰지는 물을 빨아들인다.

absorbed 빼앗긴, 열중한 흡수된
absorptive 흡수하는
absorption 병합, 흡수, 몰두
absorber 흡수하는 것, shock absorber 충격 흡수기

absurd

형 불합리한, 어리석은

against reason or common sense ; clearly false or foolish

Don't be **absurd**.
얼빠진 소리 하지 마라.

absurdity 명 불합리, 터무니없는 일

access

명 출입, 접근

a means of entering ; way in

No **access**! 출입 금지!
He gained **access** to the Emperor.
그는 황제를 알현할 기회를 얻었다.

accommodate

동 수용하다, …에 적응하다

to provide with room in which to live or stay

The hotel can **accommodate** five hundred guests.
그 호텔은 500명의 투숙객을 수용할 수 있다.

He failed to **accommodate** himself to circumstances.
그는 환경에 적응하는 데 실패했다.

accord

동 일치하다 명 조화, 일치

to agree ; agreement

It doesn't **accord** with my wishes.
그것은 내 소원들과 일치하지 않는다.

in accordance with one's promise 약속대로
accordance 일치, 조화
accordant 일치하는

accumulate

동 모으다, 축적하다

to make or become greater in quantity or size ; collect or grow into a mass

Dust will **accumulate** while you are away.
당신이 없는 동안에 먼지가 쌓일 거야.

Traffic **accumulated** at the crossroads.
네거리에서 교통이 정체했다.

accurate

형 정확한, 틀림없는, 용의주도한

careful and exact ; exactly correct

He is **accurate** in his observation.
그는 관찰에 정확하다.

Be more **accurate** in your work.
일에 더욱 틀림없도록 하라.

accuracy 정확

A/O

B/P

C/Q

D/R

E/S

F/T

G/U

H/V

I/W

J/X

K/Y

L/Z

M

N

acknowledge

동 인정하다, 답하다, 감사하다

to accept of recognize ; recognize the fact or existence

He **acknowledged** his mistakes.
그는 그의 실수를 인정했다.

I **acknowledged** his greeting with a smile.
나는 그의 인사에 미소로 답했다.

acquire

동 배우다, 취득하다

to gain or come to possess by one's own work, skill, action, ect.

He **acquired** the art of painting.
그는 그림 그리는 법을 습득했다.

Coffee is an **acquired** taste and is not liked at first.
커피맛은 먹어봐야 아는 것이지, 처음부터 좋아하게 되는 것은 아니다.

acquit

동 무죄로 하다, 수행하다, -을 해제하다, 갚다, 처신하다

to give a decision as in a court of law that is not guilty of a fault or crime

He was **acquitted** of the charge of theft.
그는 절도 혐의에서 풀렸다.

She **acquitted** of her responsibility.
그녀는 책임을 면제 받았다.

I **acquitted** myself of a duty. 나는 임무를 수행했다.

acquittal 이행, 수행, 변제, 석방, acquittance 면제, 변제

acute

형 날카로운, 심각한, 급성의

an able to notice small differences esp. of meaning or sound

an acute leaf 끝이 뾰족한 잎, acute pain 격통
The food shortage became **acute**.
식량부족이 심각해졌다.

chronic 만성의

adapt

동 ···에 순응시키다, 개작하다, 각색하다

to change so as to be or make suitable for new needs, different conditions, etc.

She couldn't **adapt** herself to eating fish every day.
그녀는 매일 생선을 먹는 일에 적응할 수가 없었다.

They **adapted** the story for children.
그들은 그 이야기를 어린이용으로 고쳐 썼다.

adaption = adaptation
적응, 순응, 각색, 번안

accuse

동 고발, 고소하다, 비난하다

to change with doing wrong or breaking the law ; blame

He was **accused** of treason.
그는 반역죄에 기소되었다.

The woman **accused** him of stealing her car.
그 여자는 그가 차를 훔쳤다고 고소했다.

accused 죄에 몰린
the accused 피고
the accuser 원고
accusing 나무라는 듯한
accusation 비난, 고발

adequate

형 알맞은, 충분한

enough for the purpose, and no more

He is quite **adequate** to the post.
그는 그 자리에 아주 적합한 인물이다.

The city's water supply is no longer **adequate**.
그 도시의 급수량은 이제는 충분치 못하다.

adhere

동 들러붙다, 부착하다, 고집하다

to stick firmly to another or each other

The stamp **adhered** to the envelope.
우표가 봉투에 붙었다.

She **adhered** to her plan to leave early.
그녀는 일찍 떠나겠다는 계획을 고수했다.

adjoin

동 …에 인접하다, 이웃하다

to be next to, very close to, or touching

Canada **adjoins** the United States.
캐나다는 미국과 인접해 있다.

Our two houses **adjoin**. 우리 두 집은 이웃해 있다.
adjoining 인접한

adjust

동 순응하다, 맞추다

to change slightly, esp. in order to set right or make suitable for a particular job or new conditions

The body will **adjust** itself to the climate.
몸은 기후에 순응하게 될 것이다.

I have to **adjust** my watch.
나는 시계를 맞춰야 한다.

admonish

동 충고하다, 알아차리게 하다

to scold or warn gently

He **admonished** her to be more careful.
그는 그녀에게 좀더 주의하라고 충고하였다.

I **admonished** him not to go there.
= I **admonished** him against going there.
= I **admonished** him that he should not go there.
나는 그에게 그곳에 가지 말라고 충고했다.

adopt

동 채택하다, 양자로 삼다

to take and use as one's own

They **adopted** a new idea.
그들은 새로운 아이디어를 채택했다.

The boy was **adopted** into a person's family.
그 소년은 어떤 집안의 양자가 되었다.

adoption 채용, 임용, 양자결연
adoptable 채용할 수 있는
adoptive 양자결연의
adopted 양자가 된
an adopted (adoptive) son / father
양자/양부

B/P
C/Q
D/R
E/S
F/T
G/U

adverse

형 반대의, 불리한, 불행한

not in favor of ; going against

He is **adverse** to capital punishment.
그는 사형 제도에 반대하고 있다.

The decision was **adverse** to our interest.
그 결정은 우리에게 불리했다.

adversity 불운, 역경

adverse

형 반대인, 불리한

not in favor of ; going against ; opposing

He is **adverse** to capital punishment.
그는 사형 제도에 반대하고 있다.

The decision was **adverse** to our interest.
그 결정은 우리에게 불리했다.

advertise

동 광고하다, 선전하다, 통지하다

to make known to the public, as in a newspaper, or on television

He **advertised** a house for sale.
그는 집을 판다는 광고를 냈다.

I **advertised** my house in the "Daily News".
나는 "데일리 뉴스지"에 집 광고를 냈다.

affect

동 …에 영향을 미치다, 감동시키다, …의 상태를 가장하다

to cause some result or change in ; to pretend to feel, have, or do

The end **affects** the means.
목적은 수단에 영향을 준다.

How will it **affect** public sentiment?
그것은 여론에 어떤 영향을 미칠까?

affection **명** 애정, 정서
affectation **명** 꾸미기, 가장

affirm

동 지지하다, …이라고 주장하다

to declare usu. again, or in answer to a question

There is no ground to **affirm** the fact. 그 사실을 용인할 근거가 없다.
The President **affirmed** the administration's intention to reduce
taxes. 대통령은 행정부가 조세를 감할 작정이라고 단언했다.

afflict

동 몹시 괴롭히다, 학대하다

to cause to suffer in the body or mind ; trouble

He was **afflicted** with debts.
그는 빚에 시달렸다.

I felt much **afflicted** at the news.
나는 그 소식을 듣고 몹시 괴로웠다.

agent

명 대리인, 중개인

a person who acts for another, esp. one who represents the business affairs of a firm

an estate agent
부동산 중개업자

The **agent** of trouble was the engine.
문제를 일으킨 것은 엔진이었다.

aggressive

형 적극적인, 공격적인

always ready to quarrel or attack ; threatening

He's very **aggressive** and he's always arguing.
그는 매우 공격적인 사람이어서 그는 늘 논쟁을 일삼는다.

an aggressive tone of voice
시비조의 말투

aggress 통 먼저 손을 쓰다, 싸움을 걸다
aggression 명 침략, 공격

agitate

통 휘젓다, 동요시키다, (마음을) 뒤흔들다

to shake or move a liquid about

He is greatly **agitated** with grief.
그는 슬픔으로 마음 둘 바를 모른다.

The wind **agitates** the leaves.
바람은 나뭇잎을 출렁이게 한다.

agony

명 고통, 번민, 심한 고통

very great pain or suffering of mind or body

He was in **agony**.
그는 고통스러웠다.

She cried in an **agony** of utter joy. 그녀는 너무나도 기뻐 외쳤다.
agonize 괴로워하다, …을 몹시 괴롭히다
agonized 고통스러운

agriculture

명 농업, 농사, 농경

the art or practice of farming, esp. of growing crops

agricultural products 농산물
agricultural 형 농업의, 농사의

AIDS

후천성 면역결핍증

acquired immune deficiency syndrome

alert

형 민첩한, 방심하지 않는 명 경계태세

quick to see and act ; watchful

He is very **alert** in his movement.
그는 아주 민첩하게 움직이는 사람이다.

You must be on the **alert** not to be taken by surprise.
깜짝 놀라지 않으려면 방심하지 말고 감시해야 한다.

alien

형 외국의, 색다른, 이질적인

belonging to another country or race; foreign

ideas alien to our tradition
우리의 전통에 상반되는 사상

Their ideas are **alien** to our way of thinking.
그들의 생각은 우리들의 사고방식과 너무나 다르다.

allot

동 …을 할당하다, 배당하다

to set apart for somebody as a share or for some purpose

He **allotted** the work two days. 그는 그 일을 하는 데 이틀을 잡았다.
allotment 명 할당, 분배

allude

동 넌지시 말하다, 언급하다

to speak of but without going straight to the point

She didn't say his name, but it was clear she was **alluding** to him.
그녀가 그의 이름을 말하지는 않았지만, 그를 두고 한 말임이 분명하다.

He often **alluded** to his poverty.
그는 자주 자기가 가난하다는 것을 넌지시 말했다.

allusion 간접적인 언급, 암시
allusive 넌지시 말하는

allure

동 유인하다, 매혹하다

to attract by the offer of something pleasant

I **allured** him to buy it.
그를 꼬드겨서 그것을 사게 했다.

He **allured** her into a party. 그가 그녀를 파티에 끌어들였다.

alter

동 바뀌다, 고치다

to become different

He has **altered** a little in appearance.
그는 외모가 좀 변했다.

The event **altered** the course of history.
그 행사가 역사의 흐름을 바꾸었다.

alternate

동 교대로 일어나다, 번갈아 하다
형 교대의, 번갈아 생기는

happening by turns ; first one and then the other

Day **alternates** with night. 낮과 밤은 서로 번갈아 온다.
The circle meets on **alternate** Monday.
그 동아리는 격주 월요일마다 모임을 갖는다.

ambitious

형 야심적인, …을 갈망하는

having a strong desire for success, power, riches, etc.

His plans are very **ambitious**.
그의 계획은 매우 야심적이다.

He was **ambitious** to make a name as a writer.
그는 작가로서 명성을 얻기를 갈망했다.

amend

동 수정하다, 개정하다

to make changes in the words of a rule or law

The regulations are **amended** as follows.
법규는 다음과 같이 개정된다.

amendment 개심, 정정, 교정

apparent

형 명백한, 뚜렷한

easily seen or understood ; plain

The fact is **apparent** to anyone.
그 사실은 누구에게나 명백하다.

amiss

형 정상이 아닌

wrong or imperfect

All went **amiss**.
만사가 잘못되었다.

Something is **amiss** with the engine.
엔진이 어딘가 고장이다.

amuse

동 즐겁게 하다, 즐기다

to cause laughter in ; excite the sense of humor of

The joke **amused** the audience highly.
그 농담을 듣고 청중은 몹시 우스워했다.

You **amuse** me.
웃기지 마, 싱거운 소리 마라.

That kind of joke does not **amuse** me.
그런 농담은 우습지 않다.

analysis

명 분석, 분해, 검토

examination of something together with thoughts and judgments about it

The critic submitted an **analysis** of the poem.
그 비평가는 그 시의 분석 결과를 제출했다.

ancestor

명 조상, 선조

a person, esp. one living a long time ago, from whom another is descended

He is sprung from noble **ancestors**. 그의 조상은 귀족이었다.
ancestral 선조의, 조상의

anguish

명 심한 고통, 고되, 고민

very great pain and suffering, esp. of mind

She cried out in **anguish**.
그녀는 괴로운 나머지 소리를 질렀다.

A/O
B/P
C/Q
D/R
E/S
F/T
G/U
H/V
I/W
J/X
K/Y
L/Z
M
N

animate

동 활기 띠게 하다, 생기를 주다 형 생기가 넘치는

to give life or excitement to

The song **animated** the dance. 그 노래는 춤에 활기를 주었다.
He was **animated** with fresh hope.
그는 새로운 희망으로 생기가 넘쳤다.

annoy

동 괴롭히다, 불쾌하게 여기다, 귀찮게 하다

to cause trouble ; make a little angry

I am **annoyed** with him for what he has done.
그런 짓을 하다니, 그가 괘씸해.

These flies are **annoying** me. 이 파리들이 나를 짜증나게 하는군.
annoyance 성가심, 곤혹, 방해

annual

형 1년간의, 해마다의, 1년생의 명 1년생 식물, 연감

a plant that lives that lives for only one year or season

an annual income 연간 수입
annually 매년, 해마다, annual ring 나이테

anticipate

동 기대하다, 미리 헤아려 주다

to expect ; to do something before someone else

I **anticipated** his coming.
그가 오기를 고대했다.

We did not **anticipate** that such a thing would happen.
그런 일이 일어나리라고는 생각지 못했다.

anticipation 기대

apologize

동 **사과하다, 사죄하다**

to say one is sorry, as for a fault or for causing pain

Apologize to him for your rudeness.
네 무례한 행동에 대해 그에게 사과해.

apology 명 사과, 사죄

apparatus

명 **장치, 기구, 설비**

a set of instruments, machines, tools, materials, etc. needed for a particular purpose

a heating apparatus
난방시설

The television workers set up their **apparatus** ready to film.
텔레비전 방송워들은 촬영 장치를 조립했다.

appetite

명 **식욕, 욕망, 욕구**

a desire or wish, esp. for food

A good **appetite** is a good sauce.
시장이 반찬.

a strong appetite for fame
명성에 대한 강한 욕구

applaud

동 **박수를 치다, 칭찬하다**

loud praise for a performance or performer, esp. by striking the hands together

The teacher **applauded** his courage. 선생님은 그의 용기를 칭찬했다.
We **applauded** him for his honesty. = We applauded his honesty.
우리는 그가 정직하다고 칭찬했다.

applause 박수갈채, 칭찬
applausive 박수갈채의, 칭찬의

appreciate

동 이해하다, 진가를 인정하다, 고맙게 생각하다

to understand and enjoy the good qualities or value of ; to be thankful or grateful for

I greatly **appreciate** your kindness. 나는 당신의 친절에 깊이 감사합니다.
I **appreciate** a rest after hard work.
나는 힘든 일을 마친 뒤에 갖는 휴식의 진가를 알고 있다.

appreciation **명** 감상, 이해, 감사

apprehension

명 염려, 불안, 걱정

anxiety, esp. about the future ; fear

She felt **apprehension** for the safety of her son.
그녀는 아들의 안전에 불안감을 느꼈다.

apprehensive **형** 염려하는, 이해가 빠른
apprehend **동** 체포하다, 이해하다, 두려워하다

appropriate

형 적합한, 타당한 **동** 충당하다, 책정하다

correct or suitable

His bright clothes were not **appropriate** for a funeral.
그의 화려한 옷은 장례식에는 어울리지 않았다.

The government **appropriated** a large sum of money for building hospitals.
정부는 거액을 병원 건축비로 책정했다.

argue

동 논쟁하다, 설득하여 …하게 하다, 증명하다

to disagree in words; fight with words

He **argued** with her about a trifle.
그는 사소한 일로 그녀와 논쟁했다.

He **argued** me into going.
그는 나를 설득하여 가게 했다.

arouse

동 일으키다, 환기시키다

to cause to wake

He was **aroused** from his thoughts by the sound.
그 소리를 듣고 생각에 잠겨 있던 그는 자신으로 돌아왔다.

array

동 성장하다, 정렬시키다

to set in order

She **arrayed** herself in rich clothes.
그녀는 호사스러운 옷으로 차려 입었다.

The army was **arrayed** for battle.
그 군대는 전투 대형을 갖추었다.

ascertain

동 확인하다, 알아보다

to discover ; get to know

I will **ascertain** the truth.
나는 진실을 확인할 것이다.

ascribe

동 …의 탓으로 하다, …가 만든 것으로 여기다

attribute to

He **ascribed** his mistakes to fate.
그는 자기의 실수를 운명 탓으로 돌렸다.

The song is **ascribed** to her.
그 노래는 그녀가 쓴 것으로 여겨진다.

aspire

동 열망하다, 동경하다

to direct one's hopes and efforts to some important aim

He **aspired** to lead others.
그는 다른 사람들을 이끌기를 열망했다.

aspiration 열망
her aspiration for fame
그녀의 강한 명예욕

assault

명 맹공격, 비난 동 괴롭히다, 맹렬히 공격하다

a sudden violent attack

The noise of the city is **assaulting** us.
도시의 소음이 우리를 괴롭힌다.

He led an **assault** against the castle.
그는 성에 대한 맹공격을 지휘 했다.

assent

동 동의하다, 찬성하다 명 동의, 찬성

to agree to a suggestion, idea, etc.

He **assented** to the proposal.
그는 그 제안에 동의했다.

an assenting vote
찬성투표

assign

할당하다, 원인을 …에 돌리다

to give as a share or for use

The room was **assigned** to the girls.
그 방은 여자 애들에게 할당되었다.

We were **assigned** to three cars.
우리는 3대의 자동차에 분승하라는 지시를 받았다.

assimilate

동 동화시키다, 어울리다, 흡수하다, 소화하다

to become part of ; to take food into the body after eating

America has **assimilated** many people from Europe.
미국은 유럽에서 온 많은 사람들을 흡수해왔다.

assimilation 동화, 흡수

associate

동 연상하다, 교제하다 **명** 친구, 동료 **형** 연합한

to connect in one's mind ; to join as friends or business partners

In her mind, war is **associated** with misery.
그녀의 마음에는 전쟁이라면 비참함이 연상된다.

Don't **associate** with bad boys.
나쁜 소년들과 사귀지 마라.

association

명 협회, 교제, 연상

She has no **association** with foreigners.
그녀는 외국인과 교제가 없다.

assume

동 당연하다고 생각하다, 가장하다, 떠맡다

to take as a fact or as true without proof ; suppose

His mother **assumes** his honesty.
그의 어머니는 아들이 정직한 것으로 여기고 있다.

Life is tougher than you **assume**.
인생은 네가 생각하는 것 이상으로 살기 힘들다.

assumption **명** 가정, 상정

A/O
B/P
C/Q
D/R
E/S
F/T
G/U
H/V
I/W
J/X
K/Y
L/Z
M
N

astound

동 깜짝 놀라게 하다

to surprise very much

I was **astounded** at the news.
나는 그 소식을 듣고 크게 놀랐다.

I was **astounded** by the exorbitant price he asked.
그는 엄청난 대금 청구에 어안이 벙벙했다.

astray

형 길을 잃어, 제 길에서 벗어나다

off the right path or way

The shot went **astray**.
총알은 빗나갔다.

His judgment was **astray** on that question.
이 문제에 대한 그의 판단은 잘못됐다.

attract

동 끌다, 매혹하다

to cause to like, admire, notice, or turn towards

A magnet **attracts** steel.
자석은 철을 끌어당긴다.

He was **attracted** by her charm.
그는 그녀의 아름다움에 매혹되었다.

attraction 명 매혹
attractive 형 매혹적인

attribute

동 …의 탓이라고 생각하다, … 에 기인하다고 생각한다

to believe to be the result of work

He **attributed** his success to good luck.
그는 자기의 성공을 행운 탓이라고 생각했다.

The novel is **attributed** to him.
이 소설은 그의 작품이라고 여겨진다.

audience

명 청중, 청취 기회, 듣기

the people listening to or watching a performance, speech, television show, etc

The **audience** was small. 청중은 적었다.
The committee will give you an **audience** to hear your plan.
위원회는 너의 계획을 청문할 기회를 줄 것이다.

audient 듣는, 경청하는
audience picture 저질이지만 인기 좋은 영화
audience rating 시청률

avail

동 **이용하다, 도움이 되다** 명 **이익, 효용**

to give the advantage of

He **availed** himself of every opportunity.
그는 온갖 기회를 이용했다.

Every effort was of no **avail**.
모든 노력은 전혀 소용이 없었다.

avenge

동 **복수하다, 원수를 갚다**

to get satisfaction for done to by punishing those who did it

I will **avenge** you on them.
내가 그들에게 네 원수를 갚아 주겠다.

I must **avenge** my father.
나의 아버지의 원수를 갚아야 한다.

avert

동 **시선을 돌리다, 피하다**

to prevent happening ; avoid

He **averted** his eyes from the sight.
그는 그 광경에서 시선을 돌렸다.

Accidents can be **averted** by careful driving.
조심스러운 운전을 함으로써 사고는 예방될 수 있다.

awe

명 두려움, 외경

a feeling of respect mixed with fear and wonder

I was struck with **awe**.
나는 위엄에 눌렸다.

He always stood in **awe** of his father.
그는 언제나 아버지를 두려워했다.

awhile

부 얼마동안

for a short time

After dinner sit **awhile**.
식사 후에 잠깐만 앉아.

We rested **awhile** at the side of the road.
우리는 길옆에서 잠시 쉬었다.

Stay **awhile**. 잠깐 계시오.

awkward

형 어색한, 보기 흉한, 서투른, 미숙한

lacking skill in moving the body or parts of the body easily

She is an **awkward** skater.
그녀는 스케이트를 타는 데 서투르다.

Our visitors came at an **awkward** time.
방문객들은 불편한 시간에 왔다.

B/b

bang

명 강타 동 쾅 치다, 쾅 닫다

to strike sharply

He **banged** the door shut.
그는 문을 소리내어 닫았다.

He fell from a bang on the head.
그는 머리를 되게 얻어맞고 쓰러졌다.

banish

동 추방하다, (근심 따위를) 몰아내다

to send away, usu. from one's own country, as a punishment

He was **banished** from the land.
그는 그 땅에서 추방되었다.

The king **banished** his own son. 왕은 자기 자식을 추방했다.
banishment 추방

banquet

명 연회

a formal dinner for many people in honor of a special person or occasion, esp. one at which speeches are made

We gave him a farewell **banquet**.
우리는 그에게 송별연을 베풀어주었다.

barbarous

형 야만적인, 미개한

in barbarous fashion 야만스러운 수법으로

bargain

명 계약 동 흥정하다

an agreement, esp. one to do something in return for something else

A **bargain** is a bargain. 계약은 계약.
I **bargained** with him. 나는 그와 흥정했다.

barrier

경계선, 장애물

something placed in the way in order to prevent or control the movement of people or things

a **barrier** to educational progress 교육의 진보를 저해하는 것
Language forms a **barrier** between nations.
언어는 국가 간의 경계선을 그어준다.

basis

명 근거, 기초, 기준

that from which something is made, started, built, developed, or calculated

The belief has no scientific **basis**.
그 믿음에는 과학적 근거가 없다.
choose a job on the basis of pay 급료를 기준으로 일자리를 선택하다

beckon

동 손짓으로 부르다, 신호하다

to make a silent sign, as with the finger, to call someone

He **beckoned** me to follow him to the office.
그는 사무실까지 오라고 신호했다.
The mountains **beckon**. 산은 부른다.

befall

동 일어나다, 생기다

to happen, esp. as if by fate

A misfortune **befell** him. 좋지 못한 일이 그에게 생겼다.
befall - befell - befallen

befit

동 ···에 알맞다, 어울리다

Such actions do not **befit** you.
이러한 행동들은 네게 어울리지 않는다.

behave

동 처신하다, 바르게 행동하다

to act ; bear oneself

He doesn't know how to **behave**. 그는 어떻게 처신해야 할지 모른다.
Behave yourself, or I'll beat you.
예의바르게 행동하지 않으면 너를 때려줄테다.

beloved

형 아주 사랑하는, 귀여운

dearly loved

his **beloved** daughter 그가 아주 사랑하는 딸
His **beloved** wife has died.
그의 사랑하는 아내는 죽었다.

benefit

동 ···에 이익을 주다 명 이익, 유익

to be useful, profitable, or helpful to

the public benefit
공익

He spoke louder for the **benefit** of those in the rear.
그는 뒤쪽에 있는 사람들을 위해 더 큰소리로 말했다.

beneficial 유익한
beneficent 인정 많은, 선을 행하는

benevolent

형 자선을 위한, 선의의

having or expressing a wish to do good

a benevolent fund 자선기금
This is a precious gift from some **benevolent** person.
이것은 어떤 자애로운 분이 보내온 귀중한 선물이다.
benevolence 명 자비심, 박애심, 선행

bereave

동 (특히 죽음으로) 잃다, 빼앗다

to take away, esp. by death

He was **bereaved** of his son last year.
그는 작년에 아들을 잃었다.
a bereaved mother 자식을 잃은 어머니

beseech

동 간청하다, 탄원하다

to ask eagerly and anxiously

I **beseech** you to listen to me.
제발 내 말을 들어 주시오.
beseech - besought - besought
= beseech - beseeched - beseeched

beset

동 …으로 괴롭히다, 끊임없이 공격하다, －을 에워싸다
－을 장식하다

to trouble from all directions ; attack without ceasing

Human life is **beset** with hardships.
인생에 고난은 따르게 마련이다.

His tale is **beset** with contradictions.
그의 이야기는 모순투성이다.

be beset with - -이 따라다니다
The police **beset** every road to the town.

경찰은 읍으로 통하는 모든 길을 봉쇄했다.

Her necklace was **beset** with gems.
그녀의 목걸이에는 보석이 박혀 있다.

beset - beset - beset
besetment 명 포위
besetting 형 늘 따라다니는, 빠지기 쉬운
Laziness is a loafer's **besetting** sin.
나태는 부랑자에게 따르게 마련인 죄악이다.

besiege

동 둘러싸다, 퍼붓다

to surround with armed forces

He was **besieged** by visitors.
그는 방문객들에게 둘러싸였다.

We **besieged** her with questions. 우리는 그녀에게 질문을 퍼부었다.
besiegement 포위

bestow

동 수여하다, 주다

to give

I thank you for the favors you have **bestowed** on me.
제게 베풀어 주셨던 보살핌에 대해 감사를 드립니다.

Several gifts were **bestowed** on the President's visitors.
대통령을 접견한 내방객들은 몇 가지 선물을 받았다.

bet

동 …에 …을 걸다, 단언하다 명 내기

to risk on the result of a future event

I'll **bet** against your losing.
너는 절대로지지 않는다. 내기해도 좋다.

I'll **bet** you are drunk. 틀림없이 너는 술에 취해 있다.
Let's have a **bet**. = I'll lay you a **bet**. 내기하자.
You **bet**! = You may be sure. 틀림없이 그럴 거야.
You **bet**? = Are you sure? 정말이야?

betray

동 배신하다, 드러내다

to be disloyal or unfaithful to

He was **betrayed** into folly.
그는 속아서 바보 같은 짓을 했다.

He determined not to **betray** his pain.
그는 아픈 표정을 나타내지 않으려고 결심했다.

bewail

동 비탄하다, 슬퍼하다

to express deep sorrow for, esp. by or as if by weeping

She **bewailed** the loss of her child.
그녀는 자식 잃은 것을 몹시 슬퍼했다.

bewilder

동 당황하다, 어리둥절하게 하다

to confuse

Big city traffic **bewilders** me.
대도시의 교통량이 나를 어리둥절하게 만든다.

I was **bewildered** by the tremendous traffic.
나는 엄청난 차량들 때문에 당황했다.

bewilderment **명** 당황한 모양, 당혹

blast

명 소리, 돌풍 **동** 시들게 하다, 폭파하다, 울려 퍼지다

a sudden strong movement of wind or air

The trumpeters sounded a **blast**.
나팔수들은 나팔을 불었다.

The frost **blasted** the blossom.
서리는 꽃을 시들게 했다.

blaze

명 불꽃 동 번쩍이다, 빛나다

to make marks along a path for others to follow

The house was soon in a **blaze**.
그 집은 곧 불길에 휩싸였다.

Lights are **blazing** in every window.
빛이 창문마다 번쩍이고 있다.

bleed

동 피를 흘리다, … 때문에 마음 아파하다

to lose blood

You are **bleeding** at the nose.
네 코에서 피가 나고 있다.

My heart **bleeds** for him.
나는 그 때문에 마음이 아프다.

blend

동 잘 섞이다 명 혼합, 융합

to mix : produce by mixing

Blend milk and flour.
우유와 밀가루를 섞어라.

Johnny **blends** in well with the new group.
조니는 새 그룹과 잘 융합하고 있다.

blink

동 깜박이다, 너그럽게 보아주다

to shut and open quickly, once or several times

She **blinked** to stop the tears.
그녀는 눈물을 멈추게 하려고 눈을 깜박거렸다.

The lights of the town **blinked** in the distance.
멀리서 도시의 불빛이 명멸하고 있었다.

A/O
B/P
C/Q
D/R
E/S
F/T
G/U
H/V
I/W
J/X
K/Y
L/Z
M
N

bliss

명 더 없는 기쁨, 행복을 가져다주는 것

complete happiness

Ignorance is **bliss**.
모르는 것이 약.

No one can appreciate the **bliss** of health until he loses it.
아무도 건강을 잃기 전까지는 건강이 얼마나 좋은 것인가를 모른다.

blithe

형 쾌활한, 명랑한

happy ; free from care

She is quite **blithe** and gay.
그녀는 꽤 명랑하고 쾌활하다.

She continued on **blithely** in spite of all the problems.
그녀는 모든 어려움에도 불구하고 명랑하게 계속했다.

blot

명 얼룩, 더러움 **동** 얼룩지다, 더럽히다, …을 흐릿하게 하다

a spot or mark that spoils or makes dirty, esp. as of ink dropped accidentally from a pen

an ink blot on the envelope
봉투 위의 잉크 얼룩

The fog **blotted** out the view.
안개가 그 광경을 흐릿하게 했다.

blunt

형 무딘, 퉁명스러운

of a knife, pencil, etc. not sharp

This knife got **blunt**.
이 칼은 무뎌졌다.

Too much alcohol makes your senses **blunt**.
술을 너무 마시면 감각이 둔해진다.

blush

동 얼굴을 붉히다, 얼굴이 빨개지다

to become red in the face, from shame or because people are looking at one

She **blushed** at the joke.
그녀는 그 농담에 얼굴이 빨개졌다.

She **blushed** for shame.
그녀는 부끄러워 얼굴을 붉혔다.

bond

명 보증, 계약, 유대, 속박, 증서 **동** …을 담보로 하다

an agreement, feeling, likeness, etc. that unites tow or more people or groups

His word is as good as his **bond**.
그의 말은 충분히 신용할 수 있다.

break a bond
계약을 파기하다

capable

형 자격이 있는, …을 할 수 있는, …을 하기 쉬운

having the ability of doing or being, or the power to do or be

He is **capable** of being taught.
그는 가르침을 받을 자격이 있다.

This plane is **capable** of carrying fifty passengers.
이 비행기는 50명의 승객을 실어 나를 수 있다.

bore

동 지루하게 하다, 뚫다, 구멍을 파다

to make uninterested

His talk **bores** me.
그의 말은 나를 지루하게 한다.

I'm **bored**. 지루해.

A tunnel was **bored** through the mountain.
산을 뚫고 터널이 파졌다.

A/O

B/P

C/Q

D/R

E/S

F/T

G/U

H/V

I/W

J/X

K/Y

L/Z

M

N

bother

동 일부러 ···하다, 신경 쓰다, 괴롭히다

to cause to be nervous ; annoy or trouble, esp. in little ways

He didn't **bother** to reply.
그는 대꾸하려 하지 않았다.

Don't **bother** about such trifles.
그런 사소한 데는 신경 쓰지 마라.

He **bothered** me with questions.
그는 질문들로 나를 괴롭혔다.

brand

동 ···라는 낙인을 찍다 명 상표, 상품명

to mark by or as if by burning esp. to show ownership

He **branded** her as a bad student.
그는 그녀를 나쁜 학생으로 낙인을 찍었다.

breed

동 새끼를 낳다, 알을 까다, 기르다

to produce young

Most birds **breed** in spring.
대부분의 새는 봄에 새끼를 낳는다.

He **breeds** cattle.
그는 소를 기르고 있다.

brilliant

형 눈부신, 훌륭한, 놀라운

very bright, splendid, or showy in appearance

He achieved a **brilliant** success.
그는 놀라운 성공을 거두었다.

a brilliant sun
찬란하게 빛나는 태양

brisk

형 **활발한, 기운찬, 상쾌한**

quick and active

as brisk as a bee
벌처럼 아주 기운찬
brisk autumn weather
상쾌한 가을 날씨
Business is fairly **brisk**.
장사는 꽤 호황이다.

broadcast

명 **방송** 동 **방송하다**

a single radio or television presentation

The President's speech was **broadcasted**.
대통령의 연설이 방송되었다.

a broadcasting station 방송국
broadcasting 방송

bruise

명 **상처, 타박상** 동 **멍이 들다, 타박상을 입다**

a discolored place where the skin of a human, animal, or fruit has
been injured by a blow but not broken

He was covered with **bruises**.
그는 타박상 투성이었다.

He **bruised** his arm when he fell.
그는 넘어지면서 팔에 타박상을 입었다.

brute

형 **사나운, 야수적인** 명 **동물, 짐승**

like an animal in being unreasonable, cruel, or very strong

a brute of a husband 짐승 같은 남편
brute courage 사나운 용기
brutal 형 잔인한, 야만적인, 짐승 같은

bump

⑧ 부딪치다, 덜컥덜컥 흔들리며 가다

to strike or knock with force or violence

I **bumped** against the wall.
나는 벽에 부딪쳤다.

The bus **bumped** along the road.
버스는 덜컹거리며 도로를 달렸다.

bureau

⑨ 국, 부

a government department

the Bureau of Customs
관세국

the Federal Bureau of Investigation
연방수사국(FBI)

C/c

calamity

⑨ 불행, 고난, 재난

a terrible or very bad event

War is a frightful **calamity**.
전쟁은 무서운 재난이다.

50 people were killed in the **calamity**.
50명이 그 참사로 죽었다.

calculate

동 …을 계산하다, 추정하다

to work out or find out something by using numbers

The cost was **calculated** at two hundred dollars.
비용은 200달러로 산출된다.

a calculated lie
면밀히 계산된 거짓말

calculation 계산

cancel

동 취소하다, 철회하다

to give up or call off a planned activity, idea, etc.

It's sinful to **cancel** him.
그와의 약속을 취소하는 것은 나쁜 일이다.

His subsequent success **canceled** his earlier blunders.
그 뒤의 성공으로 이전에 저지른 실책은 상쇄되었다.

candidate

명 입후보자, 지망자, 지원자

a person who wants, or whom others want, to be chosen for a position, esp. in an election

a successful candidate
성공적인 후보

He offered himself as a **candidate** for mayor.
그는 시장 선거에 입후보했다.

capacity

명 수용능력, 정원, 능력

the amount that something can hold or produce

The elevator was crowded beyond **capacity**.
엘리베이터는 정원 초과로 초만원이다.

This hotel has a large **capacity**.
이 호텔의 수용 능력은 크다.

capture

동 붙잡다, 사로잡다, 획득하다 **명** 포획, 포로

to take prisoner ; to take control of by force from an enemy

The police **captured** a thief.
경찰이 도둑을 잡았다.

The literary prize **captured** the world's attention.
그 문학상은 온 세계의 관심을 끌었다.

captive **명** 포로, 사랑에 사로잡힌 사람 **형** 포로가 된, 사로잡힌
captive audience
(연설이나 강연 따위를) 듣기 싫어도 들어야 하는 청중

career

명 경력, 이력, 직업

the general course of a person's working life

What is his past **career**?
그의 과거 경력이 어떻게 되느냐?

She spent most of her **career** as a teacher.
그녀는 거의 평생을 교사로 지냈다.

cargo

명 화물, 짐

the goods carried by a ship, plane, or vehicle

load a cargo 화물을 싣다
We sailed with a **cargo** of coal.
우리는 석탄을 싣고 항해했다.

carve

동 새기다, 개척해 나가다

to cut out of

He **carved** his name on a tree.
그는 나무에 자기 이름을 새겼다.

He **carved** his way through the world.
그는 자기의 길을 개척했다.

casual

형 우연한, 임시의, 부주의한, 평상시의 명 평상복

resulting from chance

a casual meeting 우연한 만남
casual clothes 평상복
a casual fire 실화
a casual customer 뜨내기 손님

cautious

형 조심하는, 신중한

paying attention

Be **cautious** of giving offence.
남의 감정을 상하지 않도록 조심하라.

The boy was **cautious** about asking the question.
그 소년은 질문을 꺼내는 데 있어 아주 조심스러웠다.

caution 명 주의, 조심

cease

동 중지하다, 그치다

to stop, esp. an activity

The baby **ceased** crying.
아기는 울기를 그쳤다.

Cease fire!
사격중지!

censure

동 맹렬히 비난하다 명 비난, 책망

to express strong disapproval of

He **censured** me for what I said.
그는 내가 말한 것을 맹렬히 비난했다.

ceremony

명 식, 의식, 격식

a formal and well-established action or set of actions used for marking an important esp. public, social, or religious event

The **ceremony** took place yesterday.
그 의식은 어제 개최되었다.

Please don't stand on **ceremony**.
격식을 차리지 말고 편히 계십시오.

ceremonial 의식의, 의례상의, 공식의

certificate

명 증명서, 보증서

an official sheet of paper on which is written or printed a statement made by an official person that a fact or facts are true

a certificate of birth 출생증명서
a certificated teacher 유자격 교원
certify …을 보증하다, …을 증명하다

challenge

동 도전하다, 걸다 명 도전, 위협

to call to compete against one, esp. in a fight, game, etc.

He **challenged** me to the game.
그는 내게 시합을 제의했다.

a challenge to peace
평화에 대한 도전

chaos

명 무질서, 혼란

a state of complete and thorough disorder and confusion

It is in a state of **chaos**.
그것은 매우 혼란 상태에 있다.

After the power failure, the city was in **chaos**.
정전이 된 후에, 그 도시는 지독한 혼란 상태에 빠졌다.

cosmos 질서
chaotic 혼돈된, 어지러운

charity

명 동정, 친절, 자비심, 자선사업

sympathy and kindness ; the feeling of generosity, esp. towards poor people

charity for the poor 빈민에 대한 적선
The Red Cross is an international **charity**.
적십자사는 국제적인 자선 단체다.

chase

동 …을 쫓아내다, 추구하다 명 추격

to follow rapidly in order to catch

Chase the dog out of the garden.
개를 정원 밖으로 쫓아내라.

They ran in **chase** of him. 그들은 그를 뒤쫓아 달렸다.

cheat

동 속이다, 속여 …하게 하다, 부정행위를 하다
명 부정행위, 사기, 사기꾼

to act dishonestly or deceitfully to an advantage esp, in a game

He **cheated** me out of my money.
그는 나를 속여 돈을 우려냈다.

She **cheated** me into accepting the story.
그녀는 나를 속여서 그 이야기를 믿게 했다.

cheating 부정행위, 컨닝

cherish

동 마음에 품다, 자상히 돌보다

to care for tenderly ; love

I **cherish** a pet.
나는 애완동물을 소중히 기른다.

I **cherish** my native country.
나는 내 조국을 사랑한다.

chill

형 차가운, 싸늘한 동 으스스해지다, 냉각되다

cold ; to become cold, esp. without freezing

I have caught a **chill**.
나는 몸이 <u>으스스</u>하다.

I was **chilled** to the bone.
나는 뼛속까지 얼어붙었다.

choke

동 질식시키다, 막히다

to struggle to breathe or stop breathing because of blocking of or damage to the breathing passages

The smoke almost **choked** me.
연기는 거의 나를 질식시킬 정도였다.

The chimney is **choked** with soot.
굴뚝은 검댕이로 막힌다.

circumstance

명 사정, 환경, 상황

a fact, condition, or event concerned with and influencing another event, person, or course of action

We can't judge what he did until we know the **circumstances**.
상황을 알기 전에는 그가 한 짓을 판단할 수 없다.

Man is a creature of **circumstances**.
인간은 환경에 적응하는 동물이다.

civil

형 시민의, 국내의, 일반시민의

of, belonging to, or consisting of the general population

He left the army and returned to **civil** life.
그는 군에서 제대하고 민간의 생활로 돌아왔다.

civilian 민간인, 일반 시민
civilized 문화적인, 개화된

clap

동 박수갈채를 보내다 명 쾅 하는 소리

to strike together with a quick movement and loud sound, esp. to show approval of performance

The audience **clapped** and cheered.
청중은 박수갈채를 보냈다.

a clap of thunder
천둥소리

clasp

동 …을 꽉 쥐다, 꼭 잡다, 끌어안다

to take or seize firmly; enclose and hold

He **clasped** his son in his arms.
그는 두 팔로 자기 아들을 껴안았다.

cling

동 …에 집착하다, 꼭 붙들다

to hold tightly ; stick firmly

The wet garment **clung** to her.
젖은 옷이 그녀의 몸에 착 달라붙었다.

She **clung** to his arm.
그녀는 그의 팔에 매달려 있었다.

cling to -
-에 매달리다, 고수하다, 집착하다

clumsy

형 재주가 없는, 어색한

awkward and ungraceful in movement or action ; without skill or grace

I am **clumsy** in writing.
나는 글 쓰는 데 재주가 없다.

a clumsy apology
어색한 변명

A/O

B/P

C Q

D/R

E/S

F/T

G/U

H/V

I/W

J/X

K/Y

L/Z

M

N

clutch

동 ···을 꽉 쥐다, 움켜잡다 명 움켜잡기

to hold tightly

He **clutched** at the rope we threw to him.
그는 우리가 던져준 끈을 꼭 잡았다.

coarse

형 거친, 변변찮은

rough in manner ; not fine or smooth

He is **coarse** in manners.
그는 태도가 거칠다.

coarse food
변변찮은 음식

coincide

동 ···와 일치하다, 동시에 일어나다

to happen at the same time or during the same period of time

His views **coincide** with mine.
그의 견해는 나와 일치한다.

coincidence 명 일치, 부합
coincident 일치하는, 딱 맞는
coincidently 일치하여, 동시에

collide

동 ···와 충돌하다, ···에 부딪치다

to meet and strike

The bus **collided** with a streetcar.
버스가 전차와 충돌했다.

collision 충돌, 불일치

combat

동 ~와 싸우다, 다투다

to fight or struggle against

We **combat** for freedom.
우리는 자유를 얻으려고 싸운다.

a combat with fate
운명과의 싸움

comfort

명 안도감, 안심 **동** 위로하다, 달래다

the state of being free from anxiety, pain, or suffering, and of having all one's bodily wants satisfied

I **comforted** him over his failure.
그의 실패를 위로해 주었다.

He was a great **comfort** to his parents in old age.
늙은 부모에게 있어서 그는 큰 위안거리였다.

comfortable **형** 충분한, 풍족한

commend

동 칭찬하다, 마음에 들다, 추천하다, 맡기다

e commended him for the good quality of his work

우리는 그의 작업이 우수하다고 그를 칭찬했다.

This book does not **commend** itself to me.
이 책은 내 마음에 들지 않는다.

commendation 칭찬, 찬사, 추천
commendatory 칭찬하는

comment

동 비평하다, 논평하다 **명** 주석, 주해

to make a remark

comments on a text
본문의 주석

comment on present-day politics
당대의 정치를 비평하다

commit

동 자기 입장을 밝히다, 저지르다

to do something wrong, bad, or unlawful

He refused to **commit** himself on the subject.
그는 그 문제에 관해 자신의 견해를 말하지 않았다.

He **committed** suicide.
그는 자살했다.

communicate

동 …와 서신 왕래를 하다, 연락하다

to make know ; to share or exchange opinions, news, information, etc.

I **communicate** with him regularly.
나는 정기적으로 그와 연락을 한다.

communication 연락, 전달

community

명 사회, 지역 공동체, 공중

a group of people living together and united by shared inter-ests, religion, nationality, etc.

People work for the welfare of the **community**.
사람들은 지역 사회의 복지를 위해 일을 한다.

The job of a politician is to serve the **community**.
정치인들의 임무는 일반 대중에게 봉사하는 것이다.

compel

동 억지로 …하게 만들다, …하지 않을 수 없다

to make do something by or as if by force ; make necessary

The rain **compelled** us to stop playing.
비 때문에 우리는 놀이를 그만두지 않을 수 없었다.

I was **compelled** to leave the place.
나는 그곳을 떠나지 않을 수 없었다.

complicate

동 복잡하게 하다, 곤란하게 하다

to make difficult to understand or deal with

That would **complicate** matters. 그러면 일이 골치 아프게 된다.
The information only **complicates** this problem.
그 정보는 이 문제를 복잡하게 만들뿐이다.

complicated 형 복잡한, 뒤얽힌

compliment

명 정중한 인사, 안부의 말, 찬사 동 칭찬하다, 증정하다

an expression of praise, admiration, or respect

Give my **compliments** to your father.
네 아버지께 내 안부를 전해 줘.

He received many **compliments** on his new suit.
그는 새 양복에 대해서 많은 찬사를 들었다.

I **complimented** her with a book. 나는 그녀에게 책을 주었다.

compose

동 구성하다, …로 되어있다, 작곡하다

to make up something ; to write music, poetry, etc.

Our group was **composed** of twenty men.
우리 그룹은 20명으로 이루어져 있었다.

He **composed** their arguments into a coherent essay.
그는 그들의 논의를 정리하여 조리가 선 논문을 만들었다.

be composed of - 으로 이루어져 있다

comprehend

동 이해하다, 파악하다

to understand

I **comprehend** what it means. 나는 그것이 의미하는 바를 이해한다.
be beyond one's comprehension 이해할 수 없다
comprehension 이해
comprehensive 이해하는, 포용력이 있는

conceive

동 생각해 내다, 착상하다, 마음속에 그리다, 임신하다

to think of ; imagine ; consider

Who first **conceived** the idea of airplane?
맨 처음 비행기라는 것을 착상한 사람은 누구였나?

I can't **conceive** where he has gone.
그가 어디 갔는지 상상도 할 수 없다.

conceit 상상, 공상, 자만심   conception 개념, 임신, 착상

condemn

동 비난하다, 형을 선고하다

to express strong disapproval of someone or some action

Everyone **condemned** his foolish behavior.
모두가 그의 어리석은 행위를 비난했다.

The prisoner war **condemned** to death.
그 죄수는 사형 선고를 받았다.

confer

동 수여하다, 상의하다

to talk together ; compare opinions

The lawyers are still **conferring** on this matter.
변호사들은 이 사건에 대해서 아직까지 협의 중이다.

conference 회의, 회담

confidence

명 자신, 확신

full trust ; belief in one's own or another's ability

I have **confidence** in my ability to do the job.
나는 이 일을 해낼 자신이 있다.

confident **형** 확신하는

confine

동 **국한하다, 가두다, 감금하다**

to enclose within limits ; keep in a small space

I **confine** a talk to fifteen minutes.
나는 이야기를 15분으로 제한한다.

I **confined** my comments to the matter under consideration.
나는 내 의견을 검토 중인 문제에만 한정했다.

confined 형 국한된, 한정된
confinement 명 한정, 감금

confirm

동 **…을 진실하다고 입증하다, 확인하다**

to support ; make certain

His behavior **confirms** my opinion of him.
그의 행위는 그에 대한 내 의견이 옳다는 것을 입증해 준다.

confirm hotel reservations
호텔 예약을 확인하다

confuse

동 **혼동하다, 잘못 알다**

to mislead ; cause to be mistaken

Her nervous fingers **confused** her hair.
그녀는 초조한 듯 손가락으로 머리칼을 마구 헝클어뜨렸다.

I'm still **confusing** their names.
나는 아직도 그들의 이름을 혼동한다.

conscious

형 **의식하고 있는, 각성하는**

having one's mind and senses working ; able to think, feel, etc.

He is perfectly **conscious** of how foolish he is.
자기가 얼마나 어리석은가를 그는 잘 알고 있다.

He was **conscious** to the last.
그는 마지막까지 제정신이었다.

consent

동 …에 동의하다, 승낙하다 명 동의, 승낙, 승인

to agree ; give permission

He didn't **consent** to have her come here.
그녀를 이곳에 오게 하는 일에 그는 동의하지 않았다.

He **consented** that the matter should be discussed openly by everybody.
그는 그 문제를 모든 사람들이 터놓고 토의하는 데 대해 동의했다.

consequence

명 결과, 귀결, 중요성

something that follows from an action or condition ; result

The **consequence** was that he lost his job.
결과적으로 그는 일자리를 잃었다.

constitute

동 …을 구성하다, …에 임명하다

to make up ; form

Twelve months **constitute** one year. 1년은 12개월로 되어 있다.
Meat, milk, vegetables, fruit and starches **constitute** a balanced diet. 고기, 우유, 야채, 과일 및 녹말질 식품이면 균형 잡힌 식사가 된다.
constitution 구성, 체질, 성질, 헌법
constitutional 체질의, 구성상의, 헌법의
She is fragile by **constitution**. 그녀는 허약한 체질을 타고났다.

consume

동 …을 소비하다, 다 써버리다

to eat or drink ; to use up

He soon **consumed** his fortune.
그는 곧 자기의 재산을 탕진해 버렸다.

Arguing **consumed** many hours of the committee's time.
논쟁으로 위원회의 여러 시간을 허비했다.

consumption 소비, 폐병

contempt

명 경멸, 멸시, 모욕

a lack of respect ; the feeling that someone or something is of poor quality

I spoke with **contempt**.
나는 멸시하는 투로 말했다.

I feel **contempt** for a liar.
나는 거짓말쟁이에 경멸감을 느낀다.

contemptible **형** 경멸할만한, 비열한
contemptuous **형** 모욕적인, 남을 업신여기다
be contemptuous of -을 경멸하다

contend

명 싸우다, 강력히 주장하다

to compete ; to claim

He **contends** about everything.
그는 무슨 일에나 논쟁을 편다.

Two teams **contend** for the trophy.
두 팀은 트로피를 다툰다.

contract

명 계약, 약정 동 계약하다, 단축하다

a formal agreement, having the force of law, between two or more people or groups

on a long term contract 장기 계약으로
He **contracted** for the building at eight hundred thousand dollars. 그는 그 건물에 대해 80만 달러로 계약을 체결했다.

contrast

명 대조, 대비, 차이 동 …와 대조를 이루다

comparison of unlike objects, esp. to show differences

This artist uses **contrast** skillfully.
이 화가는 대비를 교묘히 이용한다.

such a **contrast** between brother and sister
오빠와 누이 사이의 대단히 다른 점

A/O
B/P
C/Q
D/R
E/S
F/T
G/U
H/V
I/W
J/X
K/Y
L/Z
M
N

convention

명 대회, 집회, 협의회, 관습

a group of people gathered together with a shared purpose

Convention allows women to smoke in public.
관습이 바뀌어 이제 여성도 다른 사람들 앞에서 담배를 피운다.

teachers' convention
교사회의

converse

동 담화하다 (to talk informally) 형 거꾸로 된, 역의
명 반대, 역

I **conversed** freely with him on a topic.
나는 어떤 화제로 그와 격의 없이 이야기를 나누었다.

conversation 대화, 대담

convert

동 …을 변형시키다, 전환하다

to change into another form, substance, or state, or from one
purpose, system, etc. to another

You will not **convert** us to your way of thinking.
너는 네 사고 방식대로 우리를 바꾸지 못할 것이다.

conversion 전환, 개심, 귀의
convertible 전환할 수 있는

convey

동 나르다, 운반하다, 표현하다

to take or carry from one place to another

Some trains **convey** both passengers and goods.
열차 가운데는 여객과 화물 모두를 나르는 것도 있다.

Words fail to **convey** my feelings.
말로써는 내 느낌을 표현할 수 없다.

convulse

동 …을 심하게 진동시키다

to shake or upset a person, society, etc. violently

An earthquake **convulsed** the island.
지진이 섬을 진동시켰다.

convulsion 경련, 경기

correspond

동 편지를 주고받다, …에 일치하다, 조화하다

to exchange letter regularly ; to be in agreement

We have not **corresponded** for some years.
우리는 여러 해 동안 서로 편지를 주고받지 못했다.

His answer **corresponds** to my expectation.
그의 대답은 내 예상과 일치한다.

corrupt

동 부패하다, 타락하다

to make morally bad ; cause to change from good to bad

You are **corrupted** at heart.
너는 정말 타락한 인간이다.

He could have been a great man, but he was **corrupted** by power.
그는 위대한 사람이 될 수도 있었는데 권력이 망쳐놓았다.

corruption 타락

cough

명 기침, 헛기침 동 기침하다

an act or sound of coughing

cough oneself hoarse
기침으로 목이 쉬다

John had a bad **cough** all last week.
존은 지난주 내내 심하게 기침을 하였다.

counsel

명 상의, 상담 동 조언하다, 권하다

advice ; to advise

friendly counsel 친절한 조언
He gave me a **counsel**.
그는 나에게 도움말을 주었다.

countenance

명 안색, 태연, 냉정

the appearance or expression of the face

change one's countenance
안색을 바꾸다

lose one's countenance
냉정을 잃다, 당황하다

The king had a noble **countenance**. 그 왕은 고귀한 용모였다.
Her **countenance** fell. 그녀의 안색이 침울해졌다.

crash

명 요란한 소리 동 꽝하고 박살나다

to have a violent and noisy accident

The dishes **crashed** to the floor.
접시가 마루에서 쨍그랑하고 박살났다.

The tree fell with a great **crash**.
요란한 소리를 내면서 나무가 넘어졌다.

crave

동 …을 갈망하다, 간절히 바라다

to have a very strong desire for something

I **crave** that she should visit with us.
그녀가 우리와 함께 머물기를 간절히 바란다.

I **crave** your pardon.
아무쪼록 용서해주십시오.

crawl

동 기다, 기어 다니다

to move slowly with the body close to the ground or floor

There's a lizard **crawling** on the window.
창문 위에 도마뱀이 기어 다니고 있다.

The baby **crawled** across the room.
아기는 기어서 방을 건너갔다.

curse

명 저주, 악담 **동** 저주하다, 악담하다

a word or sentence asking God, heaven, etc. to bring down evil or harm on someone or something

lay a curse on a person
…을 저주하다

I **cursed** him for a fool.
나는 그에게 바보라고 악담을 했다.

D/d

dainty

형 고상한, 맛있는 **명** 맛있는 것

an especially nice piece of food

There were **dainties** of every kind.
온갖 맛있는 음식들이 나왔다.

dainty dishes
맛있는 음식

dairy

명 유제품, 낙농장

a place on a farm where milk is kept and cheese are made

dairy produce 유제품
dairy farm 낙농장
dairy cattle 젖소
dairying 낙농업

dart

명 화살 동 …을 쏘아 보내다, 날쌔게 움직이다

a small sharp-pointed object to be thrown, shot, etc.

He **darted** a dreadful glance at her.
그는 그녀에게 험악한 시선을 던졌다.

Swallows are **darting** through the air.
제비는 하늘을 쏜살같이 날아다닌다.

debate

동 토론하다, 숙고하다 명 토의, 논의

to talk, or argue about

We **debated** on the subject of war and peace.
우리는 전쟁과 평화의 문제에 관해 토론했다.

I am just **debating** whether to buy a car or not.
나는 지금 자동차를 구입할 것인가 말 것인가에 대해 생각 중이다.

decay

동 쇠퇴하다, 썩게 하다 명 부패, 쇠퇴

to go bad ; to fall to a lower or worse state

All that flourishes will one day **decay**.
번성하는 것들도 언젠가는 모두 쇠망한다.

a **decayed** tooth
충치

decrease

동 서서히 줄다 명 감소, 감퇴

become less by degrees in size, number, strength, or quality

My hunger decreased as I ate.
배고픔은 음식을 먹자 서서히 사라졌다.

Our sales are decreasing.
판매액이 서서히 줄고 있다.

decree

명 판결, 명령, 법령 동 명하다, 선언하다

an official command or decision

the court's decree
법원의 판결

They have decreed that all this fighting should end.
이 모든 싸움은 종식되어야 한다고 그들은 선언하였다.

deem

동 …이라고 여기다, 생각하다

to consider ; have the opinion)

I deem it right to warn you.
나는 네게 경고해 주는 것이 옳다고 생각한다.

Do you deem this plan sensible?
이 계획이 합당하다고 생각하는가?

defeat

동 패배시키다, 타파하다

to win a victory over ; beat

We defeated the enemy in the battle.
우리는 전투에서 적을 패배시켰다.

define

동 …의 뜻을 밝히다, …을 정의하다

to give the meaning of

A dictionary **defines** words.
사전은 낱말의 뜻을 풀이해준다.

Some words are hard to **define**.
어떤 단어들은 정의하기가 어렵다.

definite 형 명확한, 정확한, 확실한
definition 명 정의

degrade

동 타락시키다, 체면을 손상시키다

to bring down in the opinion of others, in self-respect, or in behavior

It will **degrade** you to do such a thing.
그러한 일을 하는 것은 너를 타락시킬 것이다.

delay

명 지연, 지체 동 …을 연기하다

the act of delaying or the state of being delayed

The train was **delayed** one hour because of heavy rain.
비가 많이 와서 열차가 1시간이나 연착되었다.

We must start without **delay**.
우리는 즉각 출발해야 한다.

delicious

형 매우 맛있는, 진미인

pleasing to one of the body's senses, esp. those of taste or smell

smell delicious
맛있는 냄새가 나다

Dinner was **delicious**!
저녁 식사는 아주 맛있었다.

demonstration

명 표출, 표명, 시위운동

the act of demonstrating ; a public show of strong feeling or opinion, often with marching, big signs, etc.

She greeted her long lost son with every **demonstration** of joy.
그녀는 말할 수 없이 기쁜 얼굴로 오랫동안 떨어져 살던 아들을 맞았다.

a **demonstration** against the war 전쟁 반대 시위운동
demonstrate 표시하다, 드러내다, 시위하다
demonstrative 노골적인, 논증적인

A/O

B/P

C/Q

D/R

dense

형 짙은, 밀집한

difficult to see through ; closely packed or crowded together

a dense fog 짙은 안개
a dense population 밀집된 인구
densely **부** 밀집하여, 촘촘히
densify **동** -을 농후하게 하다
density **명** 조밀, 농도

E/S

F/T

G/U

H/V

deposit

동 예금하다, 금고에 넣다, 내려놓다

to place in a bank of safe

He **deposits** his salary in the bank.
그는 자기의 급료를 은행에 예금한다.

Where can I **deposit** this load of sand?
이 모래 짐을 어디에다 내려놓을까요?

I/W

J/X

K/Y

L/Z

derive

동 …에서 유래하다, 파생하다

to come from

This word is **derived** from Latin.
이 말은 라틴어에서 유래한다.

I can **derive** pleasure from conversation.
나는 남과의 대화에서 즐거움을 느낀다.

M

N

desolate

형 **고독한, 쓸쓸한**

sad and lonely

She was **desolate** after the death of her husband.
남편이 죽은 후 그녀는 고독했다.

a **desolate** town
황량한 거리

despair

동 **단념하다, 체념하다** 명 **절망, 실망**

to lose all hope ; complete loss of hope

Don't **despair**! Things will get better soon!
실망하지 마세요! 사태가 곧 좋아질 겁니다.

He gave up the attempt in **despair**.
그는 절망하여 그 계획을 포기했다.

destiny

명 **운명, 숙명**

fate ; that which must or had to happen

It was the great woman's **destiny** to lead her country.
조국을 이끌어 가는 것이 그 위대한 여인의 운명이었다.

distine 동 운명으로 정해지다.
A human being is **destined** to die.
인간은 죽게 마련이다.

detail

명 **세부, 세목** 동 **…을 자세히 말하다**

a small point or fact

explain in **detail**
상세하게 설명하다

detail the events 사건을 자세히 말하다
He gave a full **detail** of the matter. 그는 그 일에 관해 상세히 설명했다.
detailed 자세한, 세부에 걸친

A/O

B/P

C/Q

D/R

E/S

F/T

G/U

H/V

I/W

J/X

K/Y

L/Z

M

N

detain

동 붙들다, 감금하다, 말리다

to keep a person somewhere for a certain time

I will not **detain** you long.
나는 너를 오래 붙들지 않겠다.

The police have **detained** two men for questioning at the police station.
경찰은 두 남자를 심문하기 위해 경찰서에 구금했다.

detention 구류, 감금

device

명 장치, 고안물

an instrument, esp. one that is cleverly thought out

The **device** was protected by patent.
그 고안품은 특허권의 보호를 받았다.

devise 동 고안하다.
We **devised** a new plan.
우리는 새로운 계획을 짰다.

a safety device
안전장치

devote

동 …에 몰두하다, …에 전념하다

to set apart for ; give wholly or completely to

He **devotes** himself to study.
그는 연구에 몰두한다.

He has **devoted** his life to helping blind people.
그는 맹인을 돕는 데 그의 생애를 바쳐왔다.

devoted 헌신적인
devotee 헌신하는 사람, 열애하는 사람, 광신자
devotion 봉헌, 헌신, 경건함
devotional 독실한
devotionalist 독실한 사람

devour

동 …을 게걸스럽게 먹다, …에 사로잡히다

to eat up quickly and hungrily

The lion **devoured** the deer.
그 사자는 사슴을 게걸스레 먹었다.

Fire **devoured** the old museum.
화재로 오래된 박물관이 다 타버렸다.

dignity

명 품위, 위엄, 기풍

true worth and nobleness of character

His height has him **dignity**.
그는 훤칠한 키에 위엄 있게 보였다.

She always acted with great **dignity**.
그녀는 늘 대단히 품위 있게 행동했다.

dignified 형 위엄 있는, 당당한, 고귀한
dignify 동 …에 위엄을 갖추다

dim

형 어렴풋한, 희미한

not bright ; not clear

The memory of it has grown **dim**.
그것에 대한 기억은 점점 어렴풋해졌다.

The sky was **dimmed** by clouds.
하늘은 구름 때문에 흐려졌다.

diminish

동 …을 줄이다, 감소하다

to become or seem smaller

The war **diminished** the country's wealth.
전쟁은 그 나라의 부를 위축시켰다.

the government's **diminishing** popularity
정부에 대한 인기의 감소

disadvantage

명 불리한 조건, 열세, 방해가 되는 것

an unfavorable condition or position

under great disadvantages
대단히 불리한 상황 아래에서

His bad health is a great **disadvantage** to him.
그의 나쁜 건강이 그에게는 대단히 큰 약점이다.

disadvantageous (형)···에 불리한, 손해를 입히는

disagree

동 의견이 맞지 않다, 일치하지 않다

to have or show different opinions

Even friends sometimes **disagree**.
때론 친구들조차도 의견이 맞지 않는다.

His conduct **disagrees** with his words.
그의 언행은 일치하지 않는다.

disagreeable 마음에 들지 않는, 싫은, 불쾌한

discern

동 알아내다, ···을 분간하다

to see, notice, or understand, esp. with difficulty

I instantly **discerned** her among the audience.
나는 청중 속에 있는 그녀의 얼굴을 곧 알아볼 수 있었다.

discern good from evil
선과 악을 분간하다

discern between the true and the false
참과 거짓을 식별하다

discernible 분간할 수 있는
discerning 통찰력이 있는, 분별있는
discernment 식별, 인식

discharge

동 짐을 부리다, 제대시키다

to unload ; to perform a duty or promise

They **discharged** a cargo from a ship.
그들은 뱃짐을 내렸다.

The bus **discharged** the passengers at the airport.
버스는 승객을 공항에 내려놓았다.

discourage

동 용기를 잃게 하다, 단념시키다

to take away courage and spirit from

He is easily **discouraged** by difficulties.
그는 어려움에 부닥치면 쉽게 좌절한다.

We **discouraged** smoking in this school.
이 학교에서는 담배 피우는 것을 금하고 있다.

discretion

명 신중, 자유재량

the quality of being discreet

He is **discretion** itself. 그는 아주 신중하다.
Act at your own **discretion**. 재량껏 하시오.
Discretion is the better part of valor.
(속담) 신중은 용기의 태반이다. 군자는 위험한 일에 가까이 가지 않는다.

discreet 신중한, 사려 깊은

discuss

동 의논하다, 토의하다

to talk about from several points of view, esp. formally

We **discussed** the problem with our teacher.
우리는 우리 선생님과 그 문제를 상의했다.

The committee **discussed** the plans for the new school.
그 위원회는 새 학교에 대한 계획들을 토의하였다.

discussion 논의, 토론, 검토

disgust

동 정떨어지게 하다, 구역질나다　명 혐오, 진저리

strong feeling of dislike

I was **disgusted** with his behavior.
그의 행동에 정나미가 떨어졌다.

The smell of sewage always **disgusts** me.
하수도 냄새를 맡으면 언제나 욕지기가 난다.

dishonor

명 불명예, 치욕　동 -이 명예를 잃게 하다

something or someone that causes loss of honor

do a person a dishonor
모욕하다.

dishonor a bill
어음을 부도 처리하다

His youngest son brought **dishonor** to his family.
그의 막내아들이 집안 망신을 시켰다.

dismal

형 우울한, 쓸쓸한

showing or causing sadness; lacking comfort

Why are you looking so **dismal**?
왜 그처럼 우울해 보이니?

dismal weather
음산한 날씨

dismay

명 경악, 당황　동 크게 놀라게 하다, …에 당황하다

strong feeling of fear and hopelessness

They were filled with **dismay** by the news.
그들은 그 뉴스를 듣고 경악했다.

The boy's radical ideas **dismayed** his mother.
그 소년의 과격한 사상은 그의 어머니를 불안하게 했다.

A/O
B/P
C/Q
D/R
E/S
F/T
G/U
H/V
I/W
J/X
K/Y
L/Z
M
N

disobey

동 거역하다, 불순종하다

to fail to obey

Do you ever **disobey** your parents?
네 부모에게 감히 거역하느냐?

He **disobeyed** his mother and went to the party.
그는 엄마의 말을 거역하고 그 파티에 갔다.

disobedience 불복종, 반항

dispense

동 수고를 덜다, 없이 지내다

to deal out; give out

Machinery **dispenses** with much labor.
기계는 많은 인력을 덜어 준다.

I cannot **dispense** with a dictionary.
나는 사전 없이 지내지 못한다.

dispensation 분배

disperse

동 흩어지게 하다, 해산시키다

to scatter in different directions

The children **dispersed** in all directions.
아이들은 사방으로 뿔뿔이 흩어졌다.

The police **dispersed** the meeting. 경찰은 회합을 해산시켰다.
dispersion 산란, 유포, 분산
dispersive 분산시키는

displease

동 …을 불쾌하게 생각하다, 화나게 하다

to annoy, offend or make angry

He is **displeased** with me. 그는 나를 불쾌하게 생각한다.
I am **displeased** about everything.
나는 모든 것이 마음에 들지 않는다.

disregard

동 …을 무시하다 명 무시, 무관심

to pay no attention to ; ignore

He **disregarded** the traffic signal.
그는 교통신호를 무시했다.

dissolve

동 용해시키다, 녹이다

to make or become liquid by putting into a liquid

Sugar **dissolves** in water.
설탕은 물에 녹는다.

Snow **dissolves** into water.
눈이 녹아 물이 된다.

dissolution 용해

distribute

동 …에게 분배하다, 배급하다, 퍼뜨리다

to divide among several or many ; give out

They **distributed** blankets to the poor.
그들은 가난한 사람들에게 담요를 나누어주었다.

This new machine **distributes** seeds evenly and quickly.
이 새로운 기계는 골고루 신속하게 씨를 뿌린다.

dive

동 뛰어들다, 잠수하다, 급강하하다

to jump head first into the water

He **dived** into the river.
그는 강물에 뛰어들었다.

The eagle **dived** down on the rabbit.
독수리가 토끼를 쫓아 급강하했다.

diving 명 다이빙, 잠수 형 잠수용의

dock

명 선창, 부두 동 배를 선거(船渠)에 넣다

a place where ships are loaded and unloaded, or repaired

dock a tanker for repair
수리를 위해 유조선을 선거에 넣다
the docks of New York
뉴욕 부두

dome

명 돔, 둥근 지붕 동 둥근 지붕을 모양으로 하다

a rounded roof on building or room

the dome of the Capital Building
미국 국회 의사당의 돔
His forehead **domed** out over his eyes.
그의 이마는 눈 위에 반구형으로 튀어나와 있었다.

draft

명 초고, 초안 동 초고를 작성하다
= draught

the first rough written form of anything or a rough plan

make out a draft of
…을 기초하다
a draft for a speech
연설문의 초고

dreary

형 황량한, 지루한, 울적한

a dreary New York winter
황량한 뉴욕의 겨울
Addressing envelopes all the time is **dreary** work.
봉투에 주소를 쓰는 일은 항상 따분하다.

drift

동 떠돌다, 표류하다

to float or be driven along by wind, waves, or currents

The boat **drifted** ashore. 그 배는 해안으로 표류했다.
She just **drifts** from job to job.
그녀는 그저 이 직장 저 직장을 전전하고 있다.

dye

명 염료, 물감 동 …에 착색하다, 염색되다

a vegetable or chemical substance, usu. liquid, used to color things esp. by dipping

She **dyed** her hair bright gold.
그녀는 그녀의 머리카락을 밝은 금색으로 염색했다.
It looks like **dyed** hair. 염색한 머리로 보이는걸.

E/e

educate

동 교육하다, 훈육하다

to teach ; train the character or mind of

He was **educated** in France.
그는 프랑스에서 교육을 받았다.

efficient

형 유능한, 능률적인

working well, quickly, and without waste

He is **efficient** at his work. 그는 업무에 유능하다.
an efficient secretary 유능한 비서
efficiency 명 능률, 효율

electricity

명 전기, 전류

the power which is produced by various means and which provides heat and light, drives machines, etc.

Electricity lights our house.
전기는 우리들 집을 밝혀 준다.

No **electricity** on.
정전입니다.

electric 형 전기의, 전기 작용의
an electric fan
선풍기

electric power
전력

electrical 형 전기의, 전기에 관한
an electrical engineer
전기 기사

electrify 동 전기를 흐르게 하다, 감동시키다

elegant

형 세련된, 명확한

having the qualities of grace and beauty ; stylish

elegant furniture
세련된 가구

The argument is very **elegant**.
그 논증은 매우 명확하다.

elevate

동 들어 올리다, 향상시키다

to rise ; to make better, higher, or more educated

Good books **elevate** the mind.
좋은 책은 정신을 고양시킨다.

elevate a weight 무거운 것을 들어 올리다

eminent

형 **높은, 저명한**

famous and admired

an eminent writer
저명한 작가

She was **eminent** for her piety.
그녀는 신앙심이 깊기로 유명했다.

eminence 명 탁월, 고귀

emit

동 **발산하다, 내뿜다**

to send out

Cars **emit** noxious fumes.
자동차는 유독 가스를 내뿜는다.

emission 명 발산, 배기
emissive 형 방사의

enable

동 **~할 수 있게 하다, 권한을 주다**

to make able ; give the power, means, or right

Good health **enables** him to carry out the plan.
건강하기 때문에 그는 그 계획을 수행할 수 있다.

He was **enabled** to attend.
그는 출석할 수 있었다.

encounter

동 **우연히 만나다** 명 **뜻밖의 만남**

to meet something unexpected or dangerous

I **encountered** a childhood friend by chance.
어릴 적 친구를 우연히 만났다.

He **encountered** many novel ideas in his reading.
그는 독서에서 많은 참신한 착상을 떠올렸다.

A/O
B/P
C/Q
D/R
E/S
F/T
G/U
H/V
I/W
J/X
K/Y
L/Z
M
N

endeavor

명 노력, 시도 동 노력하다, 애쓰다

to try

I **endeavored** to answer the question.
나는 그 문제를 풀려고 노력했다.

He **endeavors** after wealth.
그는 부자가 되려고 애쓴다.

enlighten

동 설명하다, 계몽하다

to cause to understand

He **enlightened** on me political views.
그는 자기의 정견을 내게 설명했다.

The child thought the world was flat until I **enlightened** him!
내가 이해시켜 줄 때까지 그 애가 지구는 평평하다고 생각하고 있었다니!

enlightened **형** 계발된, 문명화된, 정통하고 있는
enlightenment **명** 계발, 개화

entertain

동 대접하다, 즐겁게 하다

She **entertained** his guests well. 그녀는 자기의 손님을 잘 접대했다.
The movie will **entertain** you very much.
그 영화는 매우 재미있을 것입니다.

entertainment 환대, 오락

enthusiasm

명 열정, 열심, 열광

a strong feeling of interest of admiration

The new teacher is full of **enthusiasm**.
새로운 교사는 아주 열심이다.

enthusiasm for collecting stamps 우표수집에 대한 열정
enthusiastic **형** 열광적인, 열렬한

entitle

동 자격(권리)을 주다, 칭호를 주다

to give a title to

This ticket **entitles** you to free admission.
이 표로 너는 무료로 입장할 수 있다.

He was **entitled** King.
그는 왕이라고 불렸다.

entitlement 권리(부여), 수혜권

envelop

동 싸다, 감추다, 가리다

to wrap up or cover completely

It was **enveloped** in a cloak.
그것은 장막으로 둘러싸였다.

The building was soon **enveloped** in flames.
건물은 곧 불길에 휩싸였다.

envelope 명 봉투, 싸는 것
envelopment 명 싸기, 포장

equip

동 갖추다, 준비하다

to provide with what is necessary for doing something

We **equipped** a car for racing.
우리는 경주에 대비하여 차를 정비했다.

equipment 장비, 용품

erect

동 세우다, 쌓다 형 똑바로 선, 직립한

to build

The monument was **erected** in his honor.
그 비석은 그를 기념하여 세워졌다.

to erect a tent 텐트를 치다
erection 직립, 건립, 수립

errand

명 볼일, 심부름, 용건

a short journey made esp. to buy something

What is your **errand**?
용건이 뭐냐?

go on errands
심부름을 하다

essence

명 본질, 진수

the central or most important quality of a thing, which makes it what it is

Health is the **essence** of happiness.
건강은 행복의 기본 요소이다.

essential 긴요한, 없어서는 안 되는
Impartiality is **essential** to a judge.
공평은 법관에게 없어서는 안 되는 것이다.

essentially 본질적으로

estate

명 토지, 부동산, 부지

a large piece of land in the country, usu. with one large house on it

I owe a big **estate** in the country.
나는 시골에 큰 저택을 소유하고 있다.

an industrial estate 산업단지
real estate 부동산

esteem

명 존경, 존중, 호평 동 존중하다, 높이 평가하다

respect ; good opinion

I like him, but I cannot **esteem** him.
나는 그를 좋아하지만 존경할 수는 없다.

The old teacher was greatly loved and **esteemed**.
그 늙으신 선생님은 크게 사랑과 존경을 받았다.

estimate

A/O

동 판단하다, 평가하다

to calculate ; form an opinion about something

You **estimate** his intellect too highly.
너는 그의 지성을 너무 높게 평가한다.

I **estimate** her age at about thirty-five.
나는 그녀의 나이를 35세쯤으로 어림잡는다.

estimation 명 평가, 판단

B/P

C/Q

D/R

E/S

conflict

동 충돌하다, 모순되다

to be in opposition ; disagree

My interests **conflicted** with his.
나의 이해는 그의 이해와 상반되었다.

The picnic **conflicts** with my piano lesson.
소풍과 피아노 레슨이 겹친다.

confliction 모순

F/T

G/U

H/V

I/W

exaggerate

동 과장해서 말하다

to make seem larger, better, worse, etc. than in reality

He **exaggerates** his influence.
그는 자기의 영향력을 과장해서 말한다.

exaggeration 과장, 과장된 표현

J/X

K/Y

L/Z

exalt

동 높이다, 찬양하다

to praise highly

He was **exalted** to an eminent position.
그는 높은 자리로 승진했다.

exaltation 기고만장, 기뻐 날뜀

M

N

excel

동 탁월하다, 잘하다

to be very good ; do or be better than

He **excels** in speaking English.
그는 영어 회화에 뛰어나다.

excellence 명 우수, 우월, 탁월
excellent 형 뛰어난, 훌륭한, 탁월한
He is really **excellent** at sports.
그는 스포츠에 특히 우수하다.

execute

동 실행하다, 처형하다

to kill as a lawful punishment

We **executed** the plan at once.
우리는 그 계획을 즉시 실행했다.
He was **executed** for murder. 그는 살인죄로 처형되었다.
execution 실행, 처형
executive 실행하는

exhaust

동 다 써버리다, 고갈시키다, 기진맥진하다

to use up or deal with completely

I was **exhausted**. 나는 매우 피곤했다.
to exhaust the supply of oxygen 산소 공급이 끝나다
exhaustive 형 소진, 힘없는
exhaustion 명 완전한 소모, 고갈

exhibit

동 진열하다, 나타내다, 보이다 명 전시, 진열

to show in public, as for sale, or in a competition

We **exhibited** new products for sale.
새 상품을 판매하려고 진열했다.

exhibition 명 박람회, 전람회

exile

명 추방된 자, 망명자 동 추방하다

unwanted absence from one's country, often for political reason

He was **exiled** from his country.
그는 모국에서 추방당했다.

She is being in **exile**.
그녀는 망명중이다.

exist

동 존재하다, 살아나가다

to live or be real ; to have being

A man cannot **exist** without air.
인간은 공기 없이 살 수 없다.

God **exists**.
하나님은 살아 계시다.

exotic

형 이국풍의, 외국산의, 외래의

strange and unusual ; from a distant country

She was famed for her **exotic** hats.
그녀는 이국풍의 모자를 쓰는 것으로 유명했다.

exotic flowers
진귀한 꽃

expedition

명 탐험, 신속함

a journey for a certain purpose

with all possible expedition
될 수 있는 대로 민첩하게

They went on an **expedition** to the North Pole.
그들은 북극을 탐험하러 갔다.

expert

형 노련한 명 숙련가, 전문가

with special knowledge or training

He is an **expert** in agriculture.
그는 농업 전문가이다.

an expert engineer
숙련기사

expire

동 기한이 다되다, 만기가 되다

to come to and end

My license **expires** on the first of May.
내 면허증은 5월 1일로 끝난다.

explore

동 탐험하다, 검토하다

to travel into or through for the purpose of discover

They **explored** unknown Africa.
그들은 미지의 아프리카를 탐험하였다.

He **explored** the idea further.
그는 그 아이디어를 더 검토했다.

exploration 탐험, 탐사
explorer 탐험자, 탐침

extra

형 여분의, 특별한, 임시의

addition ; beyond what is usual or necessary

You will receive **extra** pay for extra work.
초과근무에 대해서는 특별수당을 받게 될 것이다.

an extra loaf of bread
여분의 빵 한 덩어리

extract

동 뽑아내다, 말하게 하다 명 추출물, 발췌, 초록

to pull or take out, often with difficult

He **extracted** a cork from a bottle.
그는 병마개를 뽑았다.

extract a confession from a criminal
범인에게 억지로 자백시키다

extraction 뽑아내기, 추출, 인용

extraordinary

형 비상한, 놀라운, 특명의

very strange ; more than what is ordinary

an extraordinary talent
보기 드문 재능

an ambassador extraordinary
특명 전권 대사

F/f

faculty

명 재능, 학부, 능력, 교수진

a natural power or ability, esp. of mind

a great faculty for mathematics
수학에 대한 뛰어난 재능

develop one's critical faculties
비판력을 기르다

fare

명 요금, 운임 동 지내다, 해나가다

the price charged to carry a person, as by bus, train, or taxi

How much is the **fare**?
요금이 얼마입니까?

a railway fare
철도 요금

He is **faring** well in school. 그는 학교생활을 곧 잘 해나간다.

feast

명 잔치, 축제

a splendid esp. public meal

a wedding feast
결혼 축하연

Let's make a **feast**.
잔치를 벌입시다.

fee

명 요금, 수수료

a sum of money paid for professional services to a doctor, lawyer, private school, etc.

a school fee
수업료

fertile

형 기름진, 비옥한, 번식력 있는

able to produce grow many young, fruits, or seeds

fertile soil 기름진 토양
Wheat grows well on **fertile** soil.
밀은 비옥한 토양에서 잘 자란다.

fertility **명** 다산, 풍부
fertilize **동** 토지를 비옥하게 하다

fetch

동 가지고 오다, 나오게 하다, 데리고 오다, 때리다

to go and get and bring back

Fetch my glasses. 내 안경을 가져와.
I **fetched** him a blow on the head.
나는 그의 머리에 한 대 먹였다.

Fetch me my umbrella. = **Fetch** my umbrella to me.
내 우산을 가져오너라.

I'll **fetch** you the letter. = I'll **fetch** the letter for you.
편지를 가져다 드릴게요.

finance

명 재정, 재무 **동** …에 융자하다

the control of esp. bublic money

the Ministry of Finance 재무부
financial 재정의, 금융상의
The city is in financial difficulties.
그 도시는 재정적으로 어려움에 처해 있다.

flake

명 파편, 작은 덩어리 **동** 조각조각으로 떨어지다

alight leaf-like little bit ; to fall off in flakes

flakes of snow
눈송이

The dark spots show where the paint has **flaked** off.
거무스름한 점은 페인트가 벗겨진 데를 나타낸다.

flatter

동 아첨하다, 돋보이기 하다, 기쁘게 하다

to praise too much or insincerely in order to pleases

I'm really **flattered** by the way you feel.
그렇게 생각해 주시니 정말 기쁘군요.

You're **flattering** me! 나를 비행기 태우는구나.

flee

동 달아나다, 도망치다

to escape by hurrying away

The troops **fled** in disorder.
군사들은 무질서하게 도망쳤다.

The color **fled** away from her face.
그녀의 얼굴에서 핏기가 사라졌다.

flee - fled - fled

flicker

동 깜박이다, 명멸하다 명 깜박임

to burn or move unsteadily

The candle **flickered** on the wall.
촛불이 벽 위에서 깜박였다.

He offered a **flicker** of recognition.
그는 고개를 끄덕여 아는 체 했다.

fling

동 내던지다, (돈을) 뿌리다

to throw violently or with force

He **flung** a penny to the beggar.
그는 거지에게 1페니를 집어 던졌다.

fling - flung - flung

flourish

동 우거지다, 번창하다, 활약하다

to grow healthily ; by active or successful

He is **flourishing** in his new job.
그는 새 일자리에서 훌륭히 해나가고 있다.

This plant will not **flourish** without water.
이 식물은 물이 없으면 잘 자라지 않을 것이다.

flush

동 (얼굴이) 붉어지다, 우쭐하게 하다 명 한창 때

to become red

She **flushed** when she couldn't answer the question.
그녀는 질문에 대답을 할 수 없었을 때 얼굴이 빨개졌다.

He **flushed** with victory.
그는 승리로 의기양양했다.

in the flush of life 한창 때에

forge

동 위조하다, 계획을 세우다, 쇠를 벼리다, 짓다, 날조하다
명 용철로, 대장간

to move with a widen increase of speed and power

forge one's signature
서명을 위조하다

forge a design
계획을 안출하다

frown

동 미간을 찌푸리다, 찡그리다

o draw the eyebrows together esp. in anger or effort, or to show
disapproval, causing lines to appear on the forehea

She **frowned** at me for laughing.
내가 웃었다고 그녀는 내게 인상을 찌푸렸다.

They **frowned** upon his idleness.
그의 게으름은 그들의 빈축을 샀다.

fuel

명 연료 동 연료를 보급하다

material that is used for producing heat or power by burning)

add fuel to the flame
불에 기름을 붓다

The ship put into port to **fuel**.
그 배는 연료를 공급받기 위해 항구에 들어갔다.

A/O

B/P

C/Q

D/R

E/S

F/T

G/U

H/V

I/W

J/X

K/Y

L/Z

M

N

fulfill

동 수행하다, (약속을) 지키다

to perform or carry out an order, duty, promise, etc.

He **fulfilled** his duties.
그는 직무를 수행했다.

His desire was **fulfilled**.
그의 욕망이 실현되었다.

function

명 기능 동 작용하다

a usual purpose or special duty

the social function of education
교육의 사회적 기능

The telephone was not **functioning**.
전화는 불통이었다.

fund

명 자금, 기금

a supply or sum of money set apart for a special purpose

a scholarship fund
장학 기금

for lack of funds
자금 부족 때문에

fundamental

형 기초적인, 토대가 되는 명 근본원리, 원칙

of the greatest importance ; deep ; being at the base, from which all else develops

fundamental knowledge
기초 지식

Freedom of speech is **fundamental** to democracy.
언론의 자유는 민주주의의 근본이다.

fuss

명 흥분, 소란, 야단법석 동 … 법석 떨게 하다

unnecessary, useless, or unwelcome excitement, anger, impatience, etc.

Don't make **fuss**.
소란 피우지 마라.

What a **fuss** about nothing!
공연한 일로 어찌나 소란을 떠는지!

fussy 법석을 떠는, 까다로운

G/g

generate

동 낳다, 발생시키다

to produce esp. heat or electricity

Friction **generates** heat.
마찰이 열을 발생시킨다.

Our electricity comes from a new **generating** station.
우리가 쓰는 전기는 새 발전소에서 나온다.

generation 발생

genial

형 온화한, 다정한, 친절한

cheerful and kind ; good-tempered

a genial climate
온화한 기후

a genial disposition
다정한 성품

geniality 친절, 온정

genuine

형 참된, 혈통이 순수한, 진짜인

or an object real ; really what it seems to be

a genuine American
순수한 미국인

a football made of genuine leather
진짜 가죽으로 만들어진 축구공

gild

동 금빛으로 칠하다, 꾸미다

to cover with a thin coat of gold

The setting sun **gilds** the sky.
지는 해는 하늘을 금빛으로 물들인다.

gleam

동 희미하게 빛나다 **명** 번뜩임, 섬광

to give out a bright light ; a shining light, esp. one making objects bright

Light **gleamed** in the east.
빛이 동쪽에서 희미하게 비쳤다.

the red **gleam** of the firelight
불빛의 빨간 반짝임

glimmer

명 희미한 빛 **동** 깜박깜박하다

a very faint, unsteady light

a glimmer of light
어렴풋한 빛

A faint light **glimmered** at the end of the hall.
희미한 불빛이 홀 끝에서 깜박였다.

gloom

명 어둠, 어둑어둑함, 우울

almost dark ; having or giving little hope of cheerfulness

in the gloom of the forest
어두컴컴한 숲 속에서

It was glooming in the wood.
숲 속은 어둑해지고 있었다.

gnaw

동 갉아먹다, 깨물다, 괴롭히다, 침식하다

to keep biting steadily on, esp. until one makes a hole, etc.

Anxiety gnawed at his heart.
근심이 그의 가슴속에 파고들었다.

The river continually gnaws its banks.
강은 계속해서 둑을 침식한다.

gorgeous

형 호화로운, 즐거운, 멋진

delightful ; very beautiful

a gorgeous room 호화스러운 방
a gorgeous day 화창한 날

gravity

명 중대성, 심각함, 인력

seriousness ; the natural force by which objects are attracted to each other, esp. that by which a large mass pulls a smaller one to it

I realized the gravity of the situation.
나는 사태의 심각성을 알아차렸다.

Anything that is dropped falls to the ground, pulled by the force of gravity.
땅에 떨어지는 것은 무엇이나 중력에 의해 끌어당겨진다.

grave **형** 중대한, 심각한
gravitate **동** 인력에 끌리다
gravitation **명** 중력, 인력

greedy

형 욕심 사나운, 탐욕스러운

full of greed, esp. for food

He is **greedy** for money and power.
그는 금권과 권력에 욕심이 많다.

greedy for power 권력에 눈이 어두운
greed 명 욕심, 탐욕

grim

형 격렬한, 냉혹한, 오싹한

cruel, hard, or causing fear

a grim smile 냉혹한 웃음
Murder is a **grim** deed.
살인은 잔혹한 행위다.

grip

명 단단히 잡음 동 붙들다, 꽉 잡다, 사로잡다

a very tight forceful hold

He took a good **grip** on the rope.
그는 끈을 단단히 붙잡았다.

He **gripped** the tennis racket tightly.
그는 테니스 라켓을 꽉 쥐었다.

gross

형 뚱뚱한, 거친, 상스러운, 엄청난

unpleasantly fat ; rough

She was shocked by his **gross** behavior at the party.
그녀는 파티에서의 그의 무례한 행동에 충격을 받았다.

She makes **gross** errors in pronunciation.
그녀는 발음이 형편없이 틀린다.

grudge

명 한, 원한

a cause for dislike, real or imagined, esp. of another person

I have a **grudge** against him.
나는 그에게 원한이 있다.

He bears a **grudge** against me because I took his place on the team.
그는 내가 그 팀에서 그의 자리를 차지했기 때문에 나에 대해 원한을 품고 있다.

grumble

동 불평하다, 투덜거리다

to express discontent or dissatisfaction

Don't **grumble** over food.
음식투정을 하지 마라.

grumble one's complaint
투덜투덜 불평하다

guarantee

명 보증, 보장 동 보증하다

an agreement to be responsible for the fulfillment of someone else's promise, esp. for paying a debt

Diligence **guarantees** success.
근면하면 틀림없이 성공한다.

Clear skies are no **guarantee** that the weather will stay fine.
맑은 하늘이 좋은 날씨가 될 거라는 보증은 없다.

H/h

hallow

동 신성하게 하다

to make holy

Hallowed by Thy name. 이름이 거룩히 여겨지리로다.
hallowed **형** 신성한

halt

명 정지 **동** 멎다

a stop or pause

He brought his house to a **halt**.
그는 말을 정지시켰다.

Company, **halt**!
중대 서!

haughty

형 오만한, 거만한

appearing proud ; showing that one thinks other people less
important than oneself

He had a **haughty** air.
그는 거만한 태도를 취했다.

helm

명 (배를 조종하는) 키, 지도, 지배

How long has she been at the **helm** of the company?
그녀가 회사를 관리해온 지 얼마나 되었습니까?

hesitate

동 **망설이다, 우물쭈물하다**

to pause in or before action

I'm still **hesitating** about buying the house.
그 집을 사야 할지 어떨지 아직도 망설이고 있다.

Do not **hesitate** to ask me anything. 사양 말고 질문하시오.

hesitation 망설임

hideous

형 **무시무시한, 섬뜩한**

having a terrible effect on the senses, esp. shocking to the eyes

a hideous monster 무서운 괴물
a hideous crime 극악무도한 범죄

hinder

동 **방해하다, 훼방 놓다**

to prevent

The snow **hindered** traffic. 눈 때문에 교통이 정체되었다.
Poor light **hindered** my reading.
불빛이 어둡기 때문에 책을 읽을 수 없었다.

hoist

동 **끌어올리다, 내걸다**

to raise up by force, esp. when using ropes on board a ship

He **hoisted** himself from the deep arm chair.
그는 깊숙한 안락의자에서 천천히 몸을 일으켰다.

hostile

악의를 품은, 적의를 나타내는

unfriendly ; showing dislike

a hostile look 적의가 있는 표정
hostility 적의, 반항심

humiliate

통 굴욕감을 주다, 창피를 주다

to cause to feel humble or to lose the respect of others

He was **humiliated** by defeat.
그는 패배로 망신을 당했다.

humiliate oneself
창피를 당하다

hunt

명 사냥 통 찾다, 쫓다

an act of hunting

I have a **hunt**. 나는 사냥을 한다.
I **hunt** for something to eat. 나는 먹을 것을 찾아 나선다.
go hunting 사냥하다

hustle

통 서두르다, 난폭하게 밀고 나아가다, 밀어내다

to move fast

He **hustled** across the street.
그는 급히 길을 건너갔다.

hustle through the crowd
군중을 헤치고 나아가다

hypocrite

통 위선자, 가장

a person who says one thing and does another, usu. something worse

She always plays the **hypocrite**.
그녀는 늘 착한 체한다.

hypocrisy **명** 위선적 행위
hypocrize **통** 위선적 태도를 취하다
hypocritical **형** 위선적인

I/i

A/O
B/P
C/Q
D/R
E/S
F/T
G/U
H/V
I/W
J/X
K/Y
L/Z
M
N

identify

동 확인하다, 동일시하다

to prove or show the identity of

identify the drowned man 익사자의 신원을 확인 하다
Children learn to **identify** object with words.
아이들은 물건과 말을 연결하는 것을 배운다.

idol

우상

an image worshipped as a god

Money is his **idol**. 돈이 그의 우상이다.
The football was the **idol** of many young people.
그 축구 선수는 많은 젊은이들의 우상이었다.

illuminate

동 조명하다, 밝게 하다

to give light to

The room was poorly **illuminated**. 그 방은 조명 상태가 나빴다.
illumination **명** 조명

illustrate

동 설명하다, 삽화를 넣다

to show the meaning of by giving related examples

The chart **illustrates** how the body works.
그 그림은 신체의 기능을 설명하고 있다.

This book is a beautifully **illustrated** history of science.
이 책은 예쁜 삽화를 곁들인 과학의 역사이다.

imitate

동 모방하다, 흉내를 내다

to copy the behavior, appearance, speech, etc., typical of

Parrots imitate human speech.
앵무새는 사람의 말을 흉내낸다.

imitation 흉내, 모방
imitative 모방의

immigrate

동 이주하다, 이민 오다

to come into a country to make one's life and home there

immigrants from Korea
한국인 이민

the immigration office at the airport
공항의 이민국

immigrant 명 이민, 외국에서의 이주민, 형 이주해 오는
emigrate 이민가다
emigrant 명 이주자, 형 이민 가는
emigration 이민, 이주
emigratory 이주하는, 이동성의
migrate 이주하다, 옮겨 살다
migration 이주, 이동
migrant 형 이주성의, 명 철새(migrant birds), 이주자
migratory 형 이동하는, 이주하는
migratory birds 철새 (반대) resident 텃새

imminent

형 절박한

which is going to happen very soon

The danger is imminent.
위험이 임박해 있다.

There's a storm imminent.
폭풍이 닥쳐오고 있다.

imminence 명 절박, 급박

impatient

형 짜증을 내는, 몹시 …하고 싶어하는

not patient ; unable to wait calmly or bear the weaknesses of others

Don't be **impatient** with the children.
아이들에게 짜증을 내지 마라.

I am **impatient** for the holidays.
휴가를 간절히 바란다.

be impatient of -
-을 견디지 못하다

be impatient with -
-에 화내다

be impatient to-
몹시 -하고 싶어 하다

impatience **명** 참을 수 없음, 가슴 졸임

impending

형 임박한, 박두한 = impendent

about to happen

impending war
임박한 전쟁

impend **동** 임박해 있다
Death impends.
죽음이 임박해 있다.

impendence = impendency 절박한 상태

imperial

형 제국의, 황실의

concerning an empire or its ruler

the imperial household 황실
imperialism 제국주의

A/O
B/P
C/Q
D/R
E/S
F/T
G/U
H/V
I/W
J/X
K/Y
L/Z
M
N

implore

동 탄원하다, 애원하다

to ask in a begging manner for something or to do something

I **implored** him to stay.
나는 그에게 머물도록 간청했다.

She **implored** for mercy.
그녀는 너그러이 봐달라고 애원했다.

imploration 탄원
imploratory 간청하는, 애원하는

imply

동 함축하다, …의 뜻을 내포하다

to express indirectly

Silence often **implies** consent.
침묵은 종종 동의를 뜻한다.

incapable

형 …을 할 수 없는, 무능력한

not able to do something

He is **incapable** of lying.
그는 거짓말을 못하는 사람이다.

I'm **incapable** of deceiving you.
나는 너를 속일 수 없다.

incarnation

명 화신, 육화, 전형적인 사람

the act of putting an idea, spirit, etc.

He looked like the **incarnation** of health.
그는 건강의 화신처럼 보였다.

She's the **incarnation** of all goodness.
그녀는 미덕 그 자체이다.

incarnate 형 화신의, 구체화된, 동 …을 구체화하다, …의 화신이 되다

incessant

형 **그칠 새 없는**

never stopping

incessant rains
그칠 새 없는 내리는 비

incessant noise
그칠 새 없는 소음

incessantly 끊임없이

inconsistent

형 **조화되지 않는, 일치하지 않는**

not agreeing with something else

Your account is **inconsistent** with the facts.
네 이야기는 사실과 일치하지 않는다.

It's an **inconsistent** testimony.
앞뒤가 맞지 않는 증언이다.

inconvenient

형 **폐스러운, 불편한, 귀찮은**

not convenient ; causing difficulty

if it is not inconvenient to you
폐가 되지 않는다면

The meeting is at an **inconvenient** time for me.
그 모임이 나에게 곤란한 시간에 있다.

inconvenience 명 불편

incredible

형 **믿어지지 않는, 믿을 수 없는, 놀라운**

too strange to be believed ; unbelievable

an incredible story
믿어지지 않는 이야기

She has an **incredible** house.
그녀는 굉장히 좋은 집이 있다.

A/O
B/P
C/Q
D/R
E/S
F/T
G/U
H/V
I/W
J/X
K/Y
L/Z
M
N

indebted

형 빚이 있는, 은혜를 입은

very grateful to for help given

I'm **indebted** to you for your help during my illness.
내가 아팠을 때 도와주어 당신에게 신세를 졌다.

I would be greatly **indebted** if you would come and see me.
왕림해 주시면 감사하겠습니다.

indefinite

형 애매한, 한계가 정해 있지 않은

not definite; not clear; not fixed

an indefinite opinion
애매한 의견

an indefinite prison term
무기 징역

definite 명확한

indifferent

형 무관심한, 중립의

not interested in

I am **indifferent** to politics.
나는 정치에 무관심하다.

remain indifferent in a dispute
논쟁에서 중립을 지키다

indifference 무관심, 냉담

indignation

명 분노, 분개

feelings of anger

quiver with indignation
분노로 치를 떨다

I expressed my **indignation** at being unfairly dismissed.
나는 부당하게 해고당한 데 대한 분개를 표명했다.

indispensable

형 절대 필요한, 피할 수 없는

that is too important to live or be without

Fresh air is **indispensable** to health.
맑은 공기는 건강에 절대 필요하다.

an indispensable duty
피할 수 없는 의무

induce

동 유발하다, 설득해서 …하게 하다

to lead someone often by persuading

sleep **induced** by drugs
약으로 유발된 수면

Nothing could **induce** him to change his opinion.
어떤 것도 그의 의견을 바꾸게 할 수 없었다.

indulge

동 탐닉하다, 빠지다, 만족시키다

to let oneself have what one want, esp. too much

He **indulges** in heavy drinking.
그는 술을 너무 마신다.

He **indulged** his mood.
그는 마음 내키는 대로 했다.

indulgent 형 응석을 받아 주는, 관대한
indulgence 명 빠짐, 탐닉

inevitable

형 피할 수 없는, 필연의, 일상적인

which cannot be prevented from happening

Death is **inevitable**.
죽음은 피할 수 없다.

Aunt Sue was wearing her **inevitable** large hat.
슈 아주머니는 여느 때처럼 큰 모자를 쓰고 있었다.

infamous

형 **악명이 높은, 평판이 나쁜**

well known for wicked behavior

a name infamous in history
역사적으로 악명이 높은 이름

an infamous crime
파렴치한 죄, 중죄

Cheating in your exam is an **infamous** conduct.
시험에서 부정행위는 수치스러운 행위이다.

infamy 오명, 불명예

infect

동 **오염시키다, 도덕적으로 타락시키다**

to put disease into the body of

One bad boy may **infect** a whole class.
나쁜 소년 하나가 학급 전체를 오염시킬지 모른다.

The disease **infected** her eyes, and she became blind.
그 병은 그녀의 눈에 감염되었고, 그녀는 앞을 못 보게 되었다.

infection 감염

infer

동 **추론하다, 결론짓다**

to reach an opinion after thinking about

I **infer** it from his remark.
나는 그의 이야기로 그것을 추론한다.

inferior

형 **…보다 아래의, 하급의**

not good or less good in quality or value

His second novel was **inferior** to his first.
그의 두 번째 소설은 첫 번째 것보다 못했다.

an inferior officer 하급 공무원

inferiority 명 열등, 조악

inflate

동 우쭐해지게 하다, 팽창시키다

to fill until swelled with air, gas, etc.

He is **inflated** with pride.
그는 자만하고 있다.

inflate the currency
통화 팽창을 일으키다

inflexible

형 불굴의, 확고한

not flexing; which cannot be bent

an inflexible will
불굴의 의지

He has an **inflexible** personality.
그는 의지가 굳은 사람이다.

flexible 유연한

inflict

동 고통 등을 주다, 고통을 당하다

to force something unwanted or unpleasant on

I am **inflicted** with the problem.
나는 그 문제로 고통을 받고 있다.

infliction 고통, 괴로움

infuse

동 부어넣다, 붓다

to fill with a quality

The coach **infused** the players with enthusiasm.
코치는 선수들에게 열의를 불어넣었다.

infusion 주입

ingenious

형 재간이 있는, 독창력 있는

having or showing cleverness at making or inventing things

an ingenious person 발명의 재간이 있는 사람
an ingenious theory 독창적인 이론
ingenuity 명 재간, 영리함, 정교

ingenuous

형 천진난만한, 솔직한

having or showing cleverness at making or inventing things

an ingenuous smile
천진난만한 미소

an ingenuous opinion 솔직한 의견
ingenious 교묘한, 정교한

inhabit

동 …에 살다, …에 가득차다

to live in

inhabit the coastal village
바닷가의 마을에 살다

a thickly inhabited district
인구가 조밀한 지역

Thoughts **inhabit** the mind.
사상은 정신에 깃든다.

inherit

동 뒤를 잇다, 물려받다

to receive left by someone who has died

I've **inherited** 10,000 dollars from my father.
나는 아버지로부터 10,000달러를 상속했다.

He **inherited** his wavy hair from his mother.
그는 곱슬머리를 어머니에게서 물려받았다.

inheritance 상속, 유산

initial

형 초기의 명 머리글자

which is the beginning of a set

the initial symptoms of measles
홍역의 초기 증상

Her **initials** are "J.E."
그녀 이름의 머리글자는 J.E이다.

initiative

명 첫걸음, 솔선, 선도, 주도권 형 처음의, 선도자인

He took the **initiative** in organizing a party after his brother's wedding.
그는 동생의 결혼식 후에 솔선하여 파티를 열었다.

He took the **initiative** in supporting the program.
그는 그 프로그램을 지지하는데 주도적이었다.

initiate 동 시작하다, 전수하다 형 창시된, 비결을 전수받은
initiation 착수, 창시, 비법전수, 가입
initiator 개시자, 창시자, 전수자

inland

형 내륙의, 국내의

done or placed inside a country, not near the coast or other countries

an inland duty 내국세
the inland sea 내해

inner

형 안쪽의, 은밀한

inside

an inner pocket
안 호주머니

an inner meaning
숨은 뜻

A/O
B/P
C/Q
D/R
E/S
F/T
G/U
H/V
I/W
J/X
K/Y
L/Z
M
N

inscribe

동 새기다, 기입하다

to write something by marking into a surface

Will you **inscribe** your name in my book?
제 책에 서명을 해주시지 않겠습니까?

The pages of history are **inscribed** with their names.
역사의 장에 그들의 이름이 새겨져 있다.

inscription **명** 비문, 명문

insight

명 통찰력

the power of using one's mind to understand something deeply

a critic of deep insight
통찰력이 탁월한 비평가

He is a man of keen **insight**.
그는 통찰력이 날카로운 사람이다.

insignificant

형 무의미한, 중요하지 않은

not of value and or importance

He wasted time on **insignificant** things.
그는 무의미안 일에 시간을 허비했다.

The effect was quite **insignificant**.
그 효과는 무의미했다.

insignificance 무의미

inspect

동 세밀하게 조사하다, 시찰하다

to examine the details of something

I **inspected** a used car.
나는 중고차를 면밀히 검사했다.

inspection **명** 검사, 조사

inspire

동 **고무시키다, 불러일으키다**

to encourage in the ability to act, esp. with a good result

He **inspired** us with his speech.
그는 연설로 우리를 고무시켰다.

She was **inspired** to write a poem.
그녀는 시를 쓰고 싶은 마음이 생겼다..

inspiration 고무

instinct

명 **본능, 소질**

the natural force in people and animals which causes certain behavior patterns

Writing well does not come by **instinct**.
좋은 글을 쓰는 힘은 타고난 것이 아니다.

He has an **instinct** for doing and saying the right thing.
그는 옳은 일을 말하고 행동에 옮길 수 있는 천성적인 소질이 있다.

instinctive 본능적인

institute

동 **설립하다, 마련하다** 명 **협회, 학회**

to set up for the first time a society, rules, actions in law, etc.

They **instituted** new rules.
그들은 새로운 규칙을 만들었다.

institute a reform
개혁을 시작하다

insult

동 **모욕하다, 창피 주다**

to offend, by speech or act

She **insulted** him.
그녀는 그를 모욕했다.

I put up with an **insult**. 나는 모욕을 참았다.
put up with 참다

intelligence

명 지성, 정보

ability to learn and understand

a man of mean intelligence 머리가 나쁜 사람
an intelligence officer 정보 장교
He is defective in **intelligence**.
그는 지성이라고는 하나도 없다

defective **형** 결함이 있는
intelligent 재치 있는, 이해력이 빠른, 영리한

intense

형 격렬한, 강렬한, 열심인

strong in quality or feeling

intense pain 격통
He listened with **intense** attention.
그는 진지하게 들었다.

interfere

동 방해하다, 간섭하다

to get in the way of another ; block the action of another

I want to go if nothing **interferes**.
지장이 없으면 나도 가고 싶다.

Don't **interfere** with me.
나를 방해하지 마라.

interference **명** 방해, 충돌

internal

형 내부의, 안의

of or in the inside, esp. of the body

internal bleeding 내출혈
for internal use 내복용의
internal trade 국내 무역

international

형 국제적인, 국제의

between nation ; concerning more than one nation

an international conference
국제회의

interpret

동 통역하다, 생각하다, 이해하다

to put into the words of another language usu. by talking

I **interpret** silence as content.
나는 침묵을 찬성이라고 생각한다.

I **interpret** his answer as a refusal.
나는 그의 대답을 거절로 해석한다.

interpretation 통역

intolerable

형 견딜 수 없는

too difficult, painful, etc., to be born ; unbearable

It was **intolerable** to be with him.
그와 함께 있는 것은 견딜 수 없었다.

The cold is **intolerable**.
추워서 견딜 수 없다.

intrude

동 침해하다, 방해하다, 강요하다, 주제넘게 나서다

to bring or come in when not wanted

I hope I'm not **intruding**. 방해가 되지는 않겠지요.
I don't want to **intrude** on them if they're busy.
저는 그들이 바쁘다면 폐가 되지 않았으면 해요.

intruder 침입자, 주제넘게 나서는 사람
intrusion 침입, 강요, 주제넘게 나서기

invade

동 침입하다, 밀려오다

to attack and spread into so as to take control of

The enemy **invaded** the country.
적군이 그 나라에 침입했다.

I was watching evening **invade** the avenue.
밤의 장막이 한 길에 드리워지는 것을 지켜보고 있었다.

invasion 침입

invalid

명 환자, 병자 형 근거 없는, 가치가 없는

a person made weak by illness

my invalid mother
병약하신 나의 어머니

an invalid ticket 무효인 티켓

invest

동 투자하다, 지출하다

to use to make more money out of something that will increase in value

He **invested** his son with power of attorney.
그는 자기 아들에게 위임장을 주었다.

Honesty **invests** his attitude.
그의 태도에는 성실성이 넘친다.

investment 명 투자

investigate

동 연구하다, 세밀히 조사하다

to examine carefully, or inquire about the reasons for something, the character of someone, etc.

to investigate the crime
범인을 취조하다

invisible

형 눈에 보이지 않는

not visible ; that cannot be seen hidden from sight

It is **invisible** to the naked eye.
그것은 육안으로는 보이지 않는다.

inward

형 안의, 마음의, 내륙의

on or towards the inside

the inward organs
내장

a train bound inward from the coast
해안에서 내륙으로 향하는 열차

irregular

형 고르지 않은, 불규칙한

not regularly; having different-sized parts

irregular teeth
고르지 않은 이

at irregular intervals
불규칙한 간격으로

He is **irregular** in his attendance at school.
그는 출석이 불규칙하다.

irritate

동 자극하다, 짜증나게 하다

to make angry or excite in an unpleasant way

That sound **irritates** me.
저 소리는 내 기분에 거슬린다.

I was **irritated** by the noise.
그 소음에 짜증이 났다.

A/O
B/P
C/Q
D/R
E/S
F/T
G/U
H/V
I/W
J/X
K/Y
L/Z
M
N

isolate

동 고립시키다, …을 분리시키다

to keep apart or separate from others

A large area was **isolated** by the flood.
넓은 지역이 홍수 때문에 고립됐다.

isolated 고립된, 격리된
isolation 고립, 격리, 분리

J•K

junior

형 연하의, 손아래의 명 아들, 후배

younger ; of lower rank or position

He is my **junior** by three years.
그는 나보다 세 살 아래이다.

John Smith Junior
존 스미스 2세

justify

동 정당화하다

to be or give a good reason for

The results **justify** you.
결과에 따라 당신이 옳은지 어떤지 알 수 있을 거요.

What reasons **justify** his use of violence?
어떠한 이유가 그의 폭력 행사를 정당화시켜 준다는 말입니까?

justification 정당화, 옹호

kindred

형 친족의, 동족의, 비슷한

belonging to the same group

kindred blood
친척뻘 되는 혈통

Only a few of his **kindred** were present at his funeral.
그의 친척 몇 명만이 그의 장례식에 참석했다.

L/l

laden

형 짐을 가득 실은, 고민하는

heavily loaded

The bushes were **laden** with fruit.
관목 숲은 열매가 가득 열렸다.

laden with sorrow
슬픔에 짓눌린

lament

동 슬퍼하다, 한탄하다, 후회하다

to feel or express grief or sorrow

She **lamented** having married young.
그녀는 일찍 결혼한 것을 후회하고 있었다.

He **lamented** over his son's death.
그는 자식의 죽음을 통탄했다.

lamentable **형** 슬퍼할만한

A/O

B/P

C/Q

D/R

E/S

F/T

G/U

H/V

I/W

J/X

K/Y

L/Z

M

N

launch

통 물위에 띄우다, 시작하다, 착수하다

to set a boat into the water ; to cause an activity, plan, way of life, etc.
to begin

to launch a canoe
카누를 물에 띄우다

to launch an attack
공격을 개시하다

I **launched** Mr. Lee in business by lending him money.
나는 이 선생에게 돈을 빌려주어 사업을 일으키게 했다.

leak

명 새는 구멍 통 새다, 누설하다

a small accidental hole or crack, esp, in a container, pipe, etc.,
through which something flows in or out

a leak in a hose 호스에 난 구멍
I noticed a water **leak** in the pipe.
파이프에서 물이 새는 것을 알았다.

legal

형 법률적으로 인정된, 적법한

allowed or made by law ; lawful

a legal wife
법률상 정식으로 결혼한 아내

liable

형 …에 대해 책임이 있는, …하기 쉬운

responsible, esp. in law, for paying for something

You are **liable** to a fine. 너는 벌금을 물 의무가 있다.
It is **liable** to rain. 비가 올 것 같다.
Glass is **liable** to break. 유리는 깨지기 쉽다.
He is **liable** to disease. 그는 병에 잘 걸린다.
be liable to - -해야 한다, -할 것 같다, - 하기 쉽다
liability 책임, 채무, - 하기 쉬움

limp

명 절름거리기 동 다리를 절다

to walk with an uneven step, one foot or leg moving less well than the other

He walks with a **limp**.
그는 절뚝절뚝 걷는다.

The injured player **limped** to the bench.
부상당한 선수는 다리를 절며 벤치로 물러갔다.

liquor

명 술, 알코올음료

strong alcoholic drink, such as whiskey

What do you say to a **liquor**?
한 잔 합시다.

What do you say to +(명사 또는 -ing)? …합시다

literal

형 원문에 충실한, 정확한

giving one word for each word ; exact

a literal translation
원문에 충실한 직역

liberal translation
의역

a literal account of a conversation 대화의 정확한 기사
literary 문학의, 문어적인
literate 글을 읽고 쓸 줄 아는

literary

형 문학의, 문예의

concerning, or producing literature

literary works 문예작품
a literary woman 여류 문인
He is quite a **literary** person.
그는 상당한 문학통이다.

load

명 짐 **동** 짐을 싣다

an amount being carried ; to put a load on or in something

He is **loaded** all over with muscle.
그는 우람한 근육질의 사나이다.

a car with a full load of children
아이들을 가득 태운 차

loan

명 대여, 대여물 **동** 빌려주다

the act of lending ; lend

How much will you **loan** me on this jewel?
이 보석으로 얼마나 빌려 주겠어요?

May I have the **loan** of this book?
이 책 좀 빌려도 되겠어요?

loathe

동 몹시 싫어하다

to feel hatred or great dislike for

I **loathe** fish for breakfast.
나는 아침 식사에 생선을 싫어한다.

loathsome 메스꺼운, 역겨운

locomotive

명 기관차 **형** 기관차의, 이행할 수 있는

a railway engine

locomotive engine
기관차

locomotive movement
이행 운동

logic

명 논리학, 이론, 이치

the science of reasoning by formal methods

His **logic** is not sound.
그의 논리는 타당하지 않다.

Your **logic** is at fault.
너의 논법은 옳지 못하다.

logical 논리적인

loiter

동 빈둥거리다, 쉬엄쉬엄 걷다

to walk about slowly with frequent stops

loiter away one's time
빈둥거리다, 시간을 허송하다

The sign said, "No **loitering**."
"배회하지 말 것"이라고 표지에 쓰여 있었다.

loom

동 어렴풋이 나타나다, 기분 나쁘게 다가오다

to come into sight in a way that seems large and unfriendly

A ship **loomed** through the mist.
배가 안개 속에서 어렴풋이 나타났다.

Trifles **loom** large to an anxious mind.
걱정스러운 사람에게는 사소한 일도 중대하게 여겨진다.

loop

명 고리, 고리모양을 한 것 동 감아 매다

the circular shape made by a piece of string, wire, rope, etc., when curved back on itself

make a **loop** around
…의 둘레를 한 바퀴 돌다

loop the rope up
밧줄을 감아서 매다

loose

형 풀려있는, 헤픈, 느슨한 동 풀어놓다

not fastened, tied up, shut up, etc. ; free from control

Loose ribbons were fluttering from her hat.
매지 않은 리본이 그녀의 모자에 달려 나풀거리고 있었다.

The book had several **loose** pages.
그 책에는 철해지지 않은 페이지가 더러 있었다.

lull

동 재우다 명 자기, 일시 잠잠함

to cause to sleep, rest, or become less active

lull a crying baby to sleep
우는 아기를 재우다

a **lull** in the storm
잠시 잔잔해진 폭풍우

lump

명 혹, 덩어리, 한 덩어리

a mass of something solid with no special size or shape

a **lump** of sugar
각설탕 1개

He is a **lump** of avarice.
그는 변덕꾸러기이다.

lust

명 강한 욕망 동 열망하다

strong desire

I **lust** for riches.
나는 부를 열망한다.

I have the **lust** for power.
나는 권력에 대한 욕망을 가지고 있다.

M/m

major

형 과반수의, 전공과목

greater when compared with others, in size, number, or importance

a history major
역사학 전공의 학생

Philosophy was his **major** in college.
대학에서는 철학이 그의 전공이었다.

manifest

형 명백한 동 명백히 하다

to show plainly

It is **manifest** at a glance.
일목요연하다.

It **manifests** the truth of the adage.
그것은 그 격언의 진실성을 증명한다.

manual

형 손으로 하는, 수공의 명 소책자, 안내서

of or using the hands

manual controls
수동제어

a reference manual
지침서

match

동 …의 상대가 될 수 있다, 어울리다
명 경쟁상대, 잘 어울리는 한 쌍, 성냥, 시합

to be like or suitable for use with another or each other

He is a good **match** for me.
그는 내게 좋은 적수다.

The napkins are a nice **match** for the tablecloth.
그 냅킨은 식탁보와 멋지게 어울린다.

mature

형 원숙한, 성장한, 무르익은 동 성숙하다

fully grown and developed

My army experience **matured** me.
군대 경험은 나를 성숙하게 만들었다.

Forty-five is a **mature** age.
45세는 원숙한 나이다.

maturity 원숙, 성숙

mechanical

형 기계적인, 기계에 의한

connected with, moved, worked, or produced by machinery

mechanical movement
기계적인 동작

a mechanical toy
기계장치가 되 있는 장난감

meddle

동 쓸데없는 참견을 하다

to interest oneself or take action

You shouldn't **meddle** in other people's affairs.
남의 일에 쓸데없이 간섭하지 마라.

He is always **meddling**.
그는 늘 참견 해.

meddlesome 형 오지랖 넓은, 참견하기 좋아하는

medium

명 수단, 중간물, 매체

a method for giving information

a medium of communication
전달 수단

medium size
중형

merit

동 …할 만하다, …에 대한 권리를 가지다 명 장점, 좋은 점

to deserve ; have a right to

He **merited** all the praise they gave him.
그는 그들이 그에게 한 모든 칭찬을 받을만했다.

The plan is without **merit**.
그 계획에는 취할 만한 점이 없다.

mess

명 혼란상태 동 어지럽히다

a state of disorder or untidiness

You look a **mess**.
네 모습이 말이 아니구나.

Don't **mess** up the bed.
침대를 어지럽히지 마라.

mineral

명 광물

The United States is rich in **minerals**.
미국은 광물이 풍부하다.

A/O
B/P
C/Q
D/R
E/S
F/T
G/U
H/V
I/W
J/X
K/Y
L/Z
M
N

mingle

동 섞이다, 혼합되다

to mix with another thing or with people so as to be and undivided whole

The two highways **mingle** there.
두 큰 길은 거기서 합쳐진다.

The king often left his palace at night, and **mingled** with the people in the streets.
왕은 종종 밤에 궁전을 나와, 거리에서 백성들과 어울렸다.

minute

형 사소한, 상세한

very small

minute differences
사소한 차이

minute report
상세한 보고

mischief

명 손해, 재해

damage or harm; wrong-doing

One **mischief** comes on the neck of another.
(속담) 설상가상, 엎친 데 덮친다.

Thoughtless speech may work great **mischief**.
지각없는 말이 큰 해독을 끼칠 수도 있다.

mischievous

형 해로운, 짓궂은

ischief maker

이간질하는 사람

mischief making 형 이간질 하는, 명 이간질

miserable

형 불행한, 비참한, 형편없는

very unhappy ; very poor

I was lonely and **miserable**.
나는 외롭고 비참했다.

What **miserable** weather!
정말 지독한 날씨군!

mock

동 흉내 내며 놀리다 형 모조의, 가짜의

to laugh or make fun, esp. unkindly or unfairly

His classmates **mocked** his stutter.
급우들은 그의 더듬는 말투를 흉내 내며 놀려댔다.

stutter 명 말더듬기 동 말을 더듬다
The army training exercises with a **mock** battle.
군사 훈련은 모의전으로 끝났다.

mockery 깔보기, 조롱, 무시
make a mockery of -을 비웃다

moderate

형 온화한, 적당한, 알맞은 동 –을 적당하게 만들다

of middle degree ; neither large nor small, high nor low, fast nor slow, etc.

I have a **moderate** temper.
나는 기질이 온건하다.

moderate wage demands 적정한 임금 요구

modest

형 겸손한, 삼가는, 적당한

having or expressing a lower opinion than is probably deserved, of one's own abilities

He is **modest** in his behavior. 그는 행동이 겸손하다.
There has been a **modest** rise in house prices this year.
올해는 주택 가격이 알맞게 오르고 있다.

monument

명 기념비, 영구적 가치가 있는 제작, 유적

a building, pillar, statue, etc., that preserved the memory of a person or event

The skyscraper is **monument** of modern architecture.
그 마천루는 현대 건축의 기념비적 작품이다.

an ancient monument 고대 유적
monumental 기념비의

multiply

동 곱하다, 배가시키다, 증식하다

to combine by multiplication

In warm weather these germs **multiply** rapidly.
날씨가 따뜻해지만 이 병균들은 빠르게 증식한다.

multiply six by seven　6에 7을 곱하다
3 **multiplied** by 5 is 15.　3 곱하기 5는 15.
multiplication 증가, 곱셈
multiplicity 다수, 다양성
multiplicative 증가하는, 곱셈의

multitude

명 수가 많음, 군중

a large number

a multitude of relatives　많은 친척
an angry multitude　성난 군중
A great **multitude** of students assembled in the auditorium.
아주 많은 수의 학생들이 강당에 모였다.

murder

명 살인 동 죽이다

the crime of killing a human being unlawfully

a murder case
살인사건

the man who was murdered
살해된 사람

Murder will out. 나쁜 짓은 탄로 나는 법.

murderee 피살자

murderer 살인자

murderous **형** 살인의, 잔인한

muscle

명 근육, 완력 동 힘으로 밀고 나아가다

the pieces of elastic material in the body which can tighten to produce movement, esp. bending of the joints

Physical exercises develop **muscle**.
체육은 근육을 발달시킨다.

muscle one's way through the crowd
우격다짐으로 군중을 헤치고 나아가다

mutual

형 서로의, 상호간의, 공통의

equally so, one towards the other

for our mutual conveniences
공통의 편의를 위하여

She is our **mutual** friend.
그녀는 우리의 서로의 친구다.

We must be better **mutual** understanding.
우리는 상호 이해를 더욱 돈독히 해야 한다.

A/O

B/P

C/Q

D/R

E/S

F/T

G/U

H/V

I/W

J/X

K/Y

L/Z

M

N

mystery

명 신비, 불가사의

something which cannot be explained or understood

It is a complete **mystery**.
그것은 완전히 신비에 쌓인 일이다.

N/n

nap

명 낮잠 **동** 졸다, 선잠을 자다

a short sleep, esp. during the day

take a nap 낮잠 자다
I **nap** my free time away.
자유 시간을 꾸벅꾸벅 졸며 보낸다.

Even Homer sometimes **nods**.
호머(일리아드와 오디세이의 저자)도 때론 졸 때가 있다.
원숭이도 나무에서 떨어질 때가 있다.

nasty

형 불결한, 악의 있는, 심술궂은

unpleasant in manner ; angry or threatening

a nasty person
불결한 사람

a nasty rumor
악의에 찬 소문

naughty

형 행실 나쁜, 장난을 좋아하는

bad in behavior ; not obeying a parent, teacher, set of rules, etc.

It is too **naughty** of you to do such a thing.
그런 일을 하다니 넌 정말 나쁘구나.

a naughty boy
개구쟁이

negotiate

동 교섭하다, 의논하다

to talk with another person or group in order to try to come to an agreement)

The government **negotiated** for peace with the rebels.
정부는 반역자들과 평화 협상을 했다.

negotiation 명 협상

notion

명 관념, 의견

an idea, belief, or opinion

He has no **notion** of economy.
그에게는 경제관념이 전혀 없다.

Such is the common **notion**.
세상의 일반적인 생각은 그런 것이다.

notorious

형 소문난, 악명 높은

famous for something bad

He is **notorious** for cruelty.
그는 잔인하기로 악명 높다.

an area notorious for crime
범죄로 이름난 지역

A/O

B/P

C/Q

D/R

E/S

F/T

G/U

H/V

I/W

J/X

K/Y

L/Z

M

N

novel

명 소설 형 새로운, 참신한

a long written story dealing with invented people and events

a popular novel
인기 소설

a novel experience
새로운 경험

O/o

oath

명 맹세, 서약

a solemn promise

make an oath
선서하다

a false oath
거짓 맹세

oblige

동 강요하다, 의무를 지우다, 호의를 베풀다

to force someone to do something

He felt **obliged** to leave after such an unpleasant argument.
그렇게 언짢은 말다툼을 한 후에 그는 떠나지 않을 수 없었다.

I'm much **obliged** to you.
대단히 감사합니다.

obscure

형 애매한, 이해하기 어려운 동 감추다, 덮다

hard to understand ; not clear

an obscure meaning
애매한 뜻

The moon was **obscured** by clouds.
달이 구름에 가려졌다.

observe

동 알아채다, 진술하다, 준수하다

to see and notice ; watch carefully

I **observed** her cooking dinner.
나는 그녀가 정찬 음식을 만들고 있는 것을 보았다.

I **observe** him trustworthy.
나는 그를 신용할 수 있는 사람이라고 본다.

obstacle

명 장애, 방해물

something which stands in the way and prevents action or success

an obstacle to success
성공의 장애물

obstinate

형 완고한, 고집스러운

not willing to change one's opinion, obey, etc.

an obstinate temper
완고한 성품

Don't be **obstinate**.
그렇게 고집을 부리는 게 아냐.

obstinacy 고집, 완고

A\0
B/P
C/Q
D/R
E/S
F/T
G/U
H/V
I/W
J/X
K/Y
L/Z
M
N

obtain

동 얻다, 입수하다

to get

He **obtained** a job.
그는 일자리를 얻었다.

By this method, you **obtain** good results.
이 방법을 이용하면 좋은 결과를 얻는다.

obvious

형 분명한, 명백한

easy to understand ; clear

an obvious truth
명백한 진리

It's very **obvious** that he's lying.
그가 거짓말하고 있음이 뻔하다.

occasion

명 경우, 때 **동** 불러일으키다

a time when something happens

on every occasion
모든 경우에

occasion much anxiety to one
…에게 몹시 걱정을 끼치다.

occasional **형** 이따금, 가끔의

anecdote

명 일화, 기담

a short interesting or amusing story about a particular person or event

An amusing **anecdote** is told of him.
그에 대해서는 재미있는 일화가 이야기 되고 있다.

occupy

동 **차지하다, 점유하다**

to fill a certain position, space, or time

An old piano **occupies** one corner.
낡은 피아노 한 대가 방 한쪽 구석을 차지하고 있다.

Her mind was **occupied** with her troubles.
그녀의 마음은 자신의 고민으로 꽉 차있었다.

occupation 점유, 사용, 업무, 직업

occur

동 **생각나다, 일어나다, 나타나다**

to happen ; take place

A happy idea **occurred** to me.
즐거운 생각이 떠올랐다.

Bats **occur** almost everywhere.
박쥐는 거의 모든 곳에 있다.

odd

형 **별난, 한쪽의, 이따금, 나머지의**

strange ; unusual

an odd choice 뜻밖의 선택
an odd person 기묘한 사람, 괴짜
an odd custom 괴상한 풍습
Her tastes in food were extremely **odd**.
그녀의 음식 기호는 매우 이상했다.

odor

명 **냄새, 평판, 인기**

a smell, esp. an unpleasant one

the personal odor 체취
be in good odor with …에 인기가 좋다.
be in bad (ill) order with - -에게 인기가 없다

A O
B/P
C/Q
D/R
E/S
F/T
G/U
H/V
I/W
J/X
K/Y
L/Z
M
N

offend

동 화나게 하다, 기분이 상하다

to hurt the feelings of

His comments **offended** me. 그의 논평이 내 기분을 상하게 했다.
In what have I **offended**? 뭔가 마음에 거슬리는 일을 했나요?

offensive

형 공격의, 불쾌한, 무례한

offence = offense 위반, 기분 상하게 하는 것

operate

동 작동하다, 움직이다, 수술하다

to work ; to be in action

The heart **operates** during sleep.
심장은 잠자는 동안에도 움직인다.
The brain **operates** during sleep.
두뇌는 잠자는 동안에도 작용한다.

opportunity

명 기회, 호기, 적절한 시기

a favorable moment or occasion for doing something

I had no **opportunity** of seeing him.
나는 그를 만날 기회가 없었다.
a wonderful opportunity to go shopping 쇼핑하러 갈 좋은 기회

oppose

동 반대하다, 저항하다

to be or act against

We **opposed** truth to falsehood. 우리는 거짓에 대해서 진실을 맞세웠다.
opposite 반대쪽의, 맞은편의
opposition 반대, 저항

oppress

동 압박감을 주다, 학정으로 다스리다

to rule in a hard and cruel way

My mind is **oppressed** with anxieties.
내 마음은 근심에 짓눌려 있다.

be oppressed with
-에 시달리다

oppression 명 압박, 압제, 학대
oppressive 형 포악한, 답답한
oppressor 박해자

organ

명 기관, 기관

a part of an animal or plant that has a special purpose

the official organ of the government
정부의 공식기관

orient

명 동양 동 적응시키다, 방향을 정해주다, 향하게 하다

Asia ; the East ; to give direction or guidance to

Do you like **oriental** art?
동양 미술을 좋아합니까?

The map helped me **orient** myself to the city.
그 지도는 내가 그 도시에 익숙해지는 데에 도움을 주었다.

oriental 형 동양의, 동양인의, 동양문명의
orientation 명 적응지도, 예비교육
occident 서양
occidental 서양의

origin

명 기원, 근원, 출발점

a starting point

This custom is of Chinese **origin**.
이 관습의 근원은 중국이다.

original 원문, 원서, 원작
originate 시작되다, 일어나다, 생기다

ornament

명 장식품, 명예가 되는 사람 동 꾸미다

an object possessed because it is beautiful rather han be cause it is useful

She was an **ornament** of our class.
그녀는 우리 반의 꽃이었다.

for ornament 장식용으로

orphan

명 고아 동 고아로 만들다

a person lacking one or both parents

a war orphan 전쟁 고아
He was **orphaned** by war. 그는 전쟁으로 고아가 되었다.

outbreak

명 발발, 발생

a sudden appearance or beginning of something bad

the outbreak of World War II
제2차 세계 대전의 발발

outlive

동 …보다 오래 살다

to live longer than

Some fathers **outlive** their sons.
어떤 아버지들은 자식들보다 더 오래 살기도 한다.

overcome

동 **이기다, 물리치다, 극복하다**

to fight successfully against ; defeat

She didn't **overcome** with grief.
그녀는 슬픔을 가누지 못했다.

Sleep **overcame** her again.
그녀에게 또 다시 잠이 엄습해왔다.

He was soon **overcome** with (by) sleep.
그는 금세 잠에 곯아 떨어졌다.

overcome - overcame - overcome

overestimate

동 **과대평가하다, 과신하다**

to give too high a value for

overestimate one's abilities
자기의 역량을 과신하다.

I think you're **overestimating** his abilities.
나는 네가 그의 능력을 과대평가하고 있다고 생각한다.

overwhelm

동 **압도하다, 억누르다**

to defeat or make powerless by much greater force of numbers

The army was **overwhelmed** by the guerilla troops.
그 군대는 게릴라 부대에 의해 격파되었다.

He was **overwhelmed** by grief.
그는 비탄에 잠겨 있었다.

A/O
B/P
C/Q
D/R
E/S
F/T
G/U
H/V
I/W
J/X
K/Y
L/Z
M
N

P/p

paddle

명 (소형 배의) 노 동 노로 젓다

a short pole with a wide flat blade at one or both ends, used for pushing and guiding a small boat

We **paddled** our own canoe.
우리는 남에게 의지하지 않고 카누를 저었다.

panel

명 결정을 내리는 사람, 한 칸, 패널

a group of people who decide something

a panel of glass 한 장의 유리
panel discussion 공개 토론회

paralyze

동 마비시키다, 정지시키다, 무기력하게 하다

to make unable to move

His left arm was **paralyzed**.
그의 왼쪽 팔이 마비되었다.

I was **paralyzed** by fear. 공포로 몸이 움츠러들었다.
paralysis 명 마비

participate

동 함께 하다, 참가하다

to take park or have a share in an activity or event

participate one's suffering
…와 고생을 함께 하다

participate in the Olympics
올림픽에 참가하다

particle

명 미량, 소량

a very small piece of matter

There is not one **particle** of evidence.
증거는 조금도 없다.

passive

형 수동적인, 소극적인

not active ; influenced by outside forces but not doing anything

passive Congressman
소극적인 국회의원

passive obedience
무저항 복종

patent

명 특허권 **형** 특허의, 특허를 얻은 **동** …의 특허를 얻다

a piece of writing from a government office

take out a patent for an invention
발명 특허를 취득하다

Patent Office
특허국

patter

동 후드득 내리다 **명** 후드득 내리는 소리

to make the sound of the something striking a hard surface lightly, quickly, and repeatedly

The rain **pattered** on the roof.
비가 지붕을 후드득 때렸다.

the patter of rain on the window
창문을 후드득 때리는 빗소리

A/O
B/P
C/Q
D/R
E/S
F/T
G/U
H/V
I/W
J/X
K/Y
L/Z
M
N

pave

동 도로 따위를 포장하다

to cover a path, area, etc, with a surface of flat stones

Few streets are **paved** in this town.
이 마을에는 포장된 도로가 거의 없다.

pavement 포장

pedestrian

명 보행자 형 도보의

a person walking esp. in a street used by cars

a great pedestrian
다리가 튼튼한 사람

a pedestrian crossing
횡단보도

peel

동 껍질을 벗기다, 벗겨지다 명 껍질

to remove the outer covering from a fruit, vegetable, etc.

The paint is **peeling** off my car.
차의 페인트가 벗겨지기 시작하고 있다.

peeling 껍질 벗기기

penalty

명 형벌, 처벌

the punishment for breaking a law, rule, or agreement in law

impose a heavy penalty on one
…에게 무거운 형벌을 과하다.

penal 형의, 형벌의
penalize …을 벌하다

penetrate

동 꿰뚫다, 스며들다

to enter, cut, or force a way

A sharp knife **penetrated** the flesh.
예리한 칼이 살을 꿰뚫었다.

The flashlight **penetrated** the darkness.
불빛이 어둠 속을 지나갔다.

penetration 명 침투

peninsula

명 반도

a piece of land almost completely surrounded by water

The land is **peninsula**.
그 육지는 반도이다.

peninsular 형 반도의

pension

명 연금

an amount of money paid regularly esp. by a government or a company to someone who no longer works, esp. because of old age or illness

He had a **pension** bestowed on him.
그는 연금을 받고 있다.

pensive

형 시름에 잠긴, 구슬픈

deeply, perhaps sadly, thoughtful

a pensive face
수심에 잠긴 얼굴

a pensive song
구슬픈 노래

a pensive look
애수에 잠긴 눈빛

A/O
B/P
C/Q
D/R
E/S
F/T
G/U
H/V
I/W
J/X
K/Y
L/Z
M
N

peril

명 **위험, 모험, 위난**

danger, esp. of being harmed or killed

at the peril of one's life
생명의 위험을 무릅쓰고

in peril of one's life
생명이 위태로운

perpetual

형 **영속하는, 종신의**

lasting forever of for a long time

the perpetual fires of hell 영원히 타는 지옥의 불
perpetuate 동 영속시키다, 불후하게 하다
perpetuity 명 영속, 불멸

perplex

동 **당혹시키다, 어리둥절하게 하다**

to cause to feel confused and troubled by being difficult to understand or answer

The problem **perplexed** him.
그는 그 문제로 당황했다.

They looked **perplexed** when I told them that their parents had gone. 내가 그들의 부모님들이 떠나셨다고 말했을 때, 그들은 당황하는 것 같았다.

persecute

동 **박해하다, 확대하다**

to treat cruelly ; cause to suffer

persecuted donkeys 혹사당하는 당나귀
He was **persecuted** with silly questions.
그는 쓸데없는 질문에 시달렸다.

The boy **persecuted** me with questions.
그 소년은 내게 귀찮을 정도로 질문했다.

persecution 박대, 학대
persecutive 박해하는, 못살게 구는

persevere

통 참다, 꾸준히 해내다, 버티어내다

to continue firmly in spite of difficulties

She will **persevere** in her efforts.
그녀는 끈질기게 노력할 것이다.

perseverance 명 불굴, 참을성이 있음

persist

통 고집하다, 지속하다

to continue firmly and perhaps unreasonably in spite of opposition or warning

He has **persisted** in that bad habit for a long time.
그는 오랫동안 그 나쁜 버릇을 고치려 하지 않고 있다.

He **persisted** with the problem until he solved it.
그는 그 문제를 해결하게 될 때까지 문제와 씨름하였다.

persistent 형 고집하는, 끈덕진, 꾸준한
persistence 명 고집, 완고, 집요함

perspective

명 원근화법, 원근감, 전망

hey have no perspective on events

그들은 앞으로의 결과에 대한 아무런 전망도 없다.

draw pictures in perspective
원근법에 의해 그림을 그리다

pertain

통 …에 직접 관계가 있다, 어울리다

to belong to or have a connection with

It doesn't **pertain** to the subject.
그것은 그 주제와는 거리가 멀다.

pertinence = pertinency 명 적절, 타당
pertinent 형 적절한, 관련된

A/O
B/P
C/Q
D/R
E/S
F/T
G/U
H/V
I/W
J/X
K/Y
L/Z
M
N

perverse

형 잘못된, 그릇된, 이치에 맞지 않는

purposely continuing in what is wrong, unreasonable, or against the wishes of others

a perverse disposition 비뚤어진 성질
His son is a **perverse** child.
그의 아들은 심술궂은 아이다.

perversion 왜곡, 곡해, 오용

petition

명 탄원, 간청, 청원 동 원하다, 청하다

a request or demand made to government or other body, usu. signed by many people

a petition against the closing of the library
도서관 폐쇄를 반대하는 진정
They **petitioned** the mayor for help.
그들은 시장에게 도움을 청했다.

phantom

명 유령, 환영

a shadowy likeness of a dead person

phantoms of the past
과거의 망령
He is only a **phantom** of a king.
그는 오로지 이름뿐인 왕이었다.

phenomenon

명 현상

a fact or event in nature

a biological phenomenon
생물학적 현상
the phenomena of nature
자연 현상

phrase

명 구(문장을 구성하는 작은 어군), 짤막한 말, 간결한 표현

a small group of words forming part of a sentence

to adopt Eliot's phrase
엘리엇의 말을 빌리자면

speak in simple phrases
알기 쉬운 말로 말하다

pile

명 기둥, 대들보, 다수 동 −을 쌓아올리다

something in the shape of this ; an important member and active supporter

He had a pile of troubles in his lifetime.
그의 생애는 수많은 고난의 역정이었다.

She has been a pile of the church all her life.
그녀는 평생 동안 그 교회의 중심인물이었다.

The snow is piling up on the roads.
도로에 눈이 잔뜩 쌓여 있다.

pilgrim

명 순례자

a person who travels to a holy place as an act of religious love and respect

pilgrim to Jerusalem
예루살렘의 순례자

pinch

동 죄다, 꽉 끼어 아프게 하다 명 곤란, 고통

to press tightly between two hard surfaces, or between the thumb and a finger, accidentally or on purpose

The new shoes pinch me.
새 구두 때문에 발이 아프다.

They will stand by me at a pinch.
그들은 위급할 때 나를 도와 줄 것이다.

pioneer

명 개척자, 선구자 동 개척하다, 솔선수범 하다

one of the first settlers in a new or unknown land

pioneers in chemical research
화학연구의 선구자들

pioneer the way to a new discovery
새로운 발견에로의 길을 트다

pious

형 종교를 구실 삼은, 경건한, 위선적인

showing and feeling deep respect for God and religion

a pious hypocrite
종교를 빙자한 위선자

make a pious effort
기특한 노력을 하다

piety 경의, 경건, 신심

precept

명 가르침, 훈계, 교훈

a guiding rule on which behavior, a way of thought or action, etc. is based

Example is better than precept.
본보기를 보이는 것이 훈계보다 낫다.

placid

형 잔잔한, 평온한, 차분한

quiet ; not easily angered or excited

a placid pond
잔잔한 연못

the placid surface of the lake
잔잔한 호면

plead

통 **변명하다, 간청하다, 탄원하다**

to give as an excuse for an action

He **pleaded** with her not to leave him.
그는 그녀에게 자기를 버리지 말아달라고 애원했다.

I **pleaded** with him to help me.
도와달라고 그에게 간청했다.

plot

명 **음모, 계략, 책략** 통 **꾀하다, 획책하다**

a small marked or measured piece of ground for building or growing things

a plot to murder Napoleon
나폴레옹 살해 음모

They **plotted** against the government.
그들은 정부의 전복을 꾀했다.

polish

통 **광을 내다, 윤기를 내다, 연마하다**

to make or become smooth and shiny by continual rubbing

I got my shoes **polished**.
나는 구두에 광을 냈다.

polish one's English
영어 실력을 연마하다

ponder

통 **숙고하다, 잘 생각하다**

to spend time in considering

I **pondered** over the problem.
그 문제에 대해 곰곰이 생각했다.

He **pondered** how to resolve the dispute.
그는 어떻게 하면 분쟁을 해결할 수 있을까 하고 곰곰이 생각했다.

portion

명 부분, (음식의) ···인분

a part separated or cut off

The book is sold in two **portions**.
그 책은 두 권을 한 질로 해서 팔린다.

one portion of beefsteak
비프스테이크 1인분

positive

형 자신 있는, 확신하는, 양 전기의

having no doubt about something

I'm **positive** of the fact.
나는 그 사실에 자신을 가지고 있다.

Are you **positive** he's the man you saw yesterday?
그가 당신이 어제 본 그 남자라고 확신합니까?

possess

동 소유하다, 가지다, 사로잡다

to own ; have

He **possesses** a big house and vast land.
그는 큰집과 넓은 땅을 소유하고 있다.

He is **possessed** of a large fortune.
그는 많은 재산을 소유하고 있다.

possession 소유, 입수, 소지

postpone

동 연기하다, 하위에 두다

to delay ; move to some later time

postpone the meeting till Sunday
일요일까지 회의를 연기하다

We're **postponing** our vacation until August.
우리는 휴가를 8월로 연기할 예정입니다.

pray

동 빌다, 간청하다, 기도하다

to speak, often silently, to God, showing love, giving thanks or asking for

I **prayed** to God for his safety.
그의 안전을 위해 하나님께 기도했다.

They went to the mosque to **pray**.
그들은 사원에 기도를 드리러 갔다.

prayer 기도, 기도하는 사람

preach

동 설교를 하다, 전도하다, 타이르다

to give a religious talk esp. as part of a service in church

Christ **preached** the word of God to the crowds.
그리스도는 신의 말씀을 군중에게 설교했다.

The priest **preached** that we are sons of God.
목사는 우리는 하나님의 아들이라고 설교했다.

precede

동 …의 앞에 있다, 선행하다

to come or go in front of

The tidal wave was **preceded** by an earthquake.
지진에 이어 해일이 왔다.

The solution of this problem **precedes** all other things.
이 문제의 해결은 다른 모든 일보다 우선적이다.

precise

형 정확한, 꼼꼼한

exact in from detail, measurements, time. etc.

He is **precise** about doing his duty.
그는 임무를 수행하는 데 빈틈이 없다.

The information lacks **precise**.
그 정보는 정확성이 결여되어 있다.

precision 정확, 꼼꼼함

A/O

B P

C/Q

D/R

E/S

F/T

G/U

H/V

I/W

J/X

K/Y

L/Z

M

N

predict

동 예언하다, 예보하다

to see or describe in advance as a result of knowledge, experience, reason, etc.

He **predicted** the winning team.
그는 승리 팀을 예언했다.

Can you **predict** when the work will be finished?
일이 언제 끝날지 예측하겠소?

prediction 예언, 예보

prejudice

명 선입관, 편견 동 편견을 갖게 하다

unfair and often unfavorable feeling or opinion not based on reason or enough knowledge

a teacher of strong prejudice
편애가 심한 교사

He has a **prejudice** against Jews.
그는 유태인에 대한 편견을 갖고 있다.

preliminary

형 예비적인 명 예비행위, 사전준비

coming before and introducing or preparing for something more important

An examination is a **preliminary** to entering the college.
시험은 대학에 들어가기 위한 예비단계이다.

a preliminary test
예비시험

preside

동 책임을 맡다, 사회를 보다

to be in charge

She **presides** over the committee meetings.
위원회의 회합은 그녀가 관장하고 있다.

president 대통령, 총재, 의장
presidential 형 대통령의, 대통령에 걸맞은

presume

동 **추정하다, 가정하다, 이용하다, 통하다**

to take as true without direct proof ; suppose

It is **presumed** that he was drunk.
그는 취해 있었다고 생각된다.

We **presumed** the death of the entire party.
우리는 그 일행이 모두 죽은 것이라고 추정했다.

presumption 명 추정, 가정, 추측
presumptuous 형 나서기 좋아하는, 뻔뻔스러운

pretend

동 **가장하다, …인 체하다**

to give an appearance of something that is not true, with the intention of deceiving

Let's **pretend** to be soldiers.
병정놀이를 하자.

He **pretended** that he was ill.
그는 아픈 척 했다.

pretence 명 구실, 핑계
pretension 명 겉치레, 뽐내기

prevail

동 **유행하다, 승리하다, 단언하다, 설득하다**

to exist or be widespread

Hatred **prevails** among them.
그들 사이에는 증오심이 팽배해 있다.

Such ideas **prevail** these days.
그런 생각들이 요즘 판을 치고 있다.

Good will **prevail**.
선은 언젠가는 이긴다.

I **prevailed** on her to go with him.
난 그와 함께 가도록 그녀를 설득했다.

He cannot be **prevailed** upon.
그는 좀처럼 말을 듣지 않는다(설득 당하지 않는다).

previous

형 앞의, 이전의, 먼저의

happening, coming, or being earlier in time or order

on the previous night 전날 밤에
a previous engagement 선약
This problem is the reverse of the **previous** one.
이 문제는 이전 것과 정반대다.

prick

동 찌르다 **명** 가시, 찌르는 것, 가책

to make a very small hole or holes the skin or holes in the skin surface of something or oneself with a sharp-pointed object

Roses are full of **pricks**.
장미는 가시가 많다.

I feel the **prick** of conscience.
나는 양심의 가책을 느낀다.

prime

명 전성기, 한창때 **형** 제1의, 수위의

first in time, rank, or importance

Rome was then in its **prime**.
로마는 당시에 전성기였다.

Apples are just now in their **prime**.
사과는 지금이 한창이다.

a prime minister 수상, 국무총리
primary 초기의, 원시적인

privilege

명 특권, 기본적 권리

special right or advantage limited to one person or a few people of a particular kind

He has the **privilege** of making the opening speech.
그는 개회사를 할 특권이 있다.

privilege of free transportation
무임승차할 특권

proclaim

동 선언하다, 나타나다

to make known publicly

His conduct **proclaims** him a sincere man.
그의 행동으로 미루어 그가 성실한 사람임을 알 수 있다.

be proclaimed king
국왕으로 선포되다

proficient

형 숙달된, 능숙한

thoroughly skilled

He is **proficient** in English.
그는 영어에 능숙하다.

She is **proficient** in swimming.
그녀는 수영에 능숙하다.

proficiency 숙달, 숙련

profound

형 깊은, 해박한

deep ; complete ; having, showing, or using thorough knowledge and deep understanding

He has **profound** insight.
그는 깊은 식견을 가지고 있다.

There was a **profound** silence in the empty church.
텅 빈 교회에는 깊은 정적만이 감돌았다.

profundity 깊음, 심오함

prohibit

동 금지하다, 금하다

to forbid by law or rule

Alcohol is **prohibited** in parks.
공원에서는 금주다.

Smoking in this theater is **prohibited**.
이 극장에서의 흡연은 금지되어 있다.

prominent

형 눈에 띄는, 탁월한, 저명한, 돌출한

of great ability, fame, etc.

a prominent artist
저명한 예술가

her prominent teeth
그녀의 뻐드렁니

promote

동 승진시키다, 촉진시키다, 진급시키다

to advance in position or rank

He was **promoted** to captain.
그는 대위로 진급되었다.

promote world peace
세계 평화를 증진시키다

proportion

명 비율, 비례, 부분

the compared relationship between two things in regard to size, importance, etc.

in the proportion of 4 to 1
4대 1의 비율로

The room is long in **proportion** to its width.
그 방은 폭에 비하여 길다.

prospect

명 전망, 조망, 경치, 기대

reasonable hope or chance of something happening

Business **prospects** are fair.
경기 전망이 좋다.

She doesn't like the **prospect** of having to live alone.
그녀는 혼자 살아야 한다는 예상을 좋아하지 않는다.

prospective 미래의, 장래의

prosper

동 번창하다, 성공하다

to become successful

His business **prospered**.
그의 사업은 번창했다.

prosperous 형 번영하는, 번창하는, 순조로운
prosperity 명 번영, 융성

protest

동 항의하다, 주장하다

to express one's disagreement, feeling of unfairness, annoyance, etc.

He **protested** his innocence.
그는 그의 결백을 주장했다.

The papers **protested** against the measure.
신문들은 그 정책에 반대했다.

proverb

명 속담, 격언, 금언

a short well-known saying usu. in popular language

The **proverb** says, "Time is money."
속담에 "시간은 돈"이라고 했다.

provoke

동 화나게 하는, 불러일으키다, 자극하다

to make angry or bad-tempered

Her refusal **provoked** his anger.
그녀의 거절이 그를 화나게 했다.

His story **provoked** laughter.
그의 이야기는 웃음을 자아냈다.

A/O

B/P

C/Q

D/R

E/S

F/T

G/U

H/V

I/W

J/X

K/Y

L/Z

M

N

prudent

형 조심성 있는, 신중한

sensible and wise ; careful

She is **prudent** in utterance.
그녀는 발언에 신중하다.

It's **prudent** to wear a heavy coat when the weather is cold.
날씨가 추울 때는 두꺼운 코트를 입는게 현명하다.

prudence 명 사려, 신중

pulse

명 맥박, 맥이 뛰다

the regular beating of blood in the main blood vessels carrying blood from the heart, esp. as felt by a doctor at the wrist

He felt his son's **pulse**.
그는 그의 아들의 맥박을 짚었다.

The **pulse** beats. 맥이 뛴다.

purge

동 추방하다, 내쫓다, 무죄가 되다

to get rid of an unwanted person in a state, political party, group, etc. by unjust or forceful means

He was **purged** from public life.
그는 공직 생활에서 쫓겨났다.

Try to **purge** your spirit of hatred.
증오심을 없애도록 노력하라.

He was **purged** from(of) sin.
그의 죄는 깨끗이 씻겨 졌다.

purport

명 요지, 취지 동 ···이라고 칭하다, ···인 양 행세하다

the general meaning or intention of someone's words or actions

the main purport of his speech 그의 연설의 요지
purport to be a policeman 경찰관이라고 자칭하다
The document **purports** to be official.
그것은 공문서로 알려져 있다.

A/O

B/P

C/Q

D/R

E/S

F/T

G/U

H/V

I/W

J/X

K/Y

L/Z

M

N

Q/q

quake

⑧ 흔들리다, 진동하다 ⑨ 떨림, 전율

to shake ; tremble

make the building quake 건물을 흔들리게 하다
He is **quaking** with fear (cold).
그는 공포 (추위)로 떨고 있다.

qualify

⑧ 자격을 주다, 권한을 부여하다

She is **qualified** as a teacher of English.
그녀는 영어 교사 자격이 있다.

He is not **qualified** to teach.
= He is not **qualified** for teaching.
그는 교편 잡을 자격이 없다.

qualification 조건, 필요조건, 자격
qualified 자격이 있는, 면허가 있는
unqualified 자격이 없는
overqualified 자격이 넘치는
qualifying game(heat, round) 예선

quality

⑨ 질, 성질, 특성

a degree of goodness ; something typical of a person or material

Quality matters more than quantity.
질이 양보다 더 중요하다.

Kindness is his best **quality**.
친절함은 그의 가장 뛰어난 성품이다.

quantity

명 양, 분량, 수량

a measurable property of something

I am at quality rather than **quantity**.
나는 양보다 질을 지향한다.

a small quantity of water 소량의 물

quit

동 그만두다, 중지하다

to stop and leave

He **quitted** smoking.
그는 담배를 끊었다.

I've had enough, so I **quit**.
충분히 먹었어. 그만 먹겠어.

Death **quits** all scores.
죽음은 모든 것을 청산한다.

quote

동 인용하다, …의 말을 인용하다

to repeat in speech or writing the words of a book or writer

He often **quotes** the Bible.
그는 자주 성경을 인용한다.

He **quoted** me an example.
그는 내게 한 가지 예를 들어보였다.

quotation **명** 인용

R/r

rack

명 선반, 걸이 동 괴롭히다

a framework with bars, hooks, etc., for holding things

a towel rack
수건걸이

He was racked with pain.
그는 고통으로 신음했다.

radiant

형 빛나는, 환한, 복사의

sending out light or heat in all direction

faces radiant with smile
웃음으로 환한 얼굴

the radiant sun 찬란한 태양

radiance

명 눈부신 빛, 찬란한 빛

Radiance lit her face.
그녀의 얼굴은 밝게 빛났다.

radical

형 기초적인, 철저한, 극단적인, 과격한

thorough and complete

Promote a radical change.
완전한 교체를 촉진하라.

radical students 과격파 학생들

A/O
B/P
C/Q
D/R
E/S
F/T
G/U
H/V
I/W
J/X
K/Y
L/Z
M
N

rake

동 긁어모으다, 찾다, 뒤지다

to make level with a rake

Please **rake** out the fine.
타다 남은 찌꺼기를 긁어내 주세요.

rake through one's mamories
자기의 기억을 더듬어 보다

rapture

명 기쁨, 환희, 열광 동 …을 황홀하게하다

great joy and delight

A mystical **rapture** seized him.
불가사의한 도취감이 그를 사로잡았다.

She went into **raptures** about the news.
그녀는 그 소식을 듣고 기뻐서 어쩔 줄을 몰랐다.

rapturous 기뻐서 어찌할 바를 모르는

rash

형 무모한, 무분별한

foolishly bold ; not thinking enough of the results

It is **rash** of you to go in just now.
지금 당장 들어가는 것은 무모하다.

recall

동 되돌아오게 하다, 기억나게 하다, 생각나게 하다

to call or take back

It has gone beyond **recall**.
그것은 가버렸고 다신 돌아오지 않는다.

recall to life
소생시키다

recite

통 **암송하다, 낭송하다**

to say something learned aloud from memory

She **recited** a Chinese poem.
그녀는 한시를 암송했다.

recitation 명 암송, 낭송

recommend

통 **추천하다, 충고하다**

to make a favorable judgement of ; to advise or suggest

I have been **recommended** this book.
나는 이 책을 추천 받았다.

I **recommend** that you inquire about the job.
나는 네가 그 일에 대해 문의하도록 권고한다.

recompense

명 **답례, 보답, 보상** 통 **···에게 보답하다**

reward or payment for trouble or suffering

I always **recompense** him for his efforts.
나는 항상 그의 노력에 보답한다.

recompense good with evil
선을 악으로 갚다

reconcile

통 **화해시키다, 일치시키다, 조화시키다**

to make peace between

He was **reconciled** with his former enemy.
그는 옛날의 적과 화해했다.

How can you **reconcile** your ideal with reality?
너는 이상과 현실을 어떻게 조화시키겠는가?

redeem

동 **상환하다, 구해내다, …의 자유를 얻다, 메우다, 벌충하다**

to regain with money ; to buy or gain the freedom of

redeem a loan 차관을 상환하다
redeem one's reputation 명예를 회복하다
A charm of voice **redeems** her plainness.
= A charm of voice **redeems** her from plainness.
고운 목소리가 그녀의 못생긴 얼굴을 살려주고 있다.

redeeming 보완하는, 상환할 수 있는
redemption 되사기, 속죄, 구제

reduce

동 **변형하다, 옮기다, 줄이다, 감소하다**

to make smaller, cheaper, etc.

The house was **reduced** to ashes.
그 집은 잿더미가 되었다.

reduce one's weight by 5 pounds
체중을 5파운드 줄이다

reduction 감소

refer

동 **…에 대해 말하다, 언급하다, 참조하다**

to mention ; speak about; to look at for information

He **referred** to Rio de Janeiro in his speech about travel.
그는 여행에 관한 연설 중에 리우 데 자네이루에 대해서 언급했다.

If you don't know what this means, **refer** to the dictionary.
이것이 의미하는 바가 무엇인지를 모른다면 사전을 참조해라.

reference 언급, 언급사항

reflect

동 **반영하다, 나타내다, 곰곰이 생각하다**

to throw back ; to express

The mirror **reflected** her face.
거울은 그녀의 얼굴을 비췄다.

His eyes **reflected** his gentle disposition.
그의 눈은 온순한 성격을 잘 나타내고 있었다.

reflection 명 숙고, 심사, 생각, 사상

reform

동 **개정하다, 개선하다** 명 **개혁, 개선**

to improve ; make or become right

We need educational **reform**.
우리는 교육 개혁이 필요하다.

They **reformed** the criminal codes.
그들은 형법을 개정했다.

refresh

동 **기운 나게 하다, (기억 등을) 되살리다**

to make fresh again

The shower **refreshes** the plants.
소나기가 내려서 식물이 생기를 띤다.

refresh one's memory
…의 기억을 되살아나게 하다

regain

동 **되찾다, 회복하다**

to get or win back

He **regained** his health.
그는 건강을 되찾았다.

regain consciousness
의식을 되찾다

register

동 등기로 하다, 기록하다 명 명부

to put into an official list or record

I had a letter **registered**.
나는 편지를 등기로 부쳤다.

to register the birth of a baby
아기의 출생 신고를 하다

reject

동 거절하다, 받아들이지 않다

to refuse to accept

Young people **reject** traditional morality.
젊은이들은 전통적 도덕 관념을 거부한다.

rejection 명 거절하기

relate

동 이야기하다, 관련시키다, 결부시키다

to tell ; to connect with

This **relates** to your mother.
이것은 너의 어머니에 관한 일이다.

laws relating to patents
특허권에 관한 법률

relieve

동 경감하다, 누그러뜨리다, 구제하다, 해방하다

to lessen pain or trouble

I was **relieved** to see her.
그녀를 만나 안심했다.

We are **relieved** that you are safe.
당신이 무사해서 마음이 놓입니다.

relief 명 안심, 해방

remedy

명 치료약, 치료

a cure

an effective remedy for the flu 독감에 잘 듣는 약
Knowledge is the best **remedy** for superstition.
지식은 미신을 없애는 최선책이다.

remind

동 생각나게 하다, 일깨우다

to tell or cause to remember a fact, or to do something

Please **remind** me of the time of the meeting.
모임의 시간을 잊지 않도록 내게 알려 주시오.

She **reminds** me of her mother.
나는 그녀를 보니 그녀의 어머니가 생각난다.

remind A of B
A에게 B가 생각나게 하다

remote

형 먼, 동떨어진

distant in space, time, or manner

He lives **remote** from the town.
그는 마을에서 멀리 떨어진 곳에 산다.

a manner remote from kindness
도저히 친절하다고는 할 수 없는 태도

render

동 (어떤 상태로) 만들다, 제공하다, 제출하다, 갚다

to give ; to cause to be

The saw was **rendered** useless by the rough treatment it had received.
그 톱은 거칠게 다루어져서 못쓰게 되었다.

Don't **render** evil for evil.
악을 악으로써 갚지 마라.

A/O
B/P
C/Q
D/R
E/S
F/T
G/U
H/V
I/W
J/X
K/Y
L/Z
M
N

renown

명 유명, 명성

fame

He is a man of renown.
그는 유명인이다.

He has great renown for his wealth.
그는 재산이 많기로 매우 유명하다.

renowned 형 유명한

repay

동 갚다, 보답하다, 답례하다

to return what is owed, pay back

All debts should be repaid.
모든 빚은 갚아야 한다.

How can I ever repay you for your kindness?
당신의 호의를 어떻게 갚을 수 있을까요?

replace

동 되돌리다, …을 대신하다, …대신에 바꾸다

to put back in the right place

A new scheme replaced the old one.
새로운 계획이 오래된 계획과 바뀌었다.

Hostility was replaced by love.
적의가 애정으로 바뀌었다.

repulse

동 격퇴하다, 거절하다 명 거절, 딱지

to drive back an enemy attack

He repulsed an offer of friendship.
그는 친구의 우정 어린 제안을 거절했다.

repulse the enemy 적을 격퇴하다.
repulsive 형 속이 언짢아지는, 역겨운
repulsion 명 심한 불쾌감, 혐오감

research

명 연구심, 연구, 탐색 동 조사하다, 연구하다

advanced study of a subject, so as to learn new facts

They made a **research** after hidden treasure.
그들은 숨겨진 보물을 탐색했다.

resent

동 분개하다, 화를 내다

to feel angry or bitter at

I **resent** you for spreading that rumor.
네가 그런 소문을 퍼뜨린 데 대하여 나는 화가 난다.

resentful 형 분개하고 있는, 원망하고 있는
resentment 명 원한, 불쾌

reside

동 살다, 거주하다, 있다

to have one's home

He **resides** abroad.
그는 외국에 산다.

Her beauty **resides** in her lovely hair.
그녀의 아름다움은 아름다운 머리에 있다.

residence 주거, 주재
resident 형 사는, 거주하는, 텃새의 명 거주자, 전문학 실습생, 텃새

resist

동 저지하다, 저항하다, 참다

to oppose; stand or fight against

Gold **resists** rust. 금은 녹슬지 않는다.
I can not **resist** an apple pie. 나는 애플파이라면 사족을 못 쓴다.
resistance 저항, 반항
resistant 저항하는
offer (make, put up) resistance to(against) …에 저항하다

A/O
B/P
C/Q
D/R
E/S
F/T
G/U
H/V
I/W
J/X
K/Y
L/Z
M
N

resound

동 메아리치다, 반항하다, 울려 퍼지다

to be loudly and cleary heard

The earth **resounded** his praise. 그에 대한 칭찬이 전 세계에 메아리쳤다.
Music **resounded** through the building.
음악이 건물 내에 울려 퍼졌다.

resource

명 자원, 재산, 위안거리

a possession in the form of wealth or good

He spent all his **resources** on educating his children.
그는 아이들의 교육에 재산을 모두 써버렸다.

Her usual **resource** was confession.
그녀가 흔히 쓰는 수단은 고백이었다.

respond

동 응하다, 대답하다

to answer ; to act in answer

They **responded** promptly to the survey.
그들은 조사에 막힘없이 대답했다.

He **responded** to my suggestion with a laugh.
그는 내 제안에 웃음으로 대답했다.

response 명 답함, 응답

responsible

형 책임이 있는, …의 원인인, 믿을 만한

having the duty of looking after someone or something, so that one can be blamed if things go wrong

I'm not **responsible** for what he did.
그가 한 일에 대해서 내게는 책임이 없다.

You are **responsible** to your mother for keeping the house tidy.
너는 어머니에게 집안을 깨끗이 해드릴 책임이 있다.

responsibility 명 책임

restrict

동 제한하다, 한정하다, 억제하다

to keep within limits

We are **restricted** in our movements.
우리의 움직임은 제한되어있다.

the many **restrictions** of army life 군대 생활의 많은 제약
restriction 명 제한, 한정, 제약

resume

동 다시 시작하다, 되찾다, 회복하다

to begin again after a pause

We'll stop now and **resume** at two o'clock.
이제는 중단하고 2시에 다시 시작하겠다.

I **resumed** studying after dinner.
저녁을 먹은 후 다시 공부를 시작했다.

retail

명 소매 형 소매의 부 소매로, 소매상으로부터 동 소매되다

the sale of goods in stores to customers, for their own use, not for resale

retail prices
소매 값

at (by) retail
소매로

a retail dealer
소매상인

It **retails** at (for) 500 won.
그것은 소매로 500원이다.

I bought the bicycle wholesale, not **retail**.
자전거를 소매 값이 아니라 도매 값으로 샀다.

wholesale 도매의, 도매로

retard

동 늦추다, 방해하다 **명** 늦음, 지연

to make slow; cause to happen later

Lack of education **retarded** Russian progress.
교육의 부족이 러시아의 진보를 더디게 했다.

reverence

명 공경심, 존경, 숭배 **동** …을 공경하다

The rising generation lacks **reverence**.
신진 세대는 공경심이 부족하다.

revere **동** 우러러 공경하다
reverend **형** 존귀한, 존경할만한, …신부, 목사 (약자 Rev. 또는 Revd)
reverent **형** 숭배하는
reverential **형** 공손한, 경건한

reverse

명 반대, 역 **형** 반대의, 거꾸로 **동** 거꾸로 하다

to go backwards

The **reverse** is also true.
반대도 사실이다.

It is just the **reverse** of what he thinks.
그것은 그가 생각하고 있는 것과는 정반대이다.

Their positions are now **reversed**.
그들의 입장은 이제 뒤바뀌었다.

revive

동 되살아나다, 되살리다

to make or become conscious or healthy again

That novel **revived** my interest in books.
그 소설은 책에 대한 나의 관심을 자극했다.

Flowers **revive** in water.
꽃은 수분이 있으면 되살아난다.

revolt

동 반항하다, 거역하다 명 반란, 폭동

to act violently against those in power

rise in revolt
반란을 일으키다

Such cruelty **revolted** him.
그런 잔인성은 그에게 반감을 일으키게 할 것이다.

revolve

동 회전하다, 곰곰이 생각하다, 궁리하다

to spin around

The moon **revolves** round the earth.
달은 지구 주위를 운행한다.

revolve idea around in one's mind
여러 착상에 대해 골똘하게 생각하다

riddle

명 수수께끼

a difficult and amusing question to which one must guess the answer

solve a riddle
수수께끼를 풀다

Robert's character is a complete **riddle** to me.
로버트의 성격은 내게는 완전히 수수께끼다.

ridicule

명 조롱, 비웃음 동 조롱하다, 비웃다

unkind laughter ; being made fun of

He was exposed to **ridicule**.
그는 비웃음을 샀다.

His behavior deserves **ridicule** rather than blame.
그의 행동은 꾸중을 듣기보다는 비웃음거리이다.

rigid

형 굳은, 경직된, 엄격한

stiff ; not easy bend

a rigid piece of plastic
단단하고 구부러지지 않는 플라스틱

a face rigid with pain
고통으로 굳어진 얼굴

rigidity 경직, 엄격

rigor

명 가혹한 행위, 혹독함

hardness ; lack of mercy

practice rigors on
…에게 가혹한 짓을 하다

the rigors of winter
엄동의 고생

riot

명 폭동, 소요, 대혼란 동 난동을 부리다

a lot of violent actions, noisy behavior, etc., by a number of people together

They finally caused a riot.
그들은 이윽고 폭동을 일으켰다.

a riot of voices
왁자한 소리

romantic

형 낭만적인, 공상적인, 허구의

belonging to or suggesting romance ; fanciful

a romantic movie
낭만적인 영화

a romantic adventure
공상 소설적인 모험

rouse

동 깨우다, 성나게 하다

to waken

He **roused** them from their silence.
그는 그들을 침묵에서 깨웠다.

The insult **roused** him to fury.
그 모욕에 그는 격노했다.

routine

명 정해진 절차 형 일상적인, 상투적인

the regular fixed ordinary way of working or doing things

the day's routine
하루의 정해진 일과

Please do it according to **routine**.
여느 때의 순서대로 그것을 해주시오.

rove

동 헤매다, 배회하다, 돌아다니다

to wander ; move continually around

He loved to **rove** over the fields.
그는 들판을 방황하는 것을 좋아했다.

rove the mountains
산을 찾아 돌아다니다

rubbish

명 쓰레기, 하찮은 것, 어리석은 것

silly remarks; nonsense

dump rubbish
쓰레기를 버리다

waste one's time on rubbish
쓸데없는 일로 시간을 낭비하다

Don't talk **rubbish**!
쓸데없는 소리 그만 둬!

A/O
B/P
C/Q
D/R
E/S
F/T
G/U
H/V
I/W
J/X
K/Y
L/Z
M
N

rugged

형 울퉁불퉁한, 모진, 매서운

large rough, and strong-looking

a rugged road
울퉁불퉁한 길
lead a rugged life 어렵게 생활하다
He has a **rugged** time.
그는 혹독한 시련을 겪었다.

rustic

형 소박한, 버릇없는, 품위 없는

simple and rough, esp. as compared to that of the town

rustic way of speaking
소박한 말투
rustic manners 버릇없는 태도

rustle

명 살랑거리는 소리 동 소리 내다, 소리 내며 걷다

to make slight sounds when moved or rubbed together

Stop **rustling** the newspaper.
신문 넘기는 소리를 그만 좀 내라.

Her long skirt **rustled** as she walked.
그녀가 걸을 때마다 긴 스커트가 펄럭거렸다.

rustling 살랑살랑 소리나는

S/s

sacred

형 종교적인, 신성한

religious in nature or use ; holy by connection with God

a scared song
성가, 찬송가

salute

동 인사하다, 거수경례를 하다 명 인사

to greet, esp. with words or a sign

The boy **saluted** the girls with a wave of the hand.
그 소년은 소녀들에게 손을 흔들어 인사했다.

a salute an officer
장교에게 거수경례를 하다

salutation 인사

saturate

동 흠뻑 스며들게 하다, 열중하다, 질퍽하게 하다

to make completely wet

I **saturate** myself in Shakespeare.
나는 지금 셰익스피어에 열중해 있다.

The path was **saturated** by the rain.
비가 와서 길이 질퍽질퍽해졌다.

saturated 형 스며든, 흠뻑 젖은
saturation 명 침투, 충만

A/O

B/P

C/Q

D/R

E/S

F/T

G/U

H/V

I/W

J/X

K/Y

L/Z

M

N

scare

동 겁주어 쫓아버리다, 놀라게 하다

to cause sudden fear to

The dog **scared** off the thief.
개가 도둑을 놀라게 하여 쫓아버렸다.

Don't let the noise **scare** you, it's only the wind.
그 소리에 놀라지 마라. 그것은 단지 바람소리이다.

Are you **scared**? 무섭니?

scatter

동 쫓아버리다, 흩뿌리다

to cause to separate widely

The path was **scattered** with flowers.
길에는 꽃들이 여기저기 피어 있었다.

The wind **scattered** the papers.
바람이 불어 서류가 흩어졌다.

scold

동 꾸중하다, 분개하여 말하다

to speak in an angry and complaining way, esp. to blame

They **scolded** him for his laziness.
그들은 그의 게으름을 야단쳤다.

She **scolded** him for writing the letter, but actually he hadn't even seen it.
그녀는 그가 그 편지를 썼다고 비난했지만, 사실 그는 그것을 본 적도 없었다.

scope

명 영역, 능력, 여지

the limits of a question, subject, etc.

It is beyond the **scope** of science.
그것은 과학의 영역을 벗어나 있다.

He has no **scope** for his ability.
그는 능력을 발휘할 기회가 없다.

A/O

B/P

C/Q

D/R

S

F/T

G/U

H/V

I/W

J/X

K/Y

L/Z

M

N

scorch

동 눋게 하다, 시들게 하다

to burn so as to change a thing's color, taste, or feeling but not completely destroy it

scorch a shirt while ironing it
다림질하다가 와이셔츠를 눋게 하다.

The grass was **scorched** by the sun.
풀이 햇볕에 시들고 있었다.

scorn

명 웃음거리, 경멸 동 무시하다

strong, usu. angry disrespect ; to refuse because of pride

She gave him a look of **scorn**.
그녀는 경멸의 눈초리로 그를 보았다.

I laughed his threat to **scorn**.
나는 그의 협박을 무시했다.

scrape

동 긁어내다, 간신히 해나가다 명 궁지, 문지르기

to remove form a surface by repeated rubbing or by pulling and edge firmly

I **scraped** away the old paint.
나는 낡은 페인트를 긁어냈다.

He **scraped** through the difficulties.
그는 난관을 겨우 뚫고 나갔다.

I got into a **scrape**.
나는 궁지에 빠졌다.

scratch

동 긁다, 할퀴다 명 상처

to rub and tear or mark with something pointed or rough, e.g. claws if fingernails)

I **scratched** my hand on the fence.
나는 울타리에 긁혀서 손에 생채기를 냈다.

He **scratched** his head.
그는 (난처하여) 머리를 긁었다.

scream

동 소리치다, 비명 지르다 명 비명

to cry out loudly on a high note, in fear, pain, excitemeny, or sometimes laughter

She **screamed** for help.
그녀는 살려 달라고 목청껏 소리쳤다.

He **screamed** a warning to us.
그는 우리에게 주의하라고 소리쳤다.

screen

명 병풍, 칸막이 동 가리다, 감싸다

an upright frame used as a small movable for dividing a room

Rain **screened** the scenery from our view.
비 때문에 경치가 가려져 보이지 않았다.

screen one's child from blame
아들이 비난받는 것을 감싸다

scribble

동 낙서하다, 갈겨쓰다 명 낙서

to write meaningless marks

I **scribbled** verses for fun.
나는 취미 삼아 시를 썼다.

No **scribbling**!
낙서 금지!

secretary

명 비서, 장관

a person with the job of preparing letters, arranging meetings, ect., for another

a private secretary
개인 비서

the Secretary of State
국무장관

secure

형 안전한 동 확보하다, 지키다

safe ; protected against danger or risk

He feels **secure** about his future in business.
그는 사업의 앞날에 대해서 안심하고 있다.

I have got him **secure**.
단단히 그를 붙잡았다.

security 방심, 안전

senior

형 연상의 명 연장자

a person who is older of higher in rank than another

He is two years **senior** to me.
그는 나보다 2살 연상이다.

separate

동 나누다, 떼어놓다 형 분리된, 개개의

to set or move apart

She was **separated** from her husband.
그녀는 남편과 별거하고 있었다.

The two states are **separated** by a river.
두 주는 강으로 갈라져 있다.

separation 분리, 이별
separative 분리성의
separately 부 떨어져서, 따로따로

serious

형 진심의, 중대한

thoughtful ; solemn ; not cheerful

Are you **serious**?
진심이니?

He made a **serious** mistake.
그는 중대한 실수를 했다.

sever

동 절단하다, 끊다, 가르다, 탈당시키다

to cut ; divide, esp. into parts

A river **severs** the two states.
강이 두 주의 경계로 되어 있다.

They **severed** relation with him.
그들은 그와의 관계를 끊었다.

severance 절단, 분리
severance pay 퇴직 수당

shave

동 면도하다 **명** 위기일발

to cut off hair or beard from one's face, etc. with a razor

I **shave** every morning.
나는 매일 아침 면도를 한다.

shield

명 보호물, 방패 **동** 지키다, 보호하다

a protective cover, esp. on a machine

both sides of the shield
사물의 표리, 방패의 양면

You have to **shield** yourself from danger.
너는 자신을 위험에서 지켜야 해.

shift

동 바꾸다, 전가하다, 옮기다 **명** 이동, 임시변통

to change in position or direction

The circumstances have **shifted**.
상황이 바뀌었다.

He **shifted** his gaze to mountains.
그는 산줄기로 시선을 옮겼다.

shred

명 조각조각, 갈기갈기, 조금 동 갈기갈기 찢다

a small narrow piece torn or roughly cut off

I cut the cloth into **shreds**.
나는 천을 갈기갈기 찢었다.

There isn't a **shred** of evidence to support his claim.
그의 주장을 뒷받침할 증거는 털끝만큼도 없다.

shrink

동 줄어들다, 움츠리다, 꺼리다

to become smaller, as from the effect of heat or water

This cloth will **shrink** if washed.
이 천은 세탁하면 줄어들 것이다.

He **shrinks** from meeting people.
그는 사람들과 만나는 것을 꺼린다.

shrink - shrank - shrunk

shrug

동 으쓱하다

to raise one's shoulders, esp. as an expression of doubt

She just **shrugged** her shoulders.
그녀는 말없이 어깨만을 으쓱했다.

shudder

동 몸서리치다, 덜덜 떨다 명 몸서리침

to shake uncontrollably for a moment, as from fear or strong dislike

He **shuddered** at the sight.
그는 그 광경을 보고 몸서리쳤다.

He **shuddered** with cold.
그는 추워서 덜덜 떨었다.

shun

동 꺼리다, 피하다

to avoid ; keep away from

He **shunned** meeting people for some reason.
그는 무슨 이유에선지 사람 만나기를 싫어했다.

siege

명 포위, 포위 공격

an operation by an armed force surrounding a defended place to force it to yield, usu. by blocking its supplies

The Greek laid **siege** to Troy.
그리스 군이 트로이를 포위했다.

signify

동 표명하다, 나타내다

to be a sign of ; mean

He **signified** his disapproval by frowning.
그는 얼굴을 찌푸려 불찬성을 표시했다.

He **signified** that he agreed. 그는 찬성의 의사 표시를 했다.

simultaneous

형 동시의, 동시에 일어나는

happening at the same moment

The incident was almost **simultaneous** with his disappearance.
그 사건은 그의 실종과 거의 동시에 일어났다.

a flash of lightning and a simultaneous crash of thunder
번쩍 하는 번개와 동시에 나는 요란한 천둥소리

singular

형 비범한, 보기 드문 명 단수형

unusual ; of a word or form representing only one thing

He is very **singular** in his behavior. 그의 행동은 비범하다.

a singular attitude 색다른 태도

site

명 부지, 사적지

a place where something of special interest was or happened

the site for a new school
신축 학교용 부지

The bank has a good **site** in town.
은행은 시에서 좋은 위치에 있다.

sketch

명 스케치, 약력 동 스케치하다, 개요를 말하다

a rough drawing

He made a quick **sketch** of it.
그는 그것을 빨리 스케치 했다.

a sketch of one's career
…의 약력

skim

명 걷어내기 동 훑어 보다, 스치듯 날아가다

to remove from the surface of a liquid

Mother **skimmed** the grease off a pot of stew.
엄마가 스튜 냄비에서 기름기를 걷어냈다.

Skim a book and sum it up!
책을 대충 읽고 요약해라!

slant

동 기울다, 경사지다 명 경사, 곁눈질

to put or be at an angle

The shelf is on a **slant**.
선반이 기울었다.

This magazine is **slanted** for farm readers.
이것은 농촌 독자들을 위해 쓰여진 잡지이다.

slice

명 조각 동 베어내다

a thin flat piece cut from something ; to cut into slices

a slice of bread
빵 한 조각

She **sliced** off a piece of meat.
그녀는 고기 한 점을 베어냈다.

sly

형 교활한, 뻔뻔스러운

clever in deceiving ; crafty

He is as **sly** as a fox.
그는 여우같이 교활하다.

She gave him a **sly** wink.
그녀는 그에게 살짝 윙크했다.

snatch

동 잡아채다, 낚아채다 명 잡아채기

to get hold of hastily and forcefully

You must **snatch** at any opportunity.
어떤 기회든지 잡으려고 노력해야 한다.

He **snatched** the knife from the burglar.
그는 도둑에게서 칼을 낚아챘다.

sneer

동 비웃다, 조소하다

to express proud dislike and disrespect by a kind of unpleasant one-sided smile

The villagers **sneered** at the prophet's warning.
마을 사람들은 그 예언자의 경고에 코웃음쳤다.

Don't **sneer** at their religion.
그들의 종교를 조롱하지 마라.

sniff

동 냄새를 맡다, 낌새를 느끼다 명 킁킁거림

to draw air into the nose with a sound, esp. in short repeated actions

The police dogs **sniffed** out the drugs.
경찰견은 마약을 냄새로 찾아냈다.

She **sniffed**, trying not to cry.
그녀는 울지 않으려고 노력하면서 코를 훌쩍거렸다.

snore

동 코를 골다 명 코골기

to breathe noisily through the nose and mouth while asleep

He **snores** like a bulldog. 그는 불독처럼 몹시 코를 곤다.
snorer 코고는 사람

soak

동 스며들다, 빨아들이다, 몰두하다

to enter through its surface ; to remain in a liquid

The ink had **soaked** through the thin paper.
잉크가 얇은 종이에 스며들었다.

He **soaked** himself in his studies. 그는 자기의 연구에 몰두하였다.

soar

동 날아오르다, 치솟다

to fly ; go fast of high on wings

A skylark **soared** above the clouds.
종달새가 구름 위로 날아올랐다.

solar

형 태양에 관한, 태양의

of, from or concerning the sun or the sun's light

the solar system 태양계
solar energy 태양 에너지

solitary

형 혼자의, 유일한

fond of being alone

a solitary person 은둔자
He lives a **solitary** life without friends.
그는 친구도 없이 외톨박이 생활을 하고 있다.

solitude 고독

solution

명 해결, 해답, 용액

to answer to a difficulty or problem

a problem with no obvious solution
명백한 답이 나오지 않는 문제

a sugar solution
설탕 용액

solve 통 풀다, 해답을 주다

soothe

통 달래다, 진정시키다

to make less angry or anxious

She **soothed** a crying baby.
그녀는 울고 있는 아이를 달랬다.

No one can **soothe** his anger.
아무도 그의 노여움을 진정시킬 수 없다.

sour

형 신, 찌푸린 명 고난

having the taste that is not bitter, salty, or sweet, and is produced esp. by acids

a sour face
못마땅해 상을 찌푸린 얼굴

She is sour on him.
그녀는 그를 싫어한다.

sovereign

명 군주, 독립국, 통치자 형 주권을 갖는, 최고의

a ruler such as a king or queen

Sovereign power must lie with the people.
최고의 권력은 국민에게 있어야 한다.

span

명 한 뼘, 기간, 잠깐

a stretch between two limits

The **span** of human life is short. 인간의 수명은 짧다.
His career **spans** half a century. 그의 경력은 **50**년에 이른다.

spectacle

명 광경, 전망, 안경(spectacles)

a grand public show or scene

The solar eclipse was a **spectacle** not to be missed.
그 일식은 놓쳐서는 안 될 장관이었다.

a pair of spectacles 안경 하나

spectator

명 관객, 구경꾼, 목격자

a person who watches without taking part

The **spectators** were moved to tears. 관객들은 감동해 눈물을 흘렸다.

speculate

동 깊이 생각하다, 추측하다, 투기하다

to think without facts that would lead to a firm result

They **speculated** about the meaning of life.
그들은 인생의 의의에 대해서 골똘히 생각했다.

He made a lot of money by **speculating** in stocks.
그는 주식에 손을 대서 큰돈을 벌었다.

speculation 고찰, 투기 speculator 투기가

spice

명 양념, 풍취, 묘미 동 …에 양념을 넣다

a vegetable product used esp. in the from of powder for giving a taste to other foods

I gave **spice** to my speech with some jokes.
나는 농담을 하면서 내 연설에 재미를 더했다.

The dish is **spiced** with ginger.
이 요리는 생강으로 양념이 되어 있다.

spill

동 엎지르다, 흘리다

to pour out accidentally, e.g. over the edge of a container

It's no use crying over **spilt** milk.
엎지른 물은 주워 담지 못한다.

My hand **slipped** and I spilled my drink on my leg.
손이 미끄러져서 나는 다리에 음료를 엎질렀다.

spill - spilled - spilled = spill - spilt - spilt

spit

동 침을 뱉다, 토해내다

to force from the mouth

She **spit** on the ground.
그녀는 땅에 침을 뱉었다.

The baby **spit** up on the rug.
아기는 양탄자에다 토했다.

No **spitting**! 침 뱉지 마시오!.
spit - spit - spit

spontaneous

형 자연적인, 뜻밖의

produced from natural feelings or causes

spontaneous generation 자연발생
A **spontaneous** applause rose from the crowd.
뜻밖의 박수갈채가 청중에게서 터졌다.

squeeze

동 짜내다, 밀어 넣다, 죄다 명 포옹, 곤궁

to press together ; to fit by forcing, crowding, or pressing

He **squeezed** his son.
그는 아들을 꼭 껴안았다.

We were **squeezed** into the crowded bus.
우리는 붐비는 버스 속으로 밀려들어 갔다.

stalk

동 유유히 걷다, 돌아다니다

to hunt by following it quietly and staying hidden

He was **stalking** along the street.
그는 거리를 유유히 걸어가고 있었다.

The hunter **stalked** the wood for deer.
사냥꾼은 사슴을 쫓아 숲 속을 돌아다녔다.

startle

동 놀라게 하다, 깨우다

to cause to jump with sudden surprise

I was **startled** at the news.
나는 그 소식에 깜짝 놀랐다.

The explosion **startled** me from my sleep.
나는 폭음에 놀라 잠을 깼다.

steer

동 조종하다, 나아가다, 이끌다

to direct the course of

This car **steers** easily.
이 차는 조종하기가 쉽다.

I am **steering** my way to a teacher.
나는 선생님이 되고자 한다.

He **steered** the team to victory.
그는 팀을 지도하여 승리로 이끌었다.

stimulate

동 자극하다, 격려하여 일하게 하다

to excite ; to encourage

Coffee **stimulates** the heart.
커피는 심장을 자극한다.

She was **stimulated** into new efforts.
그녀는 새로운 노력을 쏟도록 격려를 받았다.

stitch

명 바늘, 땀, 헝겊 **동** 꿰매다

a movement of a needle and thread through cloth in sewing

A **stitch** in time saves nine.
적당한 때에 한 번 꿰매놓으면 나중에 아홉 번 꿰매는 수고를 던다.

Doctor put **stitches** in his wound.
의사는 그의 상처를 꿰매 주었다.

stomach

명 위, 복부

a baglike organ in the body where food is digested

smoke on an empty **stomach**
공복에 담배를 피우다

She lay on her **stomach**.
그녀는 엎드려 있었다.

stomachache 복통

strait

명 해협, 궁핍, 고생

a difficult position in life

the Strait(s) of Dover
도버해협

He is in **straits** for money. 그는 돈에 쪼들린다.
I was in great **straits**. 나는 궁지에 빠져 있다.

strap

명 가죽 끈 **동** 묶다

a strong narrow band of material, such as leather, used as a fastening

tie a **strap** around the luggage
수화물을 가죽끈으로 묶다

The **strap** on my bag is broken.
내 가방끈이 끊어졌다.

stress

명 긴장, 노력, 압박, 강세 **동** −에 무게를 두다, 압박하다

force or pressure caused by difficulties in life

The **stress** is on the first syllable.
강세가 첫째 음절에 온다.

The **stress** on honesty is requested in this job.
이 일에는 성실성이 요구된다.

stressful 긴장이 많은 (full of stress)
stress management 스트레스 해소책
stressor 스트레스 요인

strict

형 엄격한, 엄밀한

severe, esp. in rules of behavior

He is **strict** with his pupils.
그는 학생들에게 엄격하다.

in the strict sense 엄밀한 뜻으로는

stride

동 성큼성큼 걷다 **명** 큰 걸음, 진보, 걸음걸이

to walk with long steps or cross with one long step

He **strides** along in haste.
그는 급히 성큼성큼 걸어간다.

I **strode** over a narrow creek. 나는 좁은 개천을 성큼 건넜다.
stride - strode - stridden

stripe

명 줄무늬, 줄

a band of color, among one or more other colors

He wore a sweater with red **stripes**.
그는 빨간 줄무늬의 스웨터를 입고 있었다.

Tigers have orange fur with black **stripes**.
호랑이는 검은 줄무늬의 오렌지 빛 가죽으로 되어 있다.

stroll

동 산책하다 명 산책

to walk, esp. slowly, for pleasure

We **strolled** through the park.
우리는 공원을 어슬렁 걸었다.

I went for a **stroll** early.
나는 일찍 산책을 마쳤다.

stubborn

형 고집이 센, 엄연한, 다루기 힘든

determined; with a strong will

He was as **stubborn** as a mule.
그는 지독하게 고집이 셌다.

Facts are **stubborn** things.
진실은 뒤집을 수 없다.

stumble

동 비틀거리다, 우연히 발견하다, 더듬더듬 말하다

to catch the foot on the ground while moving along and start to fall

The old man **stumbled** along.
그 노인은 비틀거리며 걸어갔다.

stumble across a clue
우연히 실마리를 발견하다

stump

명 그루터기, 꽁초 동 무겁게 걷다

the part of something left after the rest has been cut down, cut off, or worn down

They burned out the stump.
그들은 그루터기를 태워버렸다.

He stumped angrily along.
그는 화가 나서 뚜벅뚜벅 걸어갔다.

stupid

형 바보 같은, 정신 나간

silly or foolish

It was stupid of me to behave like that.
그렇게 행동하다니 내가 바보였어.

a stupid thing to do
어리석은 일

sturdy

형 씩씩한, 완강한

strong and firm, esp. in body

a sturdy soldier
씩씩한 군인

a sturdy resistance
완강한 저항

sublime

형 장엄한, 탁월한

very noble or wonderful ; causing pride, joy, etc.

Her performance was sublime.
그녀의 연주는 탁월했다.

from the sublime to the ridiculous
극단에서 극단으로

subscribe

동 동의하다, 기부하다, 구독하다, 서명하다

to pay regularly in order to receive a magazine, newspaper, etc.

I **subscribe** to "Language and Speech."
나는 "언어와 연설"지를 구독한다.

She **subscribes** to an animal protection society.
그녀는 동물 보호 협회에 기부를 하고 있다.

subscription 기부금, 예약구독

subsequent

형 다음의, 이어지는

coming after something else

the subsequent chapter
바로 다음의 장

The event was **subsequent** to his death.
그 사건은 그가 사망하자 발생하였다.

substitute

명 대용품, 대리인 **동** 대체하다

a person or thing action in place of another

There is no **substitute** for parents.
부모를 대신할 사람은 없다.

Money is no **substitute** for happiness.
돈이 행복의 대용물은 아니다.

subtle

형 은은한, 미묘한, 세밀한

delicate, hardly noticeable, and usu. pleasant

a subtle perfume
은은한 향수

The difference is very **subtle**.
그 차이는 참으로 미묘하다.

subtlety **명** 희박, 미묘함, 민감

suburb

명 교외, 부근

an outer area of a town or city, usu. where people live rather than work

I have a house in a New York **suburb**.
나는 뉴욕 교외에 집이 있다.

Hampstead is a **suburb** of London.
햄프스테드는 런던 교외에 있다.

suck

동 빨아 마시다, 빨다

to draw into the mouth by using the lips and muscles at the side of the mouth

Plants **suck** water from the soil.
식물은 흙에서 수분을 빨아들인다.

the baby sucked his finger
아기는 손가락을 빨았다.

Teach one's grandmother to **suck** eggs.
(속담) 공자 앞에서 문자 쓰기

suction 빨기, 흡수

suffrage

명 참정권, 투표

They gave their **suffrages** for the government's policy.
그들은 정부 정책에 찬성표를 던졌다.

women suffrage 여성 참정권

sullen

형 무뚝뚝한, 화난

silently showing dislike and lack of cheerfulness

He is a **sullen**-looking man.
그는 무뚝뚝한 표정의 사람이다.

She was **sullen** with me.
그녀는 내게 화가 나 말을 안했다.

summary

명 요약 형 간략한

a short account giving the main points

write a **summary** of the story
이야기를 요약해 쓰다

We need a **summary** analysis.
우리는 간략한 분석이 필요하다.

summit

명 수뇌, 정점

the top, esp. the highest part of a mountain

a **summit** talk(conference)
수뇌 회담

Finally we reached the **summit** of the mountain.
마침내 우리는 산꼭대기에 도착했다.

summon

동 소환하다, 출두를 명하다, 불러일으키다

to give an official order to come, do, etc.

He **summoned** a doctor.
그는 의사를 불렀다.

He was **summoned** into the President office.
그는 대통령 관저로 소환되었다.

superficial

형 외부의, 피상적인, 겉보기의

on the surface ; not deep

He has a **superficial** mind.
그는 사물을 피상적으로 본다.

suppress

동 진압하다, 금지하다, 꾹 참다

to crush by force

The revolt was **suppressed** at once.
그 봉기는 즉시 진압되었다.

This book is **suppressed** for the reason of obscenity.
이 책은 외설을 이유로 발행이 금지되었다.

suppressant 형 억제하는
suppressible 형 억제할 수 있는
suppression 명 억제, 진압, 은폐

supreme

형 중대한, 최고의

highest in position, esp. of power

This matter is of **supreme** importance.
이것은 지극히 중대한 문제이다.

the supreme ruler
최고 통치자

surge

동 밀려오다, 굽이치다, 타오르다 형 격동, 큰 파도

to move in or like powerful waves

a surge of interest 관심의 급격한 고조
The crowd **surged** past him.
군중이 그의 곁을 몰려 지나갔다.

surpass

동 초월하다, 뛰어나다

to go beyond, in amount or degree

The result **surpassed** all our expectations.
결과는 우리 모두의 예상을 초월했다.

She **surpassed** her sister in physics.
그녀는 물리학을 언니보다 잘했다.

A/O
B/P
C/Q
D/R
E/S
F/T
G/U
H/V
I/W
J/X
K/Y
L/Z
M
N

surplus

명 여분, 과잉, 초과

more than what is needed or used

Births are **surplus** to deaths.
출생 수는 사망 수를 초과하고 있다.

Mexico has a large **surplus** of oil.
멕시코는 막대한 양의 잉여 석유가 있다.

surrender

동 항복하다, 포기하다

to yield as a sign of defeat

The army **surrendered** the fort to the enemy.
군대는 적에게 요새를 내주었다.

She **surrendered** herself to his embrace.
그녀는 그의 포옹에 몸을 맡겼다.

survey

동 바라보다, 조망하다, 대략적으로 살피다 명 개론, 검토

to look at as a whole

We **surveyed** the beautiful scene below us.
우리는 눈 아래의 아름다운 풍경을 내려다보았다.

He took a brief **survey** of the garden.
그는 뜰을 대충 둘러보았다.

survive

동 오래 살다, 존속하다

to continue to live after

He **survived** his children. 그는 자식들보다 오래 살았다.
He **survived** the operation. 그는 수술을 해서 살아났다.
Few animals **survived** after the forest fire.
산불이 있은 뒤 살아남은 짐승은 거의 없었다.

survival 생존, 살아남기
the survival of the fittest 적자생존

suspect

동 의심하다, 혐의를 두다, 생각하다

to be doubtful about the value of

I **suspected** the presence of fire from the odor.
냄새로 불이 났음을 알았다.

She **suspected** her son of telling a lie.
그녀는 아들이 거짓말을 하고 있다고 의심했다.

suspicion 의심

suspend

동 매달다, 보류하다, 정학시키다

to hang from above

He will **suspend** immediate judgment on anything I do.
그는 내가 하는 일에는 무엇이나 그 자리에서 좋다고도 나쁘다고도 말하지 않을 것이다.

Both countries have **suspended** diplomatic relations.
두 나라는 외교 관계를 일시 단절했다.

sustain

동 지탱하다, 격려하다, (고통 등을) 받다, 느끼다

to keep strong ; strengthen

This shelf cannot **sustain** the weight of the books.
이 선반은 책의 무게를 지탱할 수 없다.

They **sustained** severe injuries in the accident.
그들은 사고로 중상을 입었다.

symptom

명 징조, 증상

to outward sign of an inward, often bad, condition

What are the **symptoms** of malaria?
말라리아의 증상은 어떻습니까?

His attempt to kill himself is a **symptom** of his unhappiness.
그의 자살 기도는 그가 불행하다는 한 징후이다.

T/t

tangle

동 엉키다, 다투다

to make or become a mass of disordered and twisted threads

Her hair was **tangled** with weeds.
그녀의 머리털이 잡초에 엉켰다.

I don't want to **tangle** with my boss. 나는 상사와 다투기 싫다.

tease

명 간청하다, 괴롭히다, 조르다

to make unkind jokes about or laugh unkindly at a person

He **teased** her to marry him.
그는 그 여자에게 결혼하자고 졸랐다.

technical

명 전문적인, 공업의

having special knowledge, esp. of an industrial or scientific subject

This book is too **technical** for me to understand.
이 책은 너무 전문적인 내용이어서 내가 이해하기 어렵다.

a technical college 공과대학
technician 전문가, 기술자

telescope

명 망원, 쌍안경

to make or become shorter by one part sliding over another

The house can appear nearer through a **telescope**.
망원경을 통해서 보면 그 집이 더 가깝게 보인다.

a binocular telescope 쌍안경

tempest

명 사나운 비바람, 혼란

violent storm

She makes a **tempest** about a little tear in her skirt.
그녀는 스커트가 조금 찢어진 것에 굉장히 화를 냈다.

temporary

형 임시의, 순간적인

lasting only for a limited time

temporary pleasure
순간적인 기쁨

This is my **temporary** address.
이것은 내 임시 주소이다.

tension

명 팽배함, 장력, 긴장

the degree of tightness of a wire, rope, etc.

There is **tension** between the two nations.
두 나라 사이에는 긴장감이 있다.

the tension of life in a big city
대도시의 긴장된 생활

testify

동 증명하다, 선언하다

to make a solemn statement ; bear witness

It **testifies** to her guilt.
그것이 그녀가 유죄라는 증거다.

She **testified** that she saw him shoot her friend.
그가 그녀의 친구를 쏘는 것을 보았다고 그녀는 증언했다.

threat

명 위협, 협박, 징조

a warning that one is going to hurt, punish, etc.

He repeated his **threat** of committing suicide.
그는 자살하겠다는 위협을 되풀이했다.

a threat to kill me
나를 죽이겠다는 협박

thrill

명 쾌감 동 오싹하게 하다, 설레다

a sudden very strong feeling of excitement, pleasure, or fear

the thrill of speed 스피드의 쾌감
The story **thrilled** him with horror.
그 이야기는 그를 공포로 오싹하게 만들었다.

thrive

동 번성하다, 무럭무럭 자라다, 성공하다

to develop well and be healthy

The town **thrives** primarily on tourism.
그 도시는 주로 관광으로 번창하고 있다.

Wheat does not **thrive** in Korea.
밀은 한국에서 잘 자라지 않는다.

Rabbit **thrives** on lettuce. 토끼는 상추를 먹고 잘 자란다.
thrift 검약, 무럭무럭 자라남, 행운
thrifty 절약하는, 번영하고 있는, 무성하는
thriving 번영하는, 무럭무럭 자라는

token

명 표시, 징표, 증거

s sign or reminder ; small part meant to represent something greater

We wear black as a **token** of mourning.
우리는 애도의 표시로서 검정 옷을 입는다.

torch

명 횃불, 등불

a mass of burning material tied to a stick and carried to give light

the torch of freedom 자유의 횃불
He still carries a torch for her.
그는 여전히 그녀를 짝사랑한다.

carry a (the) torch for
…에게 사랑의 불길을 태우다, …을 짝사랑하다

torrent

명 세찬 흐름, 분출

a violently rushing stream

It rains in torrents.
비가 억수로 쏟아진다.

burst into a torrent of tears
울음을 터뜨리다

torrential 급류의, 격렬한

torture

명 고문, 고통 동 고문하다

the causing of severe pain, done out of cruelty, to find out information, etc.

Waiting for news of the lost boy was sheer torture to his parents.
잃어버린 자식의 소식을 기다리는 일은 부모에겐 고문이었다.

My arm tortures me. 팔이 몹시 아프다.
torturous 고문의, 사람을 괴롭히는

tough

형 질긴, 어려운

strong, not easily weakened

This meat is tough.
이 고기는 질기다.

Only tough breeds of sheep can live in the mountains.
오직 강인한 품종의 양들만이 산에서 살 수 있다.

tradition

명 **전통, 전승, 관습**

the passing down of opinions, beliefs, practices, customs, etc., from the past to the present

It is **tradition** that women get married in long white dresses.
여성은 길고 흰 드레스를 입고 결혼하는 것이 전통이다.

tragedy

명 **비극**

a serious play that ends sadly

Shakespeare's tragedy of "Hamlet" 셰익스피어의 비극 "햄릿"

tramp

동 **쿵쿵 걷다, 꽉 밟다, 걸어 다니다**

to walk with firm heavy steps

I **tramped** the streets looking for job.
나는 일자리를 구하려고 헤매고 다녔다.

They **tramped** the woods all day. 그들은 하루 종일 숲속을 걸어 다녔다.

transact

동 **거래하다, 취급하다, 처리하다**

to carry through to an agreement

He **transacts** most of his business by phone.
그는 대부분의 업무를 전화로 처리한다.

transaction 처리, 거래

transcribe

동 **베끼다, 복사하다**

to make a full copy of

transcribe the minutes of their meeting 회의의 의사록을 복사하다
transcription 베끼기, 필사
transcript 베낀 것, 복사, 성적 증명서

transfer

동 전학시키다, 갈아타다 명 갈아타는 곳

to move from one place, job, vehicle, etc. to another

I must **transfer** my boy to another school.
나는 내 아들을 다른 학교로 전학시켜야 한다.

Here you must **transfer** to the bus. 여기서 버스로 갈아타야 한다.

transform

동 변화시키다, 바꾸다

to change completely in from, appearance, or nature

The city was **transformed** into a battlefield.
그 도시는 싸움터로 변해 버렸다.

The magician **transformed** the piece of cloth into a rabbit.
그 마술사는 천 조각을 토끼로 바꾸었다.

transient

형 순간적인, 잠시의, 덧없는

lasting for only a short time

Youthful beauty is **transient**.
젊은이의 아름다움은 덧없는 것이다.

transient happiness
순간의 행복

transiency = transience 덧없음, 무상

transit

명 통과, 운송 동 통과하다

the act of moving people or goods from one place to another

My luggage lost in **transit**.
내 짐이 운송 중에 없어져 버렸다.

A/O

B/P

C/Q

D/R

E/S

T

G/U

H/V

I/W

J/X

K/Y

L/Z

M

N

transition

명 과도, 변화

changing or passing from one state, subject, or place to another

The **transition** from farm life to city life is often difficult.
농촌 생활에서 도시 생활로의 전환은 꽤 힘들다.

We hope there will be a peaceful **transition** to the new system.
우리는 새로운 체제로의 평화적인 이양이 있기를 바란다.

translate

동 번역하다, 해석하다

his book is translated English into Korean.

이 책은 영문판을 한글판으로 번역한 책이다.

Please **translate** this passage into good English.
이 문장을 훌륭한 영어로 번역해 주시오.

transmit

동 내보내다, 송출하다, 옮기다

to send out; broadcast ; to send or carry from one person, place, or thing to another

This canal **transmits** water to the fields for irrigation.
이 수로는 관개용 물을 밭에 보낸다.

canal 운하, 수로
irrigation **명** 관개(灌漑)
irrigate **동** 관개하다, 물을 대다(=water)
Metals **transmit** heat.
금속류는 열을 전도한다.

transmission 전송

transparent

형 투명한, 속이 비쳐 보이는

that can be seen through

The window pane was as **transparent** as air.
유리창은 공기처럼 투명했다.

a **transparent** lie 번히 들여다보이는 거짓말

traverse

동 가로지르다, 횡단하다

to pass across, over, or through

Many paths **traverse** the hills.
그 구릉(지대)에는 오솔길들이 많이 나 있다.

The postman **traversed** his route.
우편집배원은 자기 배달 구역을 한 바퀴 돌았다.

tray

명 쟁반, 쟁반 모양의 물건

flat piece of wood or metal with raised edges, used for carrying small articles

The waitress put the plates on a **tray**.
여자 종업원은 요리가 담긴 접시를 쟁반에 올려놓았다.

an ash tray 재떨이

treacherous

형 배반하는, 겉보기와 다른, 분명치 않은

disloyal ; deceitful

He will never be **treacherous** to us.
그는 결코 우리를 배반하지 않을 것이다.

a treacherous memory
분명치 않은 기억

tremendous

형 무시무시한, 엄청난, 훌륭한

very great in size, amount, or degree

A **tremendous** explosion broke out early this morning.
오늘 아침 이른 시간에 엄청난 폭발이 있었다.

We went to a **tremendous** party last night.
어젯밤 우리는 멋진 파티에 갔었다.

tremendousness 명 무시무시함

A/O

B/P

C/Q

D/R

E/S

F/**T**

G/U

H/V

I/W

J/X

K/Y

L/Z

M

N

trench

명 참호

a long narrow hole cut in the ground

open the trenches
참호를 파다

trespass

동 출입하다, 침입하다, 침해하다

to go onto privately-owned land without permission

He threatened to shoot anyone who **trespassed** on his property.
그는 자기 땅에 불법 침입하는 사람은 누구든 쏘겠다고 위협했다.

No **trespassing**!
출입금지!

tribe

명 부족, 종족

a group of people of the same race, belief, language, etc., under the leadership of a chief or chiefs

American Indian tribes
북미 인디언족

a nomadic tribe
유목민

tribute

명 찬사, 공물, 증거

something done, said, or given to show respect or admiration for someone

He paid **tribute** to the mayor's great qualities.
그는 시장의 위대한 자질을 찬양했다.

His recovery is a **tribute** to the physician's skill.
그의 회복은 그 의사가 기술이 있음을 나타낸다.

trick

명 속임수 **동** 속이다, 사기 치다

to act needing special skill, done to confuse or amuse

He got the money by a **trick**.
그는 속임수를 써서 돈을 가졌다.

Her intention was to **trick** him out of an inheritance.
그녀의 의도는 그의 상속 재산을 빼앗는 것이었다.

tropical

형 열대의

ropical forests 열대 우림
the tropical sun 열대의 태양

tug

동 질질 끌다 **명** 질질 끄는 상태, 잡아당기기

to pull hard with force or much effort

The child **tugged** his mother's arm.
그 아이는 엄마의 팔을 끌었다.

A **tug** of war developed between the boys.
소년들 사이에서 줄다리기가 벌어졌다.

a tug of war 줄다리기, 격투
When Greek meets Greek, then comes the **tug** of war.
두 영웅이 만나면 싸움이 일어난다.

twine

동 휘감다, 감다

to twist ; wind

The ivy **twines** around the trunks of trees.
담쟁이가 나무줄기에 휘감겨 있다.

twine a cord around a branch 나뭇가지에 노끈을 감다

U/u

ultimate

형 궁극적인, 최후의

last ; being at the end or happening in the end

The **ultimate** decision is with the referee.
최종 결정은 심판이 한다.

The **ultimate** responsibility lies with the President.
최종적인 책임은 대통령에게 있다.

undo

동 취소하다, 말소하다, 풀다

to remove the effects of

What is done cannot be **undone**.
엎지른 물은 다시 담을 수 없다.

I can't **undo** the knot in this string.
이 줄의 매듭을 풀 수가 없다.

unique

형 유일한, 다시없는

being the only one of its type

Speech is a **unique** human ability.
말은 인간만이 갖는 유일한 능력이다.

a wild flower unique to the Alps
알프스 산맥에만 있는 야생화

universal

형 전체의, 일반적인, 다재다능한

concerning all members of a group

Peace was **universal** through out the land.
온 나라가 평화로웠다.

a subject of universal interest
보편적인 관심을 가지는 주제

upstairs

부 위층으로, 상위로

at, to, or on the upper floor of a building

We should go **upstairs**.
우리는 위층으로 올라가야 한다.

They said that he will be moved **upstairs** to the office.
사람들은 그가 승진할 것이라고 한다.

utility

명 소용, 유용

the degree of usefulness

of no utility
쓸모없는, 소용없는

The bureaucracy is of questionable **utility**.
그 관료 조직은 유용하게 기능하고 있는지 의심스럽다.

A/O
B/P
C/Q
D/R
E/S
F/T
G/U
H/V
I/W
J/X
K/Y
L/Z
M
N

V/v

vague

형 막연한, 미확정의

not clearly seen, described, expressed, felt, or understood

I haven't the **vaguest** notion where she is.
그녀가 지금 어디에 있는지 전혀 짐작할 수 없다.

The plan is still in the **vague**.
그 계획은 아직 확정된 것은 아니다.

vehicle

명 전달매체, 운송 수단, 탈 것

ofinformation.

Radio and television are **vehicles** for the rapid circulation.
라디오와 텔레비전은 정보를 신속히 유통시키기 위한 전달 수단이다.

vein

명 정맥, 상태, 혈관, 성격

a tube that carries blood from any part of the body to the heart

He is in the **vein** for studying.
그는 공부하고픈 마음이 내킨다.

The blood of kings followed on his **veins**.
그의 몸에는 왕의 피가 흐른다.

A/O
B/P
C/Q
D/R
E/S
F/T
G/U
H/V
I/W
J/X
K/Y
L/Z
M
N

verge

명 가장자리, 한계, 끝 동 가장자리에 있다

the edge or border of a road, path etc.

His firm was on the **verge** of bankruptcy.
그의 회사는 파산 직전에 있었다.

She was on the **verge** of forty.
그녀는 곧 마흔 살이 될 참이었다.

on the verge of
막 -하려고 하여

the verge of the desert
사막의 가장자리

This street **verges** on the slum area.
이 거리는 빈민 지구와 인접하고 있다.

version

명 견해, 판본

one person's account of an event

What is your **version** of the problem?
이 문제에 대해서 어떻게 생각하고 있습니까?

Why don't you publish the short **version** of this book?
이 책의 축소판을 출판하면 어떨까?

vertical

형 수직의, 직립의 명 수직선

forming an angle of 90 degrees with the level ground, or with a straight line in a figure

a vertical take-off and landing
수직 이착륙

That post isn't quite **vertical**.
저 기둥은 완전히 곧지는 않다.

vibrate

동 진동하다, 떨다, 흔들다

to shake continuously and very rapidly with a fine slight movement

String **vibrates** when struck.
현은 치면 진동한다.

He **vibrated** with rage.
그는 분노에 치떨었다.

vibration 진동, 동요

vice

명 악덕, 부도덕, 타락

evil living, esp. in sexual practices, taking of harmful drugs, etc.

Smoking is my only **vice**.
흡연이 나의 유일한 악습이다.

In spite of the police, there's usually a certain amount of **vice** in all big cities.
경찰이 있음에도 불구하고, 모든 대도시에는 대게 수많은 타락 행위가 있다.

vicinity

명 부근

the surrounding ; neighborhood

He lives in the **vicinity** of our home.
그는 우리 집 근처에 산다.

Are there any stores in this **vicinity**?
이 근처에 가게가 있습니까?

victim

명 희생자, 포로

a person, animal, or thing that suffers pain, harm, etc. as a result of other people's actions or of illness

He fell a **victim** to his own ambition.
그는 야망의 포로가 되었다.

vigor

명 기력, 활력

forcefulness ; strength shown in power of action

Her voice lost its old **vigor**.
그녀 목소리는 왕년의 활기가 없었다.

a **vigorous** speech in defense of the government
정부를 옹호하는 박력 있는 연설

vigorous 강건한

vile

형 저속한, 몸서리나는, 타락한

hateful; shameful; evil; low and worthless

Don't use **vile** language.
상스러운 말을 쓰지 마라.

Would you be so **vile** as to steal a coat from a blind man?
눈먼 사람에게 코트를 훔칠 정도로 당신은 치사합니까?

vilify

동 …을 나쁘게 말하다, 중상하다

vilifier 중상자
vilification 악담, 험구, 중상

villain

명 악당, 악한

a wicked person, esp. the main bad character

You little **villain**!
요, 꼬마 녀석!

The **villain** always gets caught at the end.
악당은 마지막에서 항상 붙잡힌다.

violate

동 위반하다, 어기다

to disregard or act against a promise, etc.

Good citizens don't **violate** law.
모범 시민은 법을 위반하지 않는다.

A country isn't respected if it **violates** an international agreement.
만약 국가가 국제간의 협약을 어긴다면 존경받지 못한다.

violation 위반

vital

형 생생한, 생기 있는, 중요한

very necessary ; of the greatest importance

Your help is **vital** to the success of our plan.
우리의 계획이 성공하기 위해서는 당신의 원조가 꼭 필요합니다.

vivid

명 생생한, 선명한, 강렬한

of light or color bright and strong

It is still **vivid** in my memory.
그것은 내 기억에 생생하게 남아있다.

vivid red hair
선명한 붉은 머리

vogue

명 유행, 인기

the fashion or custom at a certain time

There is a great **vogue** for dyed hair among the young.
젊은이들 사이에 염색머리가 크게 유행하고 있다.

void

형 텅 빈, 무효인 명 허공, 빈 틈

empty without ; lacking

His style is **void** of affectation.
그의 문체에는 허식이 없다.

His death left a great **void** in her life.
그의 죽음은 그녀의 인생에 큰 상실감을 남겼다.

volunteer

동 지원하여 하다, 지원병이 되다 명 지원자, 독지가, 지원병

to offer one's services or help without payment

He **volunteered** to help me move.
그는 내가 이사하는 것을 자발적으로 도왔다.

One **volunteer** is worth two pressed men.
한 사람의 지원자가 억지로 떠맡은 두 사람의 가치가 있다.

vow

동 서약하다, 맹세하다 명 맹세, 선서

to declare or swear solemnly

He **vowed** he'd never do it again.
그는 다시는 그런 짓을 안 하겠다고 맹세했다.

I am under a **vow** not to smoke.
나는 금연을 맹세한다.

vulgar

형 상스러운, 저속한

very rude, low, or bad-mannered

He is very **vulgar** when he loses his temper.
그는 화가 나면 매우 상스러워진다.

The old lady was shocked by the children's **vulgar** language.
노부인은 아이들의 상스러운 말에 충격을 받았다.

W / w

wag

동 끄덕이다, 흔들다

to shake quickly and repeatedly from side to side

The dog **wagged** a greeting.
개가 꼬리를 흔들어 인사했다.

ware

명 제품, 상품

article for sale, usu. not in a store

praise one's own wares
자화자찬하다

household ware 가정용품
earthenware 도기
silverware 은제품
glassware 유리 제품
warehouse 창고

warrant

명 증명, 허가, 영장 **동** 정당화하다, 확언하다, 보증하다
an official written order, esp. allowing the police to take certain action

We have every **warrant** for believing him.
그를 믿는 충분한 이유가 있다.

He struck her without **warrant**.
그는 정당한 이유도 없이 그녀를 때렸다.

waver

동 흔들리다, 망설이다 **명** 망설임

to be unsteady or uncertain

Her love for him began to **waver**.
그에 대한 그녀의 사랑이 흔들리기 시작했다.

He **wavers** in his judgment.
그는 판단이 흔들리고 있다.

welfare

명 복지, 행복

well-being ; comfort and good health

welfare state 복지국가
You must think of the **welfare** of others.
남의 행복을 생각하지 않으면 안된다.

wholesome

유익한, 건강에 좋은, 건전한

good for the body

wholesome advice
유익한 충고

wholesome food
건강에 좋은 식사

widow

명 과부 **동** 과부가 되다

a woman whose husband has died, and who has not married again

She was **widowed** by the war.
그녀는 전쟁에서 남편을 잃었다.

witch

형 **마녀** 동 **마법을 걸다**

a woman who has, or is believed to have, magic powers

a black witch
나쁜 마녀

She witched him into going.
그녀는 그에게 마법을 걸어 가게 했다.

withdraw

동 **인출하다, 철수시키다, 움츠러들다**

to move away or back

The teacher withdrew his student from school.
그 선생님은 학생을 학교에서 자퇴시켰다.

I want to withdraw some money.
나는 돈을 인출하길 원한다.

Withdraw yourself.
돌아가 주십시오.

withdraw - withdrew - withdrawn
withdrawal 명 물러나기, 취소, 철회, 인출

wither

동 **시들다, 마르게 하다, 쇠퇴하다**

to make or become reduced in size, color, etc.

Flowers and beauty wither.
꽃과 아름다움은 시들게 마련이다.

Older people are complaining that old values are withering away in this free society.
나이든 사람들은 옛날의 가치관이 이 자유로운 사회에서 쇠퇴하는 것을 불평하고 있다.

withhold

동 보류하다, 제지하다, 숨겨두다

to keep on purpose

The captain **withheld** his men from the attack.
대장은 부하들을 제지하여 공격하지 못하게 했다.

She will **withhold** information from the police.
그녀는 경찰에 정보를 제공하지 않을 작정이다.

withhold - withheld - withheld

wrath

명 노여움, 분노

great anger

the wrath of God
신의 노여움

He is slow to **wrath**.
그는 여간해서는 화를 잘 내지 않는다.

A soft answer turns away **wrath**.
유순한 대답은 분노를 쉬게 하리라.

the grapes of wrath
분노의 포도

wrathy = wrathful 몹시 화를 낸

wreathe

동 장식하다, 감다

to circle around and cover completely

She **wreathed** her room with flowers.
그녀는 방을 꽃으로 장식했다.

The poet's brow was **wreathed** with laurel.
그 시인의 이마는 월계관으로 장식되었다.

A/O
B/P
C/Q
D/R
E/S
F/T
G/U
H/V
W
J/X
K/Y
L/Z
M
N

wrench

동 비틀다 **명** 고통, 관절을 삐기

to pull hard with a twisting or turning movement

He **wrenched** an apple off the branch.
그는 사과를 가지에서 비틀어 땄다.

He **wrenched** me to say good-bye.
그가 내게 이별의 말을 해서 가슴이 아팠다.

wretch

명 불우한 사람, 치사한

a poor or unhappy person

a **wretch** of a boy
불쌍한 소년

You are a **wretch**!
이 치사한 놈아!

wrinkle

동 주름지게 하다, 구겨지다 **명** 주름

to form into lines, folds, etc.

Her face was **wrinkled** by time.
그녀의 얼굴은 나이 탓으로 주름져 있었다.

He **wrinkled** his nose at the bad smell.
그는 악취에 코를 찡그렸다.

Y/y

A/O
B/P
C/Q
D/R
E/S
F/T
G/U
H/V
I/W
J/X
K/Y
L/Z
M
N

yawn

명 하품 동 하품하다, 하품하며 말하다

to open the mouth wide and breathe in deeply, as when tired or uninterested

I gave a loud **yawn**, but he kept on talking.
크게 하품을 해보였건만 그는 계속 이야기했다.

yearn

동 동경하다, 그리워하다, 갈망하다

to have a strong loving, or sad desire

We **yearn** for beauty and truth.
우리는 아름다움과 진실을 갈구한다.

I'm **yearning** to make myself useful.
나는 내가 뭔가 도움이 되었으면 한다.

yoke

명 속박, 멍에 동 멍에를 씌우다

a wooden bar used for joining together two animals

We intended to shake off the **yoke** of military government.
우리는 군사 정부의 속박을 벗어나고자 했다.

Yoke the oxen together.
소들을 멍에에 한데 매어라.

토실토실 영단어 영숙어

필　　수
숙　　어

above all

￫

without fail

A/a

above all

무엇보다도, 특히, 그 중에서도

Be sincere **above all**. 무엇보다도 성실해라.

My mother always told me "**Above all**, be honest."

나의 어머니가 언제나 나에게 "무엇보다도 정직해라"라고 말씀하셨다.

above one's understanding

이해할 수 없는

The course I took was **above my understanding**.

내가 들은 과목은 나한테 너무 이해하기 어려웠어요.

This book is **above my understanding**.

이 책은 나에게는 이해하기 어렵다.

against (for) a rainy day

만일의 경우를 위해

We should lay up **against a rainy day**.

우리는 만일의 경우를 위해 저축을 해야 한다.

Put aside part of your salary **against a rainy day**.

만약의 경우를 대비해서 월급의 일부를 떼어 놓아라.

against one's will

본의 아니게

It was much **against my will**. 그것은 결코 나의 본의가 아니었다.

The prisoner was made to sign a confession **against his will**.

그 죄수는 본의 아니게 진술서에 서명하게 되었다.

as a rule

일반적으로, 대체로, 대개

As a rule I get up early in summer.
일반적으로 나는 여름에 일찍 일어난다.

As a rule twins have a lot in common.
대체로 쌍둥이들은 닮은 점이 많다.

as a whole

전체적으로, 모두 (총괄하여)

The play is successful **as a whole**.
전체적으로 그 연극은 성공을 거두었다.

We must consider these matters **as a whole**.
이들 사항을 전체적으로 생각해야 한다.

at (one') leisure

한가한, 서두르지 않고, 차분히, (사람이) 일이 없는

You may do it **at (your) leisure**.
한가한 때에 천천히 하면 된다.

Marry in haste, repent **at leisure**.
급히 결혼하고, 천천히 후회하라.

at (one's) ease

마음 편히, 차분하게

I'm not **at my ease** with new people.
저는 처음 만난 사람과 편하지가 않습니다.

He is completely **at his ease** among strangers.
낯선 사람들 사이에서도 그는 마음이 편안하다.

at (the) best

아무리 잘해야, 기꺼해야, 고작

He is a second-race writer **at best**.
그는 기껏해야 이류 작가이다.

It's a gloomy outlook **at the best**.
아무리 보아도 앞날이 좋을 것 같지 않다.

at (the) least

적어도

He is **at least** thirty.
그는 적어도 30세는 된다.

It cost me **at least** a hundred dollars.
그것 때문에 적어도 1백 달러는 손해 봤어.

You must **at least** try.
최소한 시도는 해봐야지.

at (the) worst

아무리 나빠도, 최악의 경우라도; 최악의 상태에

At worst, we cannot lose much on the deal.
최악의 경우라도 이 거래에서 큰 손해를 보는 일은 없을 것이다.

Things were **at the worst** at that time.
그 당시 사태는 최악의 상태에 있었다.

at a blow

일격에, 단번에

He was fallen **at a blow**.
그는 일격에 쓰러졌다.

He struck his opponent down **at a blow**.
그가 적을 단번에 쓰러뜨렸다.

at a breath

단숨에, 곧, 금방

He settle the matter **at a breath**.
그는 단숨에 그 문제를 해결하였다.

I finished a job **at a breath**.
나는 단숨에 일을 해치웠다.

at a gift

거저(공짜)라도

I would not have it **at a gift**.
공짜라도 갖고 싶지 않다.

I want nothing from him **at a gift**.
공짜라도 그에게서는 아무 것도 원치 않는다.

at a glance

첫눈에, 일견하여, 잠깐 보아서

I saw something burning **at a glance**.
첫눈에 무엇인가 불타고 있는 것을 봤다.

He'll be able to tell if the diamonds are genuine **at a glance**.
그는 한눈에 다이아몬드들이 진품인지 구별할 수 있을 것이다.

at a loss

당황하여, 어찌할 바를 몰라

We are **at a loss** as to how to processed in this matter.
이 문제를 어떻게 처리해야 할지 당혹스럽습니다.

I was **at a loss** for what to do.
어떻게 해야 할지 당황하였다.

at a standstill

정지된, 정체된 상태인

That means the traffic at rush hour will be **at a standstill**.
그렇다면 러시아워에 길이 막히겠는데요.

Traffic was **at a standstill** on the freeway.
고속도로의 교통이 정체된 상태였다.

at a time

한 번에, 한꺼번에, 단번에

Do one thing **at a time**.
한 번에 한 가지만 해라.

I'm sorry but I'm too busy to help you now, I can only do one thing **at a time**.
미안하지만 지금 너무 바빠서 너를 도울 수가 없어, 나는 한 번에 한 가지만 할 수 있거든.

at all

(부정문에서) 조금도, 전혀, (의문문에서) 도대체, (조건 절) 적어도, 조금이라도

"Thank you very much."
"Not **at all**." "고맙습니다." "천만에요."

The machine did not work **at all**.
기계는 조금도 움직이지 않았다.

Has she any property **at all**?
그녀에게는 도대체 재산이 있는 거야?

Why do you have to go **at all**?
도대체 왜 가지 않으면 안 되지?

She seldom goes, if **at all**, into society.
그녀는 좀처럼 사람들 틈에 끼어들지 않는다.

If she has any property **at all**, she can be married soon.
조금이라도 재산이 있으면 그녀는 곧 결혼할 수 있다.

at all costs

어떤 희생을 치르더라도, 무슨 일이 있어도

We must finish the work by noon **at all costs**.
무슨 일이 있어도 그 일은 정오까지 끝내야 한다.

I determined to win **at all costs**.
나는 무슨 일이 있어도 우승하리라 결심했다.

at all events

어찌 되었든, 아무튼

At all events we have done our best.
아무튼 우리는 최선을 다했다.

At all events you had better try.
어찌 되었든 시도를 해보는 것이 좋다.

at any moment

언제 어느 때라도, 언제든지, 금방

He may return **at any moment**.
그는 언제라도 돌아올지 모른다.

It may rain **at any moment**.
비가 금방 올 것 같다.

at any rate

여하튼, 적어도; 무슨 일이 있어도

I will try to help him **at any rate**.
어쨌든 나는 그를 도우려고 노력할 것이다.

At any rate it is not good for me.
좌우간에 그것은 나에게 좋지 않다.

I will start tomorrow **at any rate**.
무슨 일이 있어도 나는 내일 출발한다.

A/O

B/P

C/Q

D/R

E/S

F/T

G/U

H/V

I/W

J/X

K/Y

L/Z

M

N

at any risk

어떠한 위험을 무릅쓰고라도

I'm going **to at any risk**.
어떠한 위험을 무릅쓰고라도 가겠다.

I must save the child **at any risk**.
어떠한 위험을 무릅쓰고라도 아이를 구해야 한다.

at first hand

직접, 바로

She stayed there to experience village life **at first hand**.
그녀는 마을의 생활을 직접 경험하기 위해 그곳에 머물렀다.

It's is difficult to appreciate the scale of the problem without seeing the effects of the famine **at first hand**.
굶주림의 영향을 직접 보지 않고 문제의 정도를 인식하기는 어렵다.

at first sight

첫눈에, 한눈에

Do you believe in love **at first sight**?
당신은 첫눈에 반한 사랑을 믿나요?

At first sight they all look alike.
언뜻 보기에는 다 같게 보인다.

at full length

몸을 마음껏 뻗어, 큰 대자로; 상세히, 자세히

We sat on the grass stretching out our legs **at full length**.
우리는 잔디 위에 다리를 뻗고 앉았다.

He was lying on the sofa **at full length**.
그는 소파에 죽 뻗고 누워 있었다.

We discussed the subject **at full length**.
우리는 그 문제에 대해 상세히 토론했다.

at full speed

전속력으로

Let's go **at full speed**! 전속력으로 달립시다!
He drove his car **at full speed** down the motorway to get to the
airport on time.
그는 정각에 공항에 도착하기 위해 고속도로를 전속력으로 운전했다.

at hand

손이 닿는 곳에, 근처에, 준비되어; 가까운 장래에

We need a dictionary constantly **at hand**.
우리는 사전을 항상 손이 닿는 곳에 놓아 둘 필요가 있다.

Dawn is **at hand**.
이제 곧 날이 샌다.

at heart

마음속으로는, 실제로는

He was furious **at heart**.
그는 마음속으로 격노했다.

At heart, he is not a bad fellow. 그는 본심이 나쁜 사람은 아니다.

(be or feel) at home

편히, 집에 있어, 본국에(에서), (…에)익숙하여, 정통하여

He is not **at home** today.
그는 오늘 집에 없다.

Please make yourselves **at home**.
여러분, 아무쪼록 편안히 하세요.

I cannot **feel at home** with that man.
나는 저 남자와 함께 있으면 마음이 편치 않다.

He **is at home** in law. 그는 법률에 정통하다.

He **is quite at home** with children.
그는 아이들과 아주 친숙하다.

at intervals (of)

때때로, 이따금; (…의) 간격을 두고

Trains come at frequent intervals. 열차는 자주 온다.
Snow fell at intervals. 가끔 눈이 내렸다.
The Olympic Games have taken place at intervals of four year.
올림픽 경기는 4년 간격으로 개최되었다.

at large

전체로서, 일반적으로; 자유롭게, 잡히지 않고; 상세히

He is popular with the people at large.
그는 일반 대중에 인기가 있다.

The burglar is still at large. 도둑은 아직도 잡히지 않고 있다.
Tell me the reasons at large. 나에게 이유를 상세히 말해다오.

at length

마침내, 드디어, 간신히; 상세히

At length the bus arrived, forty minutes late.
마침내 40분이나 늦게 그 버스가 도착했다.

He came at length. 드디어 그가 왔다.
He told us about the trip at some length.
그는 상당히 자상하게 여행 이야기를 했다.

We discussed the subject at length.
우리는 그 문제에 대해 상세히 토론했다.

at liberty

자유로, 마음대로, …할 수 있는; 한가하여

Please feel at liberty to use my library.
제 서재를 자유로이 사용하십시오.

You are at liberty to leave. 이제 가도 좋아요.
I will be at liberty tomorrow. 난 내일은 한가할 거야.

at once

동시에, 한꺼번에; 곧, 즉시

They all yelled **at once**.
그들은 일제히 고함을 질렀다.

We expect her almost **at once**.
그녀가 당장 올 것으로 알고 기다리고 있다.

We must start **at once**.
우리는 즉시 출발해야 합니다.

at one's (own) expense

자비로, 자기를 희생시켜

He had his book printed **at his own expense**.
그는 자비로 책을 인쇄했다.

His business was very successful, but it was **at his family's expense**.
그의 사업은 매우 성공했지만, 그것은 그의 가족을 희생시킨 것이었다.

at one's (own) peril

위험을 각오하고, 목숨을 걸고

Enter that area **at your own peril**.
이 지역에 들어가려거든 위험을 각오하시오.

They ignored the gale **at their peril**.
그들은 위험을 각오하고 강풍을 묵살했다.

at one's back

(…의) 뒤에, 배후에, 지지하여

Caesar had the people **at his back**.
시저는 배후에 민중의 지지를 얻고 있었다.

You knew I was **at your back**, and spoke it on purpose.
너는 네 뒤에 내가 있다는 것을 알면서 일부러 그것을 말한 거야.

at one's best

한창인, 가장 좋은 때에

He was **at his best** this morning.
오늘 아침 그는 컨디션이 제일 좋았어.

The cherry blossoms are **at their best**. 벚꽃이 만발했다.

at one's command

남의 명령에 따라, 마음대로 사용할 수 있는

I am **at your command**. 무슨 명령이든 내리십시오.

Each congressman has a large staff **at his command**.
각각의 하원 의원들에게는 그의 명령에 따르는 많은 자문위원들이 있다.

at one's convenience

형편 닿는 대로, 편리한 때에

Let's meet **at your convenience**. 당신이 편리한 시간에 만나기로 해요.

You shall pay me **at your convenience**. 형편 닿는 대로 갚아 주십시오.

at one's discretion

…의 재량으로, …의 임의로

Act **at your own discretion**. 당신 임의대로 하시오.

The size of your payment may be changed **at your discretion**.
보수는 당신이 재량껏 할 수 있다.

at one's disposal

…의 마음대로 되는, 멋대로 쓸 수 있는

He claimed that the enormous property was **at his disposal**.
그는 그 막대한 재산을 자기 마음대로 할 수 있다고 주장했다.

My services are **at your disposal**.
당신이 원하는 대로 봉사해드리겠습니다.

at one's request

…의 부탁으로

She sang **at our request**. 그녀는 우리의 부탁으로 노래를 불렀다.
I sent for the man **at your request**.
나는 당신의 요구에 따라 사람을 부르러 보냈다.

at one's service

언제든지 남에게 도움이 되는, …이 마음대로 쓸 수 있는

We had his car **at our service** all the time we were visiting him.
우리는 그의 집에 머무는 동안 줄곧 그의 차를 마음대로 쓸 수 있었다.

I am **at your service**. 나에게 무엇이든 말씀하여 주십시오.

at one's wits' end

어찌할 바를 몰라

I was **at my wits' end** what to do. 나는 무엇을 해야 할지 어찌할 바를 몰랐다.
I was **at my wits' end** to find the way to the station.
역으로 가는 길을 찾는 데 나는 어쩔 줄을 몰랐다.

at present

현재

I am on duty **at present**. 저는 현재 근무 중입니다.
Unfortunately, there is no French version available **at present**.
유감스럽게도, 현재로서는 프랑스어 판이 준비되어 있지 않습니다.

at random

함부로, 마구잡이로, 되는대로, 닥치는 대로

The questionnaires were distributed **at random**.
설문지는 무작위로 배포되었습니다.

Don't prattle on **at random**. 생각나는 대로 마구 지껄이지 마.

at rest

안심하여, (고통으로부터) 해방되어, 휴식하여; 죽어서, (문제, 사건 등이) 해결되어

The injured man is now **at rest**.
부상당한 사람은 이제 편안해졌다.

The poor man is now **at rest**.
그 사람은 불쌍하게도 죽어버렸다.

He now lies **at rest** in the churchyard.
그는 이제 경내에 편안히 잠들어 있습니다.

The waves of the sea are never **at rest**.
바다의 파도는 쉬는 때가 없다.

at second hand

간접적으로

I got the news **at second hand**.
나는 간접적으로 그 소식을 들었다.

I may have the story wrong as I heard it **at second hand**.
나는 그것을 간접적으로 들었기에 이야기가 잘못된 것 같다.

at stake

위기에 처한, 위태로운; 돈(상금)이 걸려 있는

The child's life is **at stake**.
아이의 목숨이 위험에 처해 있다.

His whole fortune is **at stake**.
그의 전 재산이 위태롭다.

at table

식사 중인, 식탁에 앉아

Don't make so much noise **at table**.
식사 중에 그렇게 시끄럽게 떠들지 마라.

You should not blow your nose **at table**.
식사 중에 코를 풀어서는 안 된다.

at the age of

…의 나이에

He emerged as leader **at the age of** thirty.
그는 30세의 나이에 지도자로 부상했다.

My father retired **at the age of** 60.
우리 아버지는 60의 나이에 퇴직하셨다.

at the bottom of

…의 주요 원인으로, …의 밑바닥에

Brake failure was **at the bottom of** the accident.
브레이크 고장이 그 사고의 원인이었다.

She found herself **at the bottom of** the class.
알고 보니 그녀는 자기 반의 꼴찌였다.

at the cost of

…을 희생하여, …을 잃고

He achieved his aim **at the cost** of many lives.
그는 많은 생명을 희생하여 자신의 목적을 이루었다.

The driver managed not to hit the child who ran in front of his
car, but only **at the cost of** injuring himself.
운전사는 자신만이 부상당하는 희생을 해서, 차 정면에서 달려오는 아이를 가까
스로 치지 않았다.

at the disposal of (=at one's disposal)

…의 마음대로

The knowledge of all nations should be **at the disposal of** all.
각 국민이 갖는 지식은 모든 사람이 이용할 수 있어야 한다.

My car is **at the disposal of** you.
저의 차를 마음대로 사용하십시오.

at the expense of

…을 희생시켜, …의 대가로, (남에게) 폐를 끼치고

He finished the job **at the expense of** his health.
그는 건강을 해쳐 가며 그 일을 끝마쳤다.

I think it's very unkind to make jokes **at the expense of** other people.
다른 사람들에게 폐를 끼치면서까지 농담을 하는 것은 몰인정한 것이라고 생각한다.

at the foot of

기슭에, …아래에

They built a house **at the foot of** a cliff.
그들은 절벽 아래에 집을 지었다.

She dreamed she saw someone standing **at the foot of** her bed.
그녀는 침대 밑에 누군가 서있는 것을 보는 꿈을 꿨다.

at the head of

…의 선두에, 맨 위에

Hey, he's **at the head of** the pack.
아, 그가 앞서 가고 있어요.

Write your name clearly **at the head of** each page.
각 페이지의 상단에 여러분의 이름을 정확히 쓰세요.

at the height of

…의 절정에

He went out **at the height of** he storm.
그는 폭풍우가 한창 휘몰아 칠 때에 외출했다.

The Beatles were **at the height of** their fame.
비틀즈는 한창 인기 절정이었다.

at the latest

아무리 늦어도

We must be at the station by ten **at the latest**.
늦어도 10시까지는 역에 가야 한다.

You must deliver our order within two weeks **at the latest**.
늦어도 2주일 이내로는 우리가 주문한 것을 배달해야 한다.

at the mercy of

…의 처분대로, …에 좌우되어

The boat was **at the mercy of** the wind and waves.
배는 바람 불고 물결치는 대로 내맡겨졌다.

People nowadays are **at the mercy of** the expert repairmen.
오늘날 사람들은 숙련 수리공에는 꼼짝 못한다.

at the outset

처음에, 최초에

At the outset he seemed to be timid.
처음에 그는 겁먹은 태도였다.

At the outset of the play there is a lot of confused violence.
그 연극의 시작부분에 많은 혼란스러운 폭력이 있다.

at the risk of

…의 위험을 무릅쓰고

At the risk of seeming rude, I'm afraid I have to leave now.
무례하게 보이는 걸 무릅쓰고라도, 저는 지금 떠나야 할 것 같습니다.

At the risk of sounding stupid, can I ask a simple question?
바보 같이 들릴 위험을 무릅쓰고, 단순한 질문 하나 해도 될까요?

A/O

B/P

C/Q

D/R

E/S

F/T

G/U

H/V

I/W

J/X

K/Y

L/Z

M

N

at the same time

동시에, …에도 불구하고, 그렇지만, 역시

None likes war, but **at the same time** we are making money out of it.
아무도 전쟁을 좋아하지 않지만 그럼에도 불구하고 우리는 전쟁으로 돈을 번다.

His jokes are insulting, but, **at the same time**, very funny.
그의 농담은 모욕적이긴 하지만 한편 매우 우스운 데도 있다.

at the sight of

…을 보고서

I shuddered **at the sight of** blood.
나는 피를 보고 몸서리쳤다.

She began to cry **at the sight of** her father's rough hands.
그녀는 아버지의 거친 손을 보자 울기 시작했다.

at the top of

…의 최고조에

He drove **at the top of** his speed.
그는 전속력으로 운전했다.

He shouted for joy **at the top of** his voice.
그는 기뻐서 목청껏 소리 질렀다.

at times

가끔, 때때로

It occurs **at times** that the traffic is disorganized by fog.
안개로 교통 혼란이 가끔 발생한다.

You can be really annoying **at times**, you know.
너는 가끔 정말로 성가시게 군단 말이야.

at will

뜻대로, 마음대로

You may come and go **at will**.
마음대로 왕래해도 좋다.

As an actor, he has to be able to cry **at will**.
배우로서, 그는 마음대로 울 수 있어야 한다.

at work

일하고 있는, (기계 등이) 작동중인; (영향을) 미치는, 작용하는

She is hard **at work** preparing dinner.
그녀는 부지런히 식사 준비를 하고 있다.

The machinery is **at work**.
기계는 작동하고 있다.

at(from) a distance

멀리서, 조금 떨어져서

The detective followed him **at a distance**.
형사는 멀리서 그를 뒤쫓았다.

The picture looks to advantage **at a distance**.
그 그림은 좀 떨어져서 보는 게 낫다.

at(on) call

호출에 즉시 응할 수 있는, 대기하고 있는

She's a doctor so she's often **on call** at the weekend, even when she's at home.
그녀는 의사이므로 심지어 집에 있을 때조차 주말에 종종 호출에 대기하고 있다.

Don't worry, there's a doctor **on call** 24 hours a day.
걱정 마, 하루 24 시간 대기 중인 의사가 있으니.

B/b

before long

머지않아, 곧, 얼마 후

I expect the bus will be here **before long**. 버스가 곧 올 거야.

He will come back **before long**. 그는 머지않아 돌아올 것이다.

before one's time

태어나기 전에

The Beatles were a bit **before your time**.
비틀즈는 네가 태어나기 조금 전에 있었다.

I don't remember James Dean, he was **before my time**.
나는 제임스 딘을 기억 못한다, 그는 내가 태어나기 전의 사람이었다.

behind one's back

…가 없는 데서, 은밀히, 몰래

What do they say about me **behind my back**?
그들이 내가 없는 데서 나에 대해 뭐하고 말할까?

She's the kind of person who talks about you **behind your back**.
그녀는 네가 없는 데서 너에 대해 얘기하는 그런 사람이야.

behind the scene(s)

뒤에서, 남몰래, 숨어서, 이면에서

I tried to go **behind the scenes** in a her household.
나는 그녀의 집안 내막을 알려고 애썼다.

He is an important man **behind the scene**.
그는 드러나지 않는 중요 인물이다.

behind the times

시대에 뒤처진, 구식인

> They are **behind the times**.
> 그들은 생각이 시대에 뒤져있다.
>
> The old gentleman is **behind the times**.
> 그 노신사는 시대에 뒤쳐져 있다.

behind time

(정각보다) 늦어서, (시계가) 늦어, (집세 지불 등이) 밀려

> The train is five minutes **behind time**.
> 기차는 5분 늦었다.
>
> The dam was completed two years **behind time**.
> 그 댐은 2년 늦게 완성되었다.

beneath one's notice

주목할 만한 가치가 없는, 시시한

> The blame should be **beneath your notice**.
> 그 비난은 무시해야 한다.
>
> His work is **beneath our notice**.
> 그의 작품은 우리가 주목할 만한 가치가 없다.

beside the point

요점을 벗어나, 빗나간

> Your answer is **beside the point**.
> 너의 대답은 요점을 벗어났어.
>
> She is young, but that's **beside the point**.
> 그녀가 젊다고 하지만 그것은 요점을 벗어난 얘기야.

A/O
B/P
C/Q
D/R
E/S
F/T
G/U
H/V
I/W
J/X
K/Y
L/Z
M
N

between ourselves(you and me)

우리끼리의 얘기인데, 이건 비밀이지

Between ourselves, she cheated on the test.
우리끼리 얘긴데, 그 여자 컨닝 했어.

This matter is between ourselves.
이 일은 우리만의 이야기야.

beyond description

형언할 수 없는

The scenery was beautiful beyond description.
그 경치는 형언할 수 없이 아름다웠다.

I found the play boring beyond description.
나는 그 연극이 말로 다 할 수 없이 지루하다는 걸 알았다.

beyond one's reach

힘이 미치지 않는

The exam was rather beyond his reach.
그의 실력으로는 그 시험이 다소 능력에 부쳤다.

An expensive trip like that would be completely beyond my reach.
그와 같이 비용이 많이 들어가는 여행은 완전히 내 능력 밖이다.

by a hair's (hair breadth) breadth

간발의 차이로, 아슬아슬하게

They escaped death by a hair's breadth.
그들은 위기일발로 죽음을 모면했다.

He was elected by a hair's breadth.
그는 간발의 차이로 당선되었다.

by all accounts

누구에게 들어 봐도, 모두의 말을 미루어 보아

It's a very exciting film **by all accounts**.
모두의 말을 미루어 보아 그것은 매우 재미있는 영화이다.

He seems to be a changed man **by all accounts**.
누구의 말을 들어봐도 그는 마음을 고쳐먹은 것 같다.

by all means

어떤 수를 써서라도, 반드시, 꼭; 아무렴, 좋다 마다

Let him come **by all means** if he'd like to.
그 사람만 좋다면 꼭 오게 하세요.

We should **by all means** do our duty.
어떤 일이 있어도 우리는 본문을 다하여야 한다.

Shall we order another bottle? "**By all means**."
한 병 더 시킬까? 좋고말고.

by any chance

만약에, 어쩌다가, 행여나, 혹시

If **by any chance** you should see him tell him that I am waiting for him to come.
만약 그를 만나게 되면, 제가 기다리고 있다고 말씀해 주십시오.

Are you Mr. Grant, **by any chance**?
혹시 당신이 그랜트 씨입니까?

by birth

타고난, 태생은

He is an American **by birth**.
그는 미국인 태생이다.

She is an actor **by birth**.
그녀는 타고난 배우이다.

by chance(accident)

우연히, 어쩌다가, 뜻밖에

I met an old friend **by accident**.
나는 옛 친구를 우연히 만났다.

It was a discover made **by chance**.
그것은 우연히 얻은 발견이었다.

by degrees

차차로, 점점, 서서히

Their friendship **by degrees** grew into love.
그들의 우정은 점차로 사랑으로 변하였다.

By degrees, the music drove all thoughts from his head.
서서히, 그 음악은 그의 머릿속에서 잡념들을 몰아냈다.

by dint of

···의 힘으로, ···에 의하여

By dint of great effort he succeeded at last.
대단한 노력에 의하여 그는 마침내 성공하였다.

She got what she wanted **by dint of** pleading and threatening.
그녀는 애원과 협박으로 원하던 것을 얻었다.

by far

매우, 몹시, 너무; (비교급, 최상급을 강조하여) 훨씬

This problem is too difficult **by far**.
이 문제는 너무 어렵다.

He was **by far** the richest man she had ever seen.
그는 지금까지 그녀가 만난 남자 중에서 가장 부자였다.

He is **by far** the best player on our team.
그는 우리 팀에서 가장 잘하는 선수이다.

by force

강제로, 우격다짐으로

Her ex-husband tried to get the children back **by force**.
그녀의 전남편은 강제로 아이들을 돌려받으려고 했다.

He took my doll **by force**.
그가 내 인형을 강제로 빼앗았어요.

by halves

불완전하게, 어중간하게, 성의 없이

You should not deal **by halves** with such a serious question.
이런 중대한 문제를 성의없이 다루어서는 안 된다.

Don't do things **by halves**.
일은 어중간하게 하지 마라.

by means of

···에 의하여

We climbed up the cliff **by means of** a rope.
우리는 밧줄로 그 절벽을 올라갔다.

Thoughts are expressed **by means of** words.
사상은 말에 의해 표현된다.

by mistake

실수로, 잘못하여

I took the wrong train **by mistake**.
잘못해서 다른 기차를 탔다.

I put my gloves on inside out **by mistake**.
실수로 장갑을 뒤집어 꼈다.

by no means

결코 …이 아닌

He is **by no means** a coward.
그는 결코 겁쟁이가 아니다.

It is **by no means** certain that the game will take place.
경기가 열린다는 것은 결코 확실하지 않다.

by now

이제, 지금쯤은

I expect that everybody has finished the test **by now**.
자 이제 모두 시험 답안지를 다 썼겠지.

They will have arrived **by now**.
지금쯤은 도착했을 거야.

by the roots

뿌리째, 송두리째

The dentist pulled out her tooth **by the roots**.
치과의사는 그녀의 이를 뿌리째 뽑았다.

You should pull up weeds **by the roots**.
잡초를 뿌리째 뽑아야 한다.

by the way

말하자면, 그런데; 도중에, 길에서

By the way, have you seen anything of him lately?
그런데, 최근에 그를 만났어?

By the way, I have something to tell you.
그런데, 너에게 할 말이 있어.

by turns

번갈아, 차례로, 교대로

She went grave and gay **by turns**.
그녀는 진지한 표정과 명랑한 표정을 번갈아 지었다.

They kept watch **by turns**.
그들은 교대로 망을 보았다.

by way of

···할 작정으로, ···을 위하여; ···을 거쳐, ···을 경유하여

We had sandwiches **by way of** a meal.
나는 점심으로 샌드위치를 먹었다.

She carries a stick **by way of** weapon.
그녀는 호신용으로 스틱을 갖고 다닌다.

I am going to Europe **by way of** America.
나는 미국을 경유하여 유럽에 갈 예정이다.

F/f

for (one's, very, dear) life

간신히, 필사적으로

He was clinging onto the branch **for dear life**.
그는 가지에 간신히 매달려 있었다.

I ran **for dear life** not to be late for the class.
나는 수업에 늦지 않기 위해서 필사적으로 뛰었다.

for a change

기분 전환으로

Let us walk **for a change**.
기분 전환을 위해 좀 걷자.

Let's go shopping **for a change**.
기분 전환으로 쇼핑하러 가자.

for a moment

잠깐 동안

I don't wish to intrude, but could I talk to you **for a moment**?
방해하고 싶지 않지만 잠시 말씀 드릴 수 있을까요?

May I have your attention **for a moment**, please?
잠시 주목 좀 해주세요.

for a song

헐값으로, 싸구려로

He bought the house **for a song** five years ago.
그는 5년 전에 그 집을 헐값으로 샀다.

She bought the bed **for a song** at an auction.
그녀는 그 침대를 경매에서 헐값으로 샀다.

for all

···에도 불구하고

He does not feel happy **for all** his success.
그는 성공했는데도 행복을 느끼지 못한다.

For all that, I still feel that he is the greatest statesman in Korea.
그럼에도 불구하고 아직도 나는 그가 한국에서 가장 위대한 정치가라는 느낌이 든다.

A/O

B/P

C/Q

D/R

E/S

F/T

G/U

H/V

I/W

J/X

K/Y

L/Z

M

N

for all the world

(부정문에서) 어떤 일이 있어도, 결코, 절대로

I would never hurt a child **for all the world**.
무슨 일이 있어도 나는 아이를 다치게 하지 않겠다.

I would not hurt his feelings **for all the world**.
무슨 일이 있더라도 그의 감정을 상하게 하고 싶지 않다.

for certain

확실히, 틀림없이

He will be here today **for certain**.
그는 오늘 틀림없이 여기에 옵니다.

I don't know **for certain**.
나는 확실히 모릅니다.

for conscience(') sake

양심상, 마음에 걸려, 양심을 달래기 위해

He suffered **for conscience sake**.
그는 양심의 가책으로 고민했다.

I couldn't help telling the truth **for conscience' sake**.
나는 양심상 진실을 말하지 않을 수 없었다.

for example

예를 들면

Many great men have risen from poverty, Lincoln and Edison,
for example.
많은 위대한 사람들, 예를 들어 링컨과 에디슨 같은 사람들은 가난을 딛고 성장했다.

Many countries, **for example**, Mexico and Japan, have a lot of
earthquakes.
많은 나라들, 예를 들어 멕시코와 일본은 지진이 많이 발생한다.

for fear of

…을 두려워하여; …을 하지 않도록, …을 피하려고

I didn't call on you **for fear of** disturbing you.
나는 너에게 방해가 될까봐 찾아가지 못했다.

I dare not enter **for fear of** a dog.
개가 무서워서 들어가지 못하겠다.

for fun

재미로, 농담으로

What do you like to do **for fun**?
당신은 재미로 무엇을 하기 좋아합니까?

We're going to run the marathon **for fun**.
우리는 단지 재미 삼아 마라톤을 달릴 거야.

for good (and all)

이것을 끝으로, 영원히

Tomorrow I shall be gone **for good**.
내일이면 나는 영원히 사라질거야.

I fear he's finished **for good and all**.
나는 그가 이것으로 끝장이 아닌가 두려워.

for lack of

…이 부족하여

For lack of definite evidence, he was set free.
명확한 증거의 부족으로 그는 풀려났다.

For lack of funds he failed in his enterprise.
그는 자금이 부족하여 사업에 실패했다.

for nothing

공짜로, 헛되이; 아무 이유 없이, 까닭 없이

I got it **for nothing.**
나는 그것을 공짜로 얻었다.

He got angry **for nothing.**
그는 까닭 없이 화를 냈다.

We took all our trouble **for nothing.**
우리의 노고는 모두 헛수고였다.

for once

한 번만은

For once try not to be late.
한 번쯤은 늦지 않도록 해라.

I will go **for once.**
이번만 가겠어.

for one's part

…로서는, …만은, …에 관한 한

For my part I prefer living in the country.
나로서는 시골에서 사는 것이 더 좋다.

For his part he has no objection.
그로서는 반대하지 않는다.

for one thing

첫째로는, 우선

For one thing I have no money, for another I'm busy.
첫째로는 돈이 없고, 또한 바쁘기도 하다.

I wouldn't work abroad. I don't like travelling **for one thing.**
나는 해외에서 일하려고 하지 않았다. 우선 나는 여행하는 것을 좋아하지 않는다.

for pity's sake

제발, 불쌍히 여겨

For pity's sake, please stop making so much noise.
제발 부탁이니 그렇게 시끄럽게 굴지 마세요.

For pity's sake don't let her know I told you!
제발 내가 말한 것을 그녀가 알지 못하게 해다오.

for sale

팔려고 내놓은, 매물인

It's not **for sale**.
그것은 비매품입니다.

This house is **for sale**.
이 집은 팔려고 내 놓은 것입니다.

for shame

아니, 저런! 이게 무슨 꼴이야!, 창피하지도 않느냐

For shame, you are still living off your parents.
아직도 부모덕을 보다니, 창피하지도 않니.

You forgot your own birthday? **For shame!**
자기 생일을 잊어버리다니, 창피한 줄을 알아라!

for some reason

어떤 이유로

If **for some reason** your problem is not adequately taken care of, please do not hesitate to contact me directly.
어떤 이유로든 문제가 적절하게 해결되지 않을 경우엔 서슴지 마시고 제게 직접 연락 주시기 바랍니다.

She gave up college in her second year **for some reason**.
그녀는 어떤 이유로 2학년 때 대학을 그만두었다.

for sure
확실히

He said he would give me his answer **for sure** by Friday.
그는 틀림없이 금요일까지 대답을 하겠다고 말했다.

You must keep your promise **for sure**.
너는 확실히 약속을 지켜야 해.

for the asking
청구만 하면, 무상으로

You may have it **for the asking**.
청구만 하면 그냥 얻을 수 있습니다.

You can have the apples **for the asking**.
달라고 하면 그 사과를 줄게.

for the benefit of
…을 위하여

He spoke louder **for the benefit of** those in the rear.
그는 뒤쪽에 있는 사람들을 위해 더 큰소리로 말했다.

All donations are used **for the benefit of** disabled children.
모든 기부금은 신체장애 어린이들을 위해서 사용한다.

for the first time
처음으로

I met him then **for the first time**.
나는 그를 그때 처음으로 만났다.

I wore a new suit **for the first time** on my birthday.
새로 맞춘 옷을 내 생일에 처음 입었다.

A/O
B/P
C/Q
D/R
E/S
F/T
G/U
H/V
I/W
J/X
K/Y
L/Z
M
N

for the life of (one)

(부정문에서) 도저히, 아무리 해도 …않다

I cannot, **for the life of** me, remember when I met him.
그를 언제 만났는지 도저히 생각이 나지 않는다.

I cannot understand it **for the life of** me.
아무래도 그것을 이해할 수 없다.

for the moment

지금 당장, 우선

I can't say anything **for the moment**.
지금은 무엇이라고 말할 수 없다.

They have nothing to do **for the moment**.
그들은 지금 당장은 할 일이 아무것도 없다.

for the most part

대부분은, 대개는, 대체로

These goods, **for the most part**, are made in Korea.
이들 상품은 거의 한국 제품이다.

We spent the day **for the most part** looking round the museum.
우리는 대부분 박물관을 둘러보는데 하루를 보냈다.

for the present

당분간

I am busy **for the present**.
나는 당분간 바쁘다.

He will stay there **for the present**.
그는 당분간 거기에 머물 것이다.

for the purpose of

···하기 위하여

He went to Italy **for the purpose of** studying music.
그는 음악을 공부하기 위하여 이탈리아로 갔다.

He only spoke **for the purpose of** conducting business.
그는 사업을 위해 말했던 것뿐이다.

for the rest

그밖에는, 나머지는

As **for the rest**, it is all right.
나머지는 괜찮다.

For the rest, we can only guess the effect of these changes.
그밖에는 우리는 이 변화들의 효과를 오직 추측할 수 있을 뿐이다.

for the time being

당분간

For the time being you'll have to share this room with him.
당분간 너는 이 방을 그와 함께 써야 한다.

The library is closed **for the time being**.
도서관은 당분간 휴관이다.

for the sake of

···을 위하여

He saved money **for the sake of** his family.
그는 그의 가족을 위해서 돈을 저축했다.

This is **for the sake of** national security.
이것은 국민 안보를 위한 것입니다.

A/O
B/P
C/Q
D/R
E/S
F/T
G/U
H/V
I/W
J/X
K/Y
L/Z
M
N

I/i

in (a) great(large) measure

크게, 대단히, 대부분, 거의

The improvements are due **in great measure** to his leadership.
대부분 그의 지도력 덕분에 발전이 있을 것이다.

His success is **in a great measure** owing to luck.
그의 성공은 거의 운이다.

in a bad temper

기분이 나빠서

He hit his brother **in a bad temper**.
그는 기분이 나빠서 동생을 때렸다.

It is no use talking to me when I'm **in a bad temper**.
내가 기분이 나쁠 때는 말해봤자 소용없다.

in a body

한 몸이 되어, 일단이 되어, 한꺼번에

The cleaning staff went **in a body** to the manager to complain.
청소 직원들은 한꺼번에 지배인에게 불평을 하러 갔다.

The demonstrators marched **in a body** to the main square.
시위대는 한 몸이 되어 광장 중심부로 행진했다.

A/O

B/P

C/Q

D/R

E/S

F/T

G/U

H/V

I/W

J/X

K/Y

L/Z

M

N

in a fright

깜짝 놀라, 무서워서, 소스라치게 놀라

The horse was **in a fright** at the sound of the explosion.
그 말은 폭발음에 깜짝 놀랐다.

I stared back at him **in a fright**.
나는 깜짝 놀라서 그의 얼굴을 쳐다보았다.

in a good temper

좋은 기분으로, 기분이 좋아서

I'm **in a good temper** walking along a country road.
나는 시골길을 걸으면 기분이 좋다.

We had won the game, so I was **in a good temper**.
우리가 시합에 이겨서 나는 기분이 좋았다.

in a hurry

급히, 서둘러서, 황급히, 허둥거려; (부정문) 쉽게, 수월하게

Nothing is ever done **in a hurry**.
조급히 굴어서 되는 일은 없다.

He is **in a hurry** to leave here.
그는 서둘러서 이곳을 떠나려 하고 있다.

You won't find a better specimen than **in a hurry**.
그것보다 더 좋은 표본은 좀처럼 구하지 못할 것이다.

I shall not ask again **in a hurry**.
두 번 다시 나는 부탁하지 않을 거야.

in a passion

격노하여, 몹시 노하여

I am **in a passion** by your remarks.
당신의 말을 들으니 너무나 화가 나는군요.

He disowned his son **in a passion**.
그는 격노하여 그의 아들과 의절했다.

in a rage

화를 내어, 홧김에

I was frightened because I had never seen him **in such a rage** before. 나는 그가 예전에 그처럼 화를 내는 것을 본 적이 없기 때문에 놀랐다.

She stormed out of the room **in a rage**.
그는 홧김에 방을 뛰쳐나갔다.

in a row

한 줄로, 연속적으로, 연달아

The birds perched **in a row** on the telephone wire.
새들이 전화선에 한 줄로 앉아 있었다.

It rained for three days **in a row**.
사흘 동안 연속적으로 비가 왔다.

in a sense

어떤 의미에서는, 어느 정도까지

Your opinion is right **in a sense**.
어떤 의미에서는 당신의 의견이 옳다.

What you say is true **in a sense**.
네가 말하는 것은 어떤 의미로는 사실이다.

in a way

어떤 점에서는

In a way he is right.
어떤 점에서는 그의 말이 옳다.

In a way, it's kind of nice to be working alone.
어떤 점에서는 혼자서 일하는 것이 좋다.

in a word

한마디로, 요컨대

In a word, he lacked will power.
한 마디로, 그는 의지력이 부족했다.

In a word, she's lying.
한 마디로 말해서, 그녀는 거짓말을 하고 있어.

in accordance with

…와 일치하여, …에 따라서

In accordance with their wishes, I canceled the meeting.
나는 그들의 바람에 따라 그 모임을 취소했다.

Do you always act **in accordance with** your convictions?
당신은 항상 당신의 신념에 따라 행동합니까?

in addition to

…에 더하여, …이외에

In addition to teaching, she also works in the holidays as a nurse.
교사일 외에도 그녀는 휴일에 간호사로 인한다.

In addition to the weekly pay, he earned $20 by side job.
그는 주급 외에 부업으로 20달러를 벌었다.

in advance

앞장서서, 선두에 서서; 미리

Send your luggage **in advance**.
너의 짐을 미리 보내라.

You have to pay **in advance**.
선불입니다.

in all

전부, 도합

The bill came to 25 dollars **in all** for two of us.
우리 두 사람의 계산서는 전부 25달러였다.

The guests numbered twelve **in all**.
손님들은 모두 합해 12명이었다.

in all likelihood

아마, 십중팔구

If I refused, it would **in all likelihood** mean I'd lose my job.
만약 내가 거절한다면, 십중팔구 나는 직업을 잃게 될 것이다.

In all likelihood he will agree with you.
십중팔구 그는 너의 의견에 찬성할 것이다.

in all probability

아마, 십중팔구는

There will, **in all probability**, be parts that you do not understand.
십중팔구는 네가 모르는 부분이 있을 것이다.

They realized too late that **in all probability** he was not guilty of the crime.
십중팔구는 그가 죄가 없는 것을 그들은 너무 늦게 깨달았다.

in all respects

모든 점에서, 아무리 보아도

In all respects the new version is not so good as the old one.
아무리 보아도 새 번역서는 예전 것만큼 좋지 않다.

That man is not to be trusted **in all respects**.
그는 모든 점에서 신뢰할 수 없다.

in an instant

순식간에, 급히, 곧

I shall be back **in an instant**.
곧 되돌아오겠다.

When the rain started, the crowd vanished **in an instant**.
비가 오기 시작하자, 군중들은 순식간에 사라졌다.

in any event

어찌 되었든, 아무튼, 여하튼간에

In any event we'll let you know before we start.
우리는 아무튼 출발 전에 너에게 알리겠다.

I'll probably see you tomorrow but I'll phone **in any event**.
아마도 내일 너를 만날 것 같지만 어찌 됐든 전화할게.

in behalf of

…을 위하여

He has done his best **in behalf of** his company.
그는 회사를 위하여 최선을 다했다.

He fought **in behalf of** a good cause.
그는 대의명분을 위해 싸웠다.

in case of

…의 경우에는

In case of emergency, press this button.
긴급한 때에는 이 버튼을 누르십시오.

In case of his being absent, wait till he comes back.
그가 없을 경우에는 돌아올 때까지 기다려라.

A/O

B/P

C/Q

D/R

E/S

F/T

G/U

H/V

I/W

J/X

K/Y

L/Z

M

N

in charge of

…을 맡아서, 담당해서; …에 위탁되어

I am **in charge of** the third year class.
나는 3학년 담임이다.

He is **in charge of** the library.
그는 도서관의 책임자이다.

in clear(full) relief

눈에 띄게, 분명히, 뚜렷이

This brought out the truth **in clear relief**.
이것으로 진실이 분명히 드러났다.

The mountain stood out **in clear relief** against the evening sky.
그 산은 저녁 하늘에 뚜렷이 자리 잡고 있었다.

in common

보통으로, 공통으로, 공공으로

We have nothing **in common**.
우리는 공통점이 없다.

Their methods have a lot **in common**.
그들의 방식에는 공통점이 많다.

in company

사람들 앞에서; 동행하여

He was accustomed to speaking **in company**.
그는 사람들 앞에서 말하는 데에 익숙해 있었다.

Parents need to teach their children how to behave **in company**.
부모들은 그들의 아이들에게 사람들 앞에서 행동하는 방법을 가르칠 필요가 있다.

in company with

…와 함께, 동행하여

He came **in company with** a group of boys.
그는 소년들과 동행하여 왔다.

I traveled as far as New York **in company with** my wife.
나는 아내와 함께 뉴욕까지 여행했다.

in comparison with

…와 비교하여

The tallest buildings in London are small **in comparison with** the skyscrapers of New York.
런던의 가장 큰 건물들도 뉴욕의 고층빌딩들과 비교하면 작다.

All your sins are nothing **in comparison with** mine.
너의 모든 죄는 내 죄에 비하면 아무 것도 아니다.

in connection with

…에 관하여, 관련되어

I'm calling **in connection with** the order.
주문에 관하여 전화를 드리는 겁니다.

They say they want to talk to you **in connection with** an unpaid tax bill.
그들이 너에게 미납된 세금 고지서에 관하여 얘기하고 싶다고 말했어.

in consequence of

…의 결과, …인 까닭에, … 때문에

The river flooded **in consequence of** the heavy rainfall.
폭우 때문에 강이 범람했다.

Sea levels rose **in consequence of** global warming.
지구 온난화 때문에 해수면이 상승했다.

in consideration of

…을 고려(참작)하여; …의 보답(보수)으로서

You must pardon him **in consideration of** his youth.
그의 젊음을 고려하여 용서해주어야 합니다.

In consideration of his previous conduct, the boy wasn't punished severely.
그의 이전 선행을 고려하여, 그는 심하게 처벌받지는 않았다.

I give you a small present **in consideration of** your services.
낭신의 공헌에 대한 보답으로 드리는 작은 선물입니다.

in course of

진행 중인, …하는 과정에

The ship is still **in course of** construction.
그 배는 아직 건조 중이다.

You must do it at least two times **in course of** a week.
너는 일주일에 적어도 두 번은 그것을 해야 한다.

in danger

위험에 처한, 위태로운

The doctor says that he is **in danger**.
의사는 그가 위험하다고 말한다.

He drove so fast that I really felt my life was **in danger**.
그는 아주 빠르게 운전했고 나는 정말로 내 목숨이 위태롭다고 느꼈다.

in deep water

몹시 곤란하여, 곤경에 빠져, 어찌할 바를 몰라

Having lost her passport, she is now **in deep water**.
여권을 잃어 버려서 그녀는 지금 곤경에 처해 있다.

The government is **in deep water** over its plans for tax increases.
정부는 세금 증대를 위한 계획에 관해서 어찌할 바를 모른다.

in defence of

…을 변호하여

She spoke **in defence of** her religious beliefs.
그녀는 자신의 종교적 신념을 변론했다.

Hundreds gave their lives **in defence of** freedom.
수백 명이 자유를 지키기 위해 목숨을 바쳤다.

in defiance of

…에도 불구하고, …를 무릅쓰고, …을 무시하고

The houses were erected **in defiance of** all building regulations.
그 집들은 모든 건축 법규를 무시하고 세워졌다.

They went out **in defiance of** a storm.
그들은 폭풍을 무릅쓰고 밖으로 나갔다.

in demand

수요가 있는

That magazine is **in** great **demand**.
그 잡지는 날개 돋친 듯 팔려요.

He was always **in demand** at parties.
그는 언제나 여러 파티에 불려 다녔다.

in despair

절망하여

He was **in despair** at his failure.
그는 실패하여 절망했다.

He gave up the attempt **in despair**.
그는 절망하여 그 계획을 포기했다.

in detail

상세히, 항목마다

There is no time to explain **in detail**.
자세히 설명할 시간이 없다.

I will explain **in detail** later on.
내가 나중에 자세히 설명할게.

in due course

오래지 않아, 당연한 순서를 따라, 사태가 순조로워; 결국

The committee will consider your application **in due course**.
위원회는 당연히 순서를 따라 너의 신청서를 검토할 것이다.

You will receive notification of the results **in due course**.
너는 오래지 않아 결과의 통지를 받을 것이다.

in earnest

진정으로, 진지하게, 본격적으로

He set to work **in earnest**.
그는 진지하게 일 하기 시작했다.

It is raining **in real earnest**.
본격적으로 비가 온다.

in effect

사실상, 실제적으로; 유효한

Her absence was **in effect** a rejection of his proposal.
그녀의 불참은 그의 청혼을 사실상 거절했음을 뜻했다.

This is **in effect** equivalent to a fraud.
이것은 사실상 사기나 다름없다.

The present system will remain **in effect** till the end of June.
현행 제도는 6월말까지 존속한다.

in every direction

사방팔방으로

I searched our for the lost child **in every direction**.
나는 사방팔방으로 실종된 아이를 찾아다녔다.

Flames rose **in every direction**.
불길은 사방팔방으로 치솟았다.

in excess of

···보다 많이, ···을 초과하여

Luggage **in excess of** 100kg will be charged extra.
100kg이 넘는 화물에 추가 요금이 부과된다.

The demand is slightly **in excess of** the supply.
수요가 공급을 약간 초과하고 있다.

in exchange for

···와 교환으로, ···대신에

She is giving me piano lessons **in exchange for** her English classes.
그녀는 내가 영어를 가르쳐 주는 대가로 나에게 피아노를 가르쳐 준다.

He gave me some tomatoes **in exchange for** a life into town.
내가 그를 마을까지 태워다 주어서 그는 나에게 토마토 몇 개를 주었다.

in fact

사실상, 실제로

This painting is **in fact** a forgery.
이 그림은 사실은 위조품이다.

He is, **in fact**, a dishonest man.
그는 실제로 정직하지 않은 사람이다.

A/O

B/P

C/Q

D/R

E/S

F/T

G/U

H/V

I W

J/X

K/Y

L/Z

M

N

in favor of

찬성하여, …에게 유리하게, …을 지지하여

I am **in favor of** the proposition.
나는 그 제안에 찬성했다.

The majority was **in favor of** the proposal.
대부분이 그 제안을 지지했다.

The decision was **in favor of** the defendant.
판결은 피고에게 유리했다.

in force

유효한, 효력 있는, 시행 중인; 대거, 합세하여

The statute remains **in force**.
이 법령은 아직 효력이 남아 있다.

The enemy attacked **in force**.
적은 대거 공격해 왔다.

in full bloom

꽃이 만발하여, 활짝 피어

The apple trees are **in full bloom** at the moment.
지금 사과나무의 꽃이 활짝 피어 있다.

Neither of us has seen a crape myrtle **in full bloom** before.
우리 중 누구도 활짝 핀 백일홍 꽃을 본 적이 없다.

in full swing

한창, 한창 진행 중인, 순조롭게 진행되어, 절정인

The work is **in full swing**.
일이 순조롭게 진행되고 있다.

By midnight the party was **in full swing**.
12시쯤에는 파티가 절정을 이루었다.

in general

대체로, 일반적으로, 대개

In general, the bus is here by 9 a.m.
버스는 대개 오전 9시까지는 이곳에 온다.

In general, he is a satisfactory husband.
그는 대체적으로 나무랄 데 없는 남편이다.

in good health

건강이 좋은

She has been **in good health** recently.
그녀는 최근 건강상태가 좋아지고 있다.

Are you **in good health** these days?
요즘 건강은 괜찮으십니까?

in hand

손에 가지고, 진행 중인, 고려중인

He sat, a pencil **in hand**.
그는 손에 연필을 가지고 앉아 있었다.

The work is now well **in hand**.
일은 순조롭게 진행 중이다.

in haste

급히, 허둥대며, 허겁지겁

He got out of the cab **in haste**, saying, "Keep the change".
그는 "거스름돈은 가지세요."라고 말하며 서둘러 택시에서 내렸다.

They left **in haste**, without even saying goodbye.
그들은 작별 인사조차도 없이 급히 떠났다.

Don't be **in** hot **haste**.
너무 급하게 서두르지 마라.

A/O

B/P

C/Q

D/R

E/S

F/T

G/U

H/V

I/W

J/X

K/Y

L/Z

M

N

in high spirits

신명이 나서, 기분이 좋아서

He is **in high spirits**.
그는 신이 나있다.

We started our journey **in high spirits**.
우리는 신명이 나서 여행을 시작했다.

in honor of

···에 경의를 표하여, ···을 축하하여, 기념하여

This monument was built **in honor of** the founder.
이 기념비는 설립자를 기념하여 세워졌다.

The ceremony was held **in honor of** the Queen's birthday.
그 기념식은 여왕의 탄신을 기념하여 열렸다.

in jest

농담 삼아

Many a true word is spoken **in jest**.
농담 속에 많은 진실이 있다.

I didn't mean what I said, it was only **in jest**.
진담이 아니라, 단지 농담 삼아 한 것 뿐이었어.

in memory of

···의 기념으로서, ···을 잊지 않기 위해서, ···을 추도하여

There was a party **in memory of** Edison's birth.
에디슨의 탄생일을 기념하는 파티가 있었다.

She set up a charitable fund **in memory of** her father.
그녀는 아버지를 추도하여 자선기금을 세웠다.

A/O

B/P

C/Q

D/R

E/S

F/T

G/U

H/V

I/W

J/X

K/Y

L/Z

M

N

in name

명의상으로, 명목상, 이름뿐인

He is a king **in name**, but not in reality.
그는 명목상으로만 왕이지, 실제로는 그렇지 않다.

It has been an island **in name** since the sea level dropped in 1992.
1992년에 해수면이 낮아진 이래로 그것은 명목상으로만 섬이다.

in need

곤경에 처해 있는, 궁핍한

A friend **in need** is a friend indeed.
곤란할 때 돕는 친구가 참다운 친구다.

Our aim is to provide adequate food for those families **in need**.
우리의 목적은 곤경에 처해 있는 세대들을 위해 적당한 식량을 제공하는 것이다.

in need of

…을 필요로 하고 있는

The hat is much **in need of** brushing.
그 모자는 단단히 솔질을 해야겠다.

He is seriously **in need of** medical attention.
그는 중병으로 의사의 치료를 필요로 하고 있다.

in number

숫자상으로; 총계하여, 전부 쳐서

The enemy exceeds us **in number**.
적은 우리보다 숫자상으로 우세하다.

Letters of complaint were surprisingly few **in number**.
불평의 편지들은 숫자상으로 놀랄 만큼 적었다.

in obedience to

…에 순종하여, …에 복종하여

Be **in obedience to** your father's wishes.
네 아버지의 소원에 따르도록 해라.

The child acts **in obedience to** his parents.
그 아이는 부모에게 순종하여 행동한다.

in one's absence

…의 부재중에, …가 없을 때

It happened during **in his absence**.
그 일은 그가 없는 동안에 일어났다.

Your nephew came to see you **in your absence**.
당신 조카가 부재중에 찾아왔었습니다.

in one's best

나들이옷을 입고

She was dressed **in her best**.
그녀는 나들이옷을 입고 있었다.

I went on a picnic **in my best**.
나는 나들이옷을 입고 소풍을 갔다.

in one's face

정면으로, 똑바로, 면전에서, 공공연히

He slammed the door right **in my face**.
그는 내 면전에서 문을 쾅 닫았다.

The sun was shining **in our faces**.
태양은 정면으로 우리의 얼굴을 내리쬐고 있었다.

in one's favor

…에게 유리하게, …의 이익이 되도록, …의 마음에 들어

He stood high in the **teacher's favor**.
그는 선생님의 마음에 쏙 들었다.

I can assure you that chances are **in your favor**.
너에게 유리하게 될 거라고 장담한다.

in one's opinion

…의 소견으로는, …의 생각으로는

In my opinion, permanent peace is nothing but an illusion.
내 생각으로는 영원한 평화는 환상에 불과하다.

Who, **in your opinion**, is the best football player in the world today?
당신의 생각으로는 오늘날 세계에서 가장 훌륭한 축구 선수는 누구입니까?

in one's place

…대신에

Mr. Kim is sick and Mr. Lee teaches **in his place** today.
김 선생님이 아파서 오늘은 이 선생님이 대신 가르친다.

I will attend the meeting **in his place**.
나는 그 대신에 모임에 참석할 거야.

in one's power

…의 힘이 미치는 한, …을 할 능력이 있는

I will do all **in my power**.
할 수 있는 모든 것을 다 하겠다.

It is **in his power** to do what you ask.
그는 네가 부탁한 것을 할 수 있는 능력이 있다.

in one's presence

…의 면전에서

I insist that you refrain from such language **in my presence**.
내 앞에서 그런 말을 하지 않기를 촉구한다.

The shy boy was utterly embarrassed **in her presence**.
그 겁 많은 소년은 그녀 앞에서 아주 당황했다.

in one's senses

제정신으로

Surely you say it **in your senses**?
설마 제정신으로 말하는 건 아니겠지?

He didn't seem to do such a thing **in his senses**.
그가 제정신으로 그런 짓을 한 것 같지는 않았다.

in one's youth

어릴 때에, 청춘 시절에

She was a beauty **in her youth**.
그녀는 젊었을 때 미인이었다.

I was a fairly good football player **in my youth**.
나는 젊었을 때 꽤 훌륭한 축구선수였다.

in order

순서대로, 정돈되어, 순조롭게, 준비가 갖추어져 있는

The books are arranged on the shelves **in alphabetical order**.
책들은 책장에 철자 순서로 정리되어 있다.

The papers are **in order**.
서류가 준비되었다.

Everything seems to be **in order**.
모든 것이 이상이 없는 것 같다.

A/O

B/P

C/Q

D/R

E/S

F/T

G/U

H/V

I/W

J/X

K/Y

L/Z

M

N

in other words

바꾸어 말하면, 즉

In other words, the objective is to avoid losing.
바꾸어 말하면, 목적은 실패를 피하는 것이다.

In other words, he doesn't have the talent to be a poet.
바꾸어 말하자면, 그는 시인이 될 재능이 없다.

in part

부분적으로는, 어느 정도, 얼마간

The accident was due **in part** to my own carelessness.
그 사고는 어느 정도는 나 자신의 부주의함 때문이었다.

The deadline for application is being extended, **in part** because of pressure from the employer.
응모의 마감이 연장된 것은 부분적으로는 고용주의 압력 때문이었다.

in particular

특히, 특별히; 상세히; 하나하나

He mentioned one case **in particular**.
그는 특별히 한 예를 들었다.

I enjoyed **in particular** the singing of her.
나는 특히 그녀의 노래가 좋았다.

in person

몸소, 본인이; (사진 따위가 아니라) 본인이 친히, 실물은

You had better go **in person**.
너 자신이 몸소 가는 것이 좋겠다.

The Prime Minister appeared **in person** at the party.
수상이 친히 그 파티에 나타났다.

She looks better **in person** than on the screen.
그녀는 스크린에서보다 실물 쪽이 더 낫다.

in place of

… 대신에

Use margarine **in place of** butter.
버터 대신에 마가린을 쓰세요.

He ruled **in place of** the king.
그가 국왕을 대신해서 통치했다.

in possession of

(사람이) …을 소유하고 있는

He is **in possession of** the land.
그 사람이 그 토지를 소유하고 있다.

She was found **in possession of** stolen goods.
그녀가 도둑맞은 물건들을 소유하고 있는 것으로 밝혀졌다.

in practice

실제상으로는

I wonder how your theory would work **in practice**.
너의 이론은 실제상으로는 효과가 있을지 모르겠다.

It is not so easy **in practice** as in theory.
그것은 사실상 이론처럼 그렇게 쉽지는 않다.

in private

몰래, 사적으로, 은밀히, 비공식으로

I have a word for you **in private**.
너에게 개인적으로 할 말이 있어.

I knocked on the door and asked if I could talk to her **in private**.
나는 문을 노크하고 그녀에게 사적으로 얘기할 수 있는지 물어 보았다.

in proportion to

…에 비례하여

Energy use increases **in proportion to** the rise in temperature.
에너지 소비량은 기온의 상승에 비례하여 증가한다.

His reputation is not **in proportion to** his greatness.
그는 위대함에 비해 명성은 높지 않다.

in public

공공연히, 사람들 앞에서

Do not wash your dirty linen **in public**.
더러운 속옷을 남 앞에서 빨지 말라(내부의 창피스런 일은 외부에 드러내지
말라).

She doesn't want to be seen **in public**.
그녀는 남들 앞에 나서고 싶어 하지 않는다.

in pursuit of

…을 쫓아서, 추적하여, 추구하여

We are all **in pursuit of** happiness.
우리 모두는 행복을 추구한다.

The police were hot **in pursuit of** him.
경찰은 그를 맹렬히 추적하고 있다.

in question

문제의

The goods **in question** had been stolen.
문제의 상품을 도둑맞았다.

This is the document **in question**.
이것이 문제의 서류이다.

A/O
B/P
C/Q
D/R
E/S
F/T
G/U
H/V
I/W
J/X
K/Y
L/Z
M
N

in regard to

…에 관해서

What is your opinion **in regard to** this subject?
이 주제에 관해서 당신의 의견은 어떻습니까?

You have no choice **in regard to** this matter.
너는 이 일에 대해서는 선택권이 없다.

in relation to

…에 관련하여

You must see the part **in relation to** the whole.
너는 전체에 관련하여 부분을 봐야한다.

Women's earnings are still very low **in relation to** men's.
여성의 임금은 아직도 남성에 대하여 매우 낮다.

in response to

…에 응하여, …에 응답하여

Open the door **in response to** a knock.
노크하면 문을 열어라.

The law was passed **in response to** public pressure.
법은 여론의 압력으로 통과되었다.

in return (for)

(…에 대한) 보답으로; 대신에, 교환으로

I gave him a camera **in return for** his present.
나는 그에게 그의 선물에 대한 보답으로 카메라를 주었다.

He gave us many things **in return for** our service.
그는 우리 봉사의 보답으로 많은 것들을 주었다.

in search of

…을 찾아서

He went up to town **in search of** literary work.
그는 문학 작품을 찾아 도시로 갔다.

We started **in search of** the lost child.
우리는 잃어버린 아이를 찾아서 출발했다.

in secret

비밀리에, 남몰래

He left his country **in secret**.
그는 비밀리에 조국을 떠났다.

Don't do things **in secret**.
일을 몰래 하지 마라.

in short

요약하면, 간략하게 말하자면

The man, **in short**, is not to be trusted.
간단히 말해서 저 남자는 믿음이 가지 않는다.

In short, he is a man of great ability.
요약하면, 그는 대단히 유능한 사람이다.

in sight (of)

눈에 보이는, 기대하여, 접근하여

We came **in sight of** land at dawn.
우리는 새벽에 육지가 보이는 곳에 왔다.

Peace is now **in sight**.
이제 평화는 가까이 와 있다.

in spite of

…에도 불구하고

She started **in spite of** the heavy rain.
그녀는 호우에도 불구하고 출발했다.

In spite of all his assurances, he did not come back.
그렇게 약속을 하고서도 그는 돌아오지 않았다.

in store

(앞으로의 필요를 위해) 저장하여; 준비하여, (앞으로 나타나도록) 마련하여

Let us keep these things **in store** for next spring.
이 물건들은 내년 봄을 위해 저장해 두기로 하자.

I have a surprise **in store** for you.
네가 오면 놀라게 해줄 일이 있어.

No one knows what the future may hold **in store** for us.
우리를 위해 미래가 무엇을 마련하고 있는지 아무도 모른다.

Nothing but humiliation was **in store** for him.
그를 기다리고 있었던 것은 굴욕뿐이었다.

in terms of

…의 관점에서, …의 견지에서, …의 말로

He expressed his idea **in terms of** an action.
그는 행동으로 자신의 생각을 표현했다.

In terms of quality, this is much better.
질적인 면에서 보면 이게 더 나아요.

in the absence of

…이 없어서, …이 없을 때에

In the absence of evidence he was set free.
증거가 없어서 그는 석방되었다.

In the absence of any more suitable candidates, we decided to offer the job to him.
더 적당한 후보자가 없어서, 우리는 그에게 그 일자리를 주기로 결정했다.

in the act of

…을 하고 있는 중에, 막 …하려고 하여

He was found **in the** very **act of** stealing it.
그는 그것을 도둑질하던 현장에서 들켰다.

He was **in the** very **act of** jumping.
그는 막 점프하려던 참이었다.

in the affirmative

긍정적으로

Forty votes were **in the affirmative**, ten in the negative.
40표는 찬성, 10표는 반대였다.

I don't take the criticism **in the affirmative**.
나는 그 비판을 긍정적으로 받아들이지는 않는다.

in the beginning

맨 처음에, 최초에는

In the beginning, of course, all babies are alike.
물론 처음에는 모든 아기들이 비슷비슷하다.

I found the job difficult **in the beginning**, but soon got used to it.
처음에는 그 일이 어려웠지만, 나는 곧 익숙해졌다.

in the cause of

…을 위하여

They worked **in the cause of** charity.
그들은 자선단체를 위하여 일했다.

He has done much **in the cause of** democracy.
그는 민주주의를 위하여 많은 일을 해왔다.

A/O
B/P
C/Q
D/R
E/S
F/T
G/U
H/V
I/W
J/X
K/Y
L/Z
M
N

in the course of

(…하는) 동안에

He was dozing **in the course of** our conversation.
우리가 대화하는 동안 그는 졸고 있었다.

I finished my homework **in the course of** the next twelve hours.
나는 그로부터 12시간 안에 숙제를 끝마쳤다.

in the depth of

…의 깊숙이

The treasures had been hidden **in the depth of** the sea.
그 보물들은 바다 깊숙이 숨겨져 있었다.

He was **in the depth of** despair about losing his job.
그는 직업을 잃은 데 대해 깊은 절망에 빠져 있었다.

in the direction of

…의 방향으로

The suspects were last seen heading **in the direction of** Miami.
용의자들은 마지막으로 마이애미 방향으로 향하는 것이 목격되었다.

She suddenly ran **in the direction of** the crowd.
그녀는 갑자기 군중 쪽을 향해서 달렸다.

in the distance

멀리, 먼 곳에

A spite was seen **in the distance**.
저 멀리 첨탑이 보였다.

We perceived a dim shape **in the distance**.
우리는 멀리 희미한 형체 하나를 알아차렸다.

in the end

나중에는, 최후에, 결국, 드디어

In the end they reached a place of safety.
드디어 그들은 안전한 곳에 도착했다.

So you see I was right **in the end**.
결국 너는 내가 옳았다는 걸 알겠지.

in the event of

…의 경우에는, …일 때에는

In the event of fire, don't use the elevator.
화재 시에는 승강기를 타지 마시오.

In the event of his not coming, let us start leaving him behind.
그가 오지 않을 경우에, 그를 뒤에 남겨 두고 출발하자.

in the face of

…의 앞에서, …과 직면하여; …을 무릅쓰고, …에도 불구하고

He was for the first time **in the face of** the sea.
그는 처음으로 바다 앞에 섰다.

She did so **in the face of** her mother's refusal.
그녀는 어머니의 거절에도 불구하고 그렇게 했다.

in the first place

첫 번째로, 우선, 맨 먼저

You must read the book **in the first place**.
너는 첫 번째로 그 책을 먼저 읽어야 한다.

Let's begin with correcting the error **in the first place**.
우선 실수를 고치는 것부터 시작하자.

A/O
B/P
C/Q
D/R
E/S
F/T
G/U
H/V
I/W
J/X
K/Y
L/Z
M
N

in the future

장래에, 언젠가, 장차

In the future we will be using a much more sophisticated computer system.
장차 우리는 훨씬 더 복잡한 컴퓨터 시스템을 사용하게 될 것이다.

If you do not study hard, you will regret in the future.
너는 열심히 공부하지 않으면 훗날에 후회할거야.

in the habit of

…하는 버릇이 있다

He's in the habit of switching on the TV as soon as he gets home.
그는 집에 오자마자 TV를 켜는 버릇이 있다.

I am in the habit of scratching my nose.
나는 코를 긁적이는 버릇이 있다.

in the heyday of

한창때에, 전성기에

He is in the heyday of health.
그는 혈기왕성한 때이다.

The dictator was in the heyday of his power.
그 독재자는 권력의 절정에 있었다.

in the light of

…에 비추어, …으로서, …처럼, …의 견지에서

It is unavoidable in the light of circumstances.
상황을 보아 그것은 불가피하다.

Please consider this matter in the light of present market conditions and assist us with more workable terms of business.
현 시장의 상황에 비추어서 이 문제를 숙고하시어 더 거래하기 쉬운 조건으로 도와주시기 바랍니다.

in the long run

긴 안목으로 보면, 결국은

Honesty pays **in the long run**. 정직함은 결국 이득이 된다.
My mother always told me that **in the long run** I would be glad
I didn't give up the piano.
어머니는 늘 내가 결국은 피아노를 포기하지 않은 것을 기뻐하게 될 것이라고 내
게 말씀하셨다.

in the main

대개는, 대체로, 주요한 점에서는, 전체적으로

The results were, **in the main**, satisfactory.
결과는 대체적으로 나무랄 데가 없었다.

Her fellow students were **in the main** from wealthy backgrounds.
그녀의 동급생들은 대체로 부유한 배경 출신이었다.

in the making

만들어지고 있는, 미완성 상태의

His book was 20 years **in the making**.
그의 책은 20년 째 미완성인 상태에 있다.

In this country civilization is still **in the making**.
이 나라의 문화는 아직도 미완성 상태에 있다.

in the name of

…의 이름으로, …의 권위로, …의 이름을 걸고, 도대체

He bought the house **in the name of** his son.
그는 아들의 명의로 그 집을 샀다.

Stop! in the King's name. 멈추어라! 어명이다.
I am speaking **in the name of** Mr. Brown.
나는 브라운 씨의 대리로서 이야기하고 있다.

What **in the name of** goodness are you doing?
도대체 무엇을 하고 있는 거지?

in the negative

부정적으로, 거절하는

The answer is **in the negative**.
부정합니다. -의회 용어

His reply will be **in the negative**. 그의 대답은 거절일 것이다.

in the presence of

…의 면전에서, …에 직면하여

It is rude to yawn **in the presence of** others.
다른 사람들 앞에서 하품하는 것은 실례다.

We act tongue-tied **in the presence of** an American.
미국 사람 앞에만 서면 혀가 굳어버린다.

He was calm **in the presence of** danger.
그는 위험에 직면하여도 태연했다.

in the right

옳은

Both sides are convinced that they are **in the right**.
양측은 그들이 옳다고 확신하고 있다.

Do you think that you are **in the right**?
네가 옳다고 생각하니?

in the rough

미가공인 상태로, 원래 상태인 채로, 난잡하게, 어림잡아

Our plans are **in the rough**.
우리의 계획안은 아직 충분히 다듬어지지 않았다.

He's the diamond **in the rough**.
그는 가공되지 않은 다이아몬드이다. 장래가 유망하다.

It's true **in the rough**.
대체로 옳은 말이다.

in the shade

그늘에서

The man took a rest **in the shade** of a shrine.
그 남자는 성당의 그늘에서 잠깐 쉬었다.

I fell asleep **in the shade** of a big tree.
나는 큰 나무 그늘에서 잠이 들었다.

in the thick of

한창 때에

He hopes to be back **in the thick of** the action as soon as possible.
그는 될 수 있으면 한창 활동 중일 때로 돌아가고 싶어한다.

A policeman appeared **in the thick of** the fray.
싸움이 한창일 때에 경찰관이 나타났다.

in the wake of

…을 뒤따라서, …을 본받아, …의 결과로서

Famine followed **in the wake of** the drought.
가뭄의 결과로서 기근이 뒤따랐다.

Great miseries followed **in the wake of** the war.
전쟁이 끝난 뒤에 큰 불행이 뒤따랐다.

in the way of

…으로서, …에 있어서, …에 유리하게, …을 할 수 있도록

I'll put you **in the way of** making a fortune.
네가 재산을 모을 수 있게 해 주마.

What have we **in the way of** food?
먹을 것으로는 무엇이 있나?

in the wind

진행 중에, 임박해 있는, 일어날 듯한, 낌새가 있어

There is something **in the wind**.
무슨 일이 일어날 낌새다.

A swift change was **in the wind**.
급속한 변혁이 당장 일어날 듯했다.

in the world

(부정문에서) 조금도, 전혀; (의문문에서) 도대체

Who **in the world** is that fellow?
저 녀석은 도대체 누군가?

What **in the world** are you doing here at seven in the morning?
아침 7시에 여기에서 도대체 무엇을 하고 있는 거냐?

I had nothing **in the world** to do.
할 일이 전혀 없었다.

in the wrong

틀려서, 잘못하여, 그릇되어

According to the evidence, there is no doubt he is **in the wrong**.
그 증거에 의하면 그가 잘못이라는 것은 의심할 여지가 없다.

Which driver was **in the wrong**?
어느 쪽의 운전사가 잘못했습니까?

in the(one's) way

…의 길을 막고, 방해가 되어

Tell him not to get **in the way**.
그에게 방해하지 말라고 전해 주시오.

He tried to help us but was simply **in the way**.
그는 우리를 도와주려 했으나 방해만 될 뿐이었다.

in this connection

이것에 관련하여, 말이 나온 김에

You must say a few words **in this connection**.
너는 이것에 관련하여 몇 마디 해야 한다.

I have something to tell you **in this connection**.
이것과 관련해서 너에게 전할 말이 있어.

in time

머지않아, 조만간, 장차; 시간에 늦지 않게, 시간 안에

Don't worry, I'm sure things will get better **in time**.
걱정 마, 조만간 일이 잘 될 거라고 확신해.

You are sure to succeed in the work **in time**.
너는 언젠가는 그 일에서 틀림없이 성공한다.

They will be there **in time**.
그들은 시간 안에 거기 도착할 것이다.

in token of

…의 표시로, …의 증거로

I sent him a present **in token of** gratitude.
나는 감사의 표시로 그에게 선물을 보냈어요.

They bowed their heads **in token of** respect for him.
그들은 그에 대한 존경의 표시로 머리를 숙였다.

in touch with

…와 접촉을 하는

We have keep more **in touch with** world developments.
우리는 세상의 발전에 뒤떨어지지 않아야 한다.

A newspaper keeps us **in touch with** the world.
신문은 우리에게 세계의 소식을 알려준다.

in trouble

불행하여, 비참하여; 고민하여, 난처하여

He is **in trouble** all the time.
그는 늘 곤경에 처해 있다.

She comes to my assistance whenever I am **in trouble**.
그녀는 어려울 때마다 나를 도와준다.

in turn

차례로; 이번에는 …의 편에서

I'll hear each one of you recite the passage **in turn**.
너희가 한 사람씩 차례대로 그 구절을 암송하는 것을 들어보자.

Each one told his story **in turn**.
각자 차례로 자신의 이야기를 했다.

in vain

헛되이, 쓸데없이, 효과 없이; 함부로, 불경스럽게

We tried to stop him, but **in vain**.
우리가 그를 말리려고 했으나 허사였다.

She waited **in vain** for her friends.
그녀는 친구들을 기다렸으나 헛일이었다.

All my efforts turned out to be **in vain**.
나의 모든 노력이 헛수고로 돌아갔다.

in view of

…이 보이는 곳에; …을 고려하여, … 때문에

We came **in view of** the tower.
우리는 탑이 보이는 곳에 왔다.

Schools were closed for the day **in view of** the heavy snow storm.
심한 눈보라 때문에 학교는 그날 휴교했다.

O/o

of a kind

같은 종류(성질)의, 그렇고 그런, 이름뿐인

They are all **of a kind**.
그들은 모두 똑같은 무리이다.

He is a gentleman **of a kind**.
그는 도무지 신사라고 말할 수 있는 사람이 아니다.

of an age

나이가 같은

They are all **of an age**. 그들은 모두 나이가 같다.
My youngest uncle is **of an age** with me.
나의 막내 삼촌은 나와 나이가 같다.

of late

요즈음, 최근에

The days have been getting colder **of late**.
요즈음 나날이 추워지고 있다.

I've been rather ill **of late**. 최근에 어쩐지 몸이 불편하다.

of no account

중요하지 않은

Don't worry about what he said, it's **of no account**.
그가 한 말을 걱정하지 마라, 그건 중요하지 않다.

It's **of no account** to me whether he comes or not.
그가 오는 지 안오는 지는 내게 중요하지 않다.

II_ 필수 숙어 **299**

of one's own accord

자진하여, 자발적으로, 자연히, 저절로

He left the meeting **of his own accord.**
그는 자진하여 모임을 떠났다.

The door shut **of its own accord.**
문이 저절로 닫혔다.

of one's word

약속을 지키는

I am a man **of my word.**
나는 약속을 잘 지키는 사람이야.

You can trust him, he's a man **of his word.**
너는 그를 믿어도 돼, 그는 약속을 잘 지키는 사람이야.

of set purpose

의도적으로, 일부러, 고의로

The waitress broke the dish **of set purpose.**
여종업원은 고의로 접시를 깨뜨렸다.

She thinks I did it **of set purpose.**
그녀는 내가 일부러 그렇게 했다고 생각한다.

on (a) charge of

···의 죄로, 혐의로

He has been arrested **on a charge of** murder.
그는 살인죄로 체포되었다.

She was arrested **on a charge of** burglary.
그녀는 강도죄로 체포되었다.

on (the) average

평균하여, 평균적으로

On average men smoke more cigarettes than women.
평균적으로 남성이 여성보다 더 담배를 많이 피운다.

These parcels weigh two pounds on average.
이 소포들의 무게는 평균 2 파운드이다.

on (the) top of

…의 위에, …에 곧 뒤이어, …에 더하여, …이외에

Put this on top of that.
이것을 그 위에 올려놓아라.

On top of everything else, he's musician as well.
그는 거의 못 하는 일이 없고, 게다가 음악도 잘한다.

We missed the train, and on top of that we had to wait for two
hours for the next one.
우리는 기차를 놓쳤다. 게다가 다음 열차를 두 시간 동안 기다려야 했다.

on a sudden

갑자기

On a sudden the sky became dark and it started to pour.
갑자기 하늘이 어두워지고 비가 쏟아지기 시작했다.

On a sudden she found herself in a dark forest.
갑자기 그녀는 자신이 어두운 숲 속에 있는 것을 알았다.

on account of

… 때문에

On account of his failure in business he is worse off now.
그의 사업 실패 때문에 지금 그는 더욱 가난하다.

I was delayed on account of the weather.
날씨 때문에 늦었다.

on all fours

네 발로 기어; 꼭 부합하여, 일치하여

He was down **on all fours** on the ice.
그는 얼음 위에서 네 발로 기어다녔다.

The two accounts are not **on all fours**.
두 보고서는 꼭 일치하지는 않는다.

on all sides

사방에, 도처에

There are mountains **on all sides**.
온 사방에 산이 있다.

They were surrounded **on all sides** by curious children.
그들은 사방에 호기심 있는 어린아이들로 둘러싸였다.

on behalf of

…을 대표하여, 대신하여

He's come **on behalf of** his father.
그의 아버지를 대신하여 그가 왔다.

On behalf of the company, I welcome you.
회사를 대표하여 당신을 환영합니다.

on board

선상에, 배 안에, 차내에, 비행기에

The passengers are all **on board** ship.
승객들은 이제 모두 배에 탔다.

Dinner will be served **on board** the plane.
기내에서는 식사가 제공된다.

on business

상용으로, 볼일이 있어

My father went to Busan **on business**.
아버지는 볼 일이 있어 부산에 가셨어요.

I'm here **on business**.
난 일 때문에 여기에 온 겁니다.

on duty

당번으로, 근무 시간 중인

He's **on duty** now.
그분은 지금 근무 중 이십니다.

What time are you **on duty** tomorrow?
내일 몇 시에 당번입니까?

on earth

(의문, 부정의 강조) 도대체, 도무지

What **on earth** is the matter here?
도대체 이게 어떻게 된 일이니?

It is no use **on earth**.
그것은 도무지 아무짝에도 소용이 없다.

on fire

불타고 있는

If your home was **on fire** and you could save only one thing, what would it be?
만약 당신의 집이 불타고 있고 당신은 오직 한 가지만 구할 수 있다면, 무엇을 구할겁니까?

The house is **on fire**!
집이 불타고 있어요!

on hand

소유하여, 수중에 있는, 임박해서, 부담이 되어, 주체하기 어려워

A large stock is kept constantly **on hand**.
재고품은 언제나 풍부하게 유지하고 있다.

I have no cash **on hand**.
나는 수중에 현금이 없다.

The nurse will be **on hand** if you need her.
간호사는 네가 필요하면 가까이 있을 것이다.

on no account

결코 …않다, 어떤 사정이 있어도 …않다

On no account must you tell him about our plans.
어떤 일이 있어도 그에게 우리의 계획을 말해서는 안 된다.

On no account are you to touch it with the hand.
어떤 이유에서든 그것에 손을 대서는 안 된다.

on one's back

반듯이

They lay **on their backs** and gazed at the sky.
그들은 반듯이 누워 하늘을 바라보았다.

Harry spent six weeks **on his back** after his car accident.
해리는 자동차 사고 후에 누워서 6주를 보냈다.

on one's behalf

…을 위하여, …을 편들어(변호하여) (representing, instead of someone)

She wrote a letter **on his behalf**.
그녀는 그를 변호하는 편지를 썼다.

Please speak **on my behalf** to the director.
내 대신 감독님께 말해 줘.

on one's guard

경계하여, 조심하여

Be **on your guard** against pickpockets.
소매치기에 조심하십시오.

You must be **on your guard** against swindlers.
사기꾼들을 조심해야 한다.

on one's heels

남의 바로 뒤를 쫓아서

The gang were **on his heels**.
폭력단이 그의 바로 뒤를 쫓았다.

Don't follow **on my heels**.
내 바로 뒤를 따라오지 말아라.

on one's honor

…의 명예를 걸고, 맹세코

The children were **on their honor** to go to bed at ten o'clock.
아이들은 맹세코 10시에 잠자리에 들겠다고 했다.

I didn't tell a lie **on my honor**.
맹세코 나는 거짓말을 하지 않았다.

on one's knees

무릎을 꿇고

He went down **on his knees** in front of the altar.
그는 제단 앞에서 무릎을 꿇었다.

I got down **on my knees** and I pretend to pray.
나는 무릎을 꿇고 기도하는 척 했다.

A/O
B/P
C/Q
D/R
E/S
F/T
G/U
H/V
I/W
J/X
K/Y
L/Z
M
N

on one's own account

독립하여, 자기 스스로, 자비로, 혼자 힘으로

He decide to do a little research **on his own account**.
그는 혼자 힘으로 약간의 조사를 하기로 결심했다.

She brought up her five children **on her own account**.
그녀는 자기 스스로 다섯 명의 아이를 길렀다.

on one's part

…의 편에서는, …쪽에서, …에 관해서는, …로서는

There has never been any jealousy **on my part**.
나로서는 결코 질투는 하지 않았다.

It was bad judgement **on your part**.
그건 당신 쪽에서 판단을 잘못한 것이었어요.

on purpose

고의로, 일부러; (…할) 목적으로(to~)

I'm sorry I broke the glass, I didn't do it **on purpose**.
컵을 깨뜨려서 죄송해요, 고의로 그런 게 아닙니다.

He says such a thing **on purpose** to annoy me.
그는 나를 괴롭히려고 고의로 그런 말을 한다.

I have dropped in **on purpose** to congratulate you.
축하 말씀을 드리려고 들렀습니다.

on sale

팔려고 내놓은

These are **on sale** everywhere.
이것들은 어디서나 팔고 있다.

Stephen King's new novel will go **on sale** next week.
스티븐 킹의 새 소설이 다음 주 판매에 들어갈 것입니다.

on second thoughts

다시 생각하여, 고쳐 생각하고

I'd like a cup of coffee, please. **On second thoughts**, I'll have a beer.
커피 주세요. 아니 생각을 바꿨어요. 맥주로 할게요.

On second thoughts, I'd better go home now.
다시 생각해보니, 지금 집에 가는 게 낫겠어요.

on the air

방송되어, 방송 중에

Is that radio program still **on the air**?
그 라디오 프로는 아직 방송되고 있는가?

I'll go **on the air** tonight.
나는 오늘 저녁 방송에 나올 예정이다.

on the alert

경계하여, 방심 않고

Be **on the alert** for pickpockets in the crowds.
군중 속에서 소매치기들을 경계해라.

The police are **on the alert** for any suspicious packages that might contain bombs.
경찰은 폭탄이 들어있을 가능성이 있는 수상한 짐에 대해서도 방심하지 않고 있다.

on the brink of

…의 직전에, …에 다다른

He was **on the brink of** ruin.
그는 막 파산 직전이었다.

She was **on the brink of** tears.
그녀는 금방이라도 울음을 터뜨릴 것 같았다.

on the contrary

반대로, 오히려, 그렇지 않고

You think me idle, but **on the contrary** I am very busy.
너는 내가 한가하다고 생각하지만, 오히려 나는 매우 바쁘다.

Here is warm, **on the contrary**, there is cold.
여기는 따뜻한데 반대로 저기는 춥다.

on the decline

아래를 향하여, 내리받이로

Our income has been **on the decline** for years.
우리들의 수입은 지난 몇 년 동안 줄어들고만 있다.

Home cooking seems to be **on the decline**.
가정에서의 요리가 감소하고 있는 듯하다.

on the ground of

…을 이유(근거)로

His theory stands **on the ground of** superior evidence.
그의 이론이 보다 나은 증거를 가지고 있다.

He resigned **on the ground of** illness.
그는 병을 이유로 사직했다.

on the increase

증가하고

Juvenile delinquency is **on the increase** at a rapid pace.
청소년 비행이 급속도로 증가하고 있다.

Homeless is **on the increase** in many cities.
많은 도시에서 노숙자가 증가하고 있다.

A/O

B/P

C/Q

D/R

E/S

F/T

G/U

H/V

I/W

J/X

K/Y

L/Z

M

N

on the other hand

이에 반하여, 또 한편으로는, 다른 면에서 생각하면

He is claver, but **on the other hand** he makes many mistakes.
그는 영리한 반면에 실수를 많이 저지른다.

I want to sell the house, but **on the other hand** I can't bear the thought of moving.
집을 팔고는 싶지만 또 한편으로는 이사를 해야 한다는 생각을 참을 수 없다.

on the part of

…의 편에서, …쪽(측)에서, …에 관한, …로서는

There was no object **on the part of** shareholders.
주주 측에서는 아무런 이론도 없었다.

It resulted in less wild driving **on the part of** young people.
그 결과 젊은 사람들의 난폭한 운전이 줄어들었다.

It was a mistake **on the part of** her.
그녀에 관해서는 그것이 실수였다.

on the point of

…하려는 찰나에, 이제 막 …하려고 하는

He was **on the point of** going. 그는 나가려는 참이었다.
We were **on the point of** telephoning him when his telegram arrived.
이쪽에서 전화를 하려던 참에 그의 전보가 왔다.

on the right(the better, the bright, the sunny, hither) side of

…살을 넘지 않는; …에게 사랑 받아, 각별한 보살핌을 받아
≠ on the wrong(the shady, the thither) side of

She is **on the right side of** her mother.
그녀는 어머니의 귀염을 받고 있다.

His grandfather was still **on the right side of** seventy.
그의 할아버지는 아직 70고개를 넘지 않았다.

on the side

따로, 덤으로, 별도로, 부업으로

He has another woman **on the side**.
그에게는 따로 첩이 있다.

The professor runs a restaurant **on the side**.
그 교수는 부업으로 식당을 경영하고 있다.

on the side of

…의 편에

I am **on the side of** the poor.
나는 가난한 사람들 편에 있다.

on the sly

몰래, 은밀히, 살그머니, 남모르게

They'd been seeing each other **on the sly** for months.
그들은 몇 달 동안 은밀히 만나오고 있었다.

He drives his mother's car **on the sly** while she's out at work.
그는 엄마가 직장에 나간 사이 몰래 그녀의 차를 운전한다.

on the spot

그 자리에서, 즉석에서; 그 현장에, 현지에서

The doctor was **on the spot** in five minutes.
의사는 5분 후에 현장에 도착했다.

They were all slain **on the spot**.
그들은 모두 그 자리에서 살해되었다.

on the verge of

…의 직전에, 막 하려고 하는

The couple was **on the verge of** breaking up.
그 부부는 이혼 직전까지 가 있었다.

I was **on the verge of** tears.
하마터면 눈물을 흘릴 뻔했어요.

on the watch for

…을 경계하여, …을 기다리는, …에 신경을 쓰고 있는

Be **on the watch for** the automobiles when you cross the street.
거리를 횡단할 때는 자동차를 잘 살펴라.

He has been **on the watch for** you for three hours.
그는 세 시간이나 너를 기다리고 있었다.

on the whole

대체로, 전체적으로

His work has been satisfactory, **on the whole**.
그의 일은 전체적으로는 더할 나위 없었다.

On the whole I prefer to listen to classical music.
나는 대체로 클래식 음악을 듣는 것을 더 좋아한다.

on the(one's) way

도중에, (…하는) 도중에, 진행 중인, 다가오는

They were **on their way** to meet their new teacher.
그들은 새로 오는 선생님을 마중 가는 길이었다.

I was caught in a shower **on my way** to school.
학교로 오는 길에 소나기를 만났다.

Christmas is **on the way**. 크리스마스가 다가온다.

A/O
B/P
C/Q
D/R
E/S
F/T
G/U
H/V
I/W
J/X
K/Y
L/Z
M
N

on time

정각에, (분할 지불 등) 지정 기간 내 지불의; 적절한

Be here tomorrow **on time**. 내일 정각에 여기 와라.
She was **on time** to the minute. 그녀는 1분도 어김없이 시간을 지켰다.
I bought the piano **on time**. 피아노를 할부로 샀다.
That remark was **on time**. 그 말은 적절했다.

on tiptoe

발끝으로, 발돋움하여; 크게 기대하여; 신이 나서; 몰래

I am waiting for my birthday **on tiptoe** with excitement.
나는 내 생일을 가슴 설레며 기다리고 있다.

They were **on tiptoe** for the fight to begin.
그들은 싸움이 시작되기를 눈이 빠지게 기다렸다.

I stood **on tiptoe** and tried to see over the wall.
나는 발돋움하여 서서 담 너머를 보려고 애썼다.

out of breath

숨을 헐떡이고, 숨이 차서

He was **out of breath** after running from the station.
그는 역에서부터 달려오느라 숨이 찼다.

She burst into the room, red-faced and **out of breath**.
그녀는 벌건 얼굴에 숨을 헐떡이며 방으로 후닥닥 들어갔다.

out of danger

위험에서 벗어난

Out of debt, **out of danger**.
빚이 없어지면 위험도 없어진다. (속담)

The patient is now **out of danger**.
환자는 이제 위험에서 벗어났어요.

out of date

낡은, 시대에 뒤떨어진, 구식인

Your dictionary's terribly **out of date**.
네 사전은 정말 구식이구나.

The old gentleman was **out of date**.
그 노인은 시대에 뒤떨어졌다.

out of one's mind

미쳐서

I was half **out of my mind**.
전 반쯤 정신이 나갔었어요.

She must be **out of her mind** to marry him.
그와 결혼하다니, 그녀는 미친 게 틀림없어.

out of order

고장 난, 흐트러져 있는

Our refrigerator is **out of order**.
우리 집 냉장고가 고장 났다.

My stomach is **out of order**.
위의 상태가 좋지 않다.

out of place

잘못 놓인, 제자리에 있지 않는, 어울리지 않는, 부적당한

I felt completely **out of place** among all those smart rich people.
나는 그 모든 똑똑하고 부유한 사람들 사이에서 철저하게 어울리지 않는다고 느꼈다.

Your remarks are rather **out of place**.
너의 의견은 다소 부적절해.

out of question

틀림없이, 의심할 여지없이, 분명히, 확실히

Out of question, he ought to have the position.
의심할 여지없이, 그가 그 지위를 차지해야 한다.

Marilyn was, **out of question**, a very beautiful woman.
메릴린은 확실히 매우 아름다운 여자였다.

out of reach

미치지 않는, 이해의 범위를 벗어난

Put the matches **out of reach** of children.
성냥은 아이들 손이 닿지 않는 곳에 두어라.

Now we are **out of reach** of the danger.
이제 우리는 위험을 면했다.

out of shape

모양이 엉망이 되어; (건강 따위가) 나빠서

My hat is **out of shape** after the rain.
내 모자는 비를 맞아서 모양이 엉망이 되었다.

He is badly **out of shape**.
그는 몸의 상태가 아주 나빠져 있다.

out of sight

안 보이는 곳에; 멀리에, …에 손이 미치지 않는

Out of sight, out of mind.
멀리 있는 사람은 마음도 멀어진다.

The ship was soon **out of sight**.
배는 이윽고 보이지 않게 되었다.

out of the question

불가능한, 생각지도 못할, 문제 밖의

Retract was **out of the question**.
후퇴는 불가능했다.

His proposal is **out of the question**.
그의 제안은 고려할 가치가 없다.

out of the way

방해가 되지 않도록

Get **out of the way**.
방해가 되지 않게 비켜라.

Get this flower vase **out of the way**.
방해가 되지 않도록 이 꽃병을 치워라.

out of touch with

…와 접촉하지 않고

He is **out of touch with** public opinion.
그는 여론과 접촉을 하지 않고 있다.

I'm really **out of touch with** what's been happening.
나는 무슨 일이 일어나고 있는지 전혀 접촉하지 않고 있어요.

out of tune

가락이 맞지 않아, 조화하지 않고; (남과) 사이가 나빠서

That old piano's completely **out of tune**.
저 오래된 피아노는 완전히 가락이 맞지 않아요.

Many politicians are totally **out of tune** with the needs of ordinary people.
많은 정치인들이 일반 사람들의 요구에 전혀 조화하지 못한다.

A/O
B/P
C/Q
D/R
E/S
F/T
G/U
H/V
I/W
J/X
K/Y
L/Z
M
N

over the radio

라디오로

They were able to send a message back to shore **over the ship's radio**.
그들은 배의 라디오를 통해서 해안에 메시지를 되돌려 보낼 수 있었다.

I heard the news **over the radio**.
라디오로 그 뉴스를 들었다.

T/t

(for) this once

이번만은

You may do so **for this once**.
이번만은 그렇게 해도 좋다.

Listen to me **for this once**.
이번만은 내 말을 들어줘.

to a degree

매우, 상당히, 꽤, 몹시; 다소, 약간

It is hot **to a degree**.
매우 덥다.

I agree with you **to a degree**.
어느 정도는 너의 의견에 찬성한다.

to a hair

한 치의 어김도 없이, 조금도 틀리지 않고, 정확하게

Examine this matter **to a hair**.
이 성분을 정확하게 조사해.

That imitation is alike to with a real stuff **to a hair**.
이 모조품은 진짜와 조금도 틀리지 않고 닮았다.

to all appearance(s)

어느 모로 보나, 아무리 보아도

He was, **to all appearance**, a respectable, successful businessman.
그는 어느 모로 보나 존경받을 만한 성공한 사업가였다.

To all appearances he doesn't work hard.
아무리 보아도 그는 열심히 일을 하지 않는다.

to excess

과도하게, 지나치게

He is generous **to excess**.
그는 지나치게 인심이 좋다.

Don't drink **to excess**.
과음하지 마세요.

to no end

헛되이

He tried to obtain it, but **to no end**.
그는 그것을 얻기 위해 노력했으나, 헛된 일이었다.

He spent much money **to no end**.
그는 많은 돈을 헛되이 써버렸다.

to no purpose

헛되이, 아무 효과도 없이

I argued with him not to go, but **to no purpose**.
나는 그를 보내지 않으려고 그와 논쟁했지만 별 효과가 없었다.

All the doctors' efforts to save his life turned out to be **to no purpose**.
그의 목숨을 구하려는 모든 의사들의 노력은 결국 허사가 되었다.

to one's advantage

…에 유리하게, …에 편리하게

The agreement is **to our advantage**.
그 합의는 우리에게 유리하다.

It would be **to your advantage** to agree to his demands.
그의 요구를 수락하는 것은 너에게 득이 될 것이다.

to one's face

…의 면전에서, 공공연히, 노골적으로, 조금도 거리낌 없이

He told me **to my face** that he did not like me.
그는 내 면전에서 내가 싫다고 말했다.

I don't like the plans but I find it hard to tell him **to his face**.
나는 그 계획이 마음에 들지 않지만 그에게 공공연히 말하기는 어려운 것 같다.

to one's heart's content

마음껏, 실컷, 흡족하게

It's the weekend, so you can sleep **to your heart's content**.
주말이니까 너는 실컷 자도 좋아.

We sang away **to our heart's content**.
우리는 마음껏 노래하며 지냈다.

to one's knowledge

자기가 아는 한, 듣고 있는 바로는

To our knowledge the chemicals which were found are not dangerous.
우리가 아는 한 발견된 화학물질은 위험하지 않다.

No one touched the papers, **to my knowledge**.
내가 아는 한 아무도 서류에 손대지 않았어요.

to one's liking

…의 기분(기호, 취양)에 맞게

I hope the food is much **to your liking**.
음식이 당신의 입맛에 맞길 바랍니다.

The servant was not **to my liking**.
그 하인은 내 마음에 들지 않았다.

to one's satisfaction

만족스럽게, 만족하도록, …의 직성이 풀릴 때까지

Was the dinner **to your satisfaction**?
식사가 만족스러웠습니까?

We are confident they will explain everything **to your satisfaction**.
우리는 여러분이 만족하실 수 있도록 그들이 모든 것을 설명 드릴 것으로 확신합니다.

He has proved his case **to my satisfaction**.
그는 내가 만족할 만한 자기의 주장을 입증했다.

to one's taste

마음에 들어, 취향에 맞아; 취향에 맞도록

That music is not **to my taste**.
그 음악은 나의 취향에 맞지 않는다.

She had the whole house redecorated **to her taste**.
그녀는 집 전체를 자신의 취향에 맞도록 꾸몄다.

to some(a certain) extent

어느 정도까지

The mayor will compromise **to some extent**.
시장은 어느 정도는 타협할 것이다.

To some extent, she was responsible for the accident.
어느 정도까지는 그녀가 사고에 책임이 있다.

to the contrary

그것과 반대로, 그렇지 않다는, 그와 반대의

Unless you hear **to the contrary**, it is true.
그렇지 않다는 말이 없으면 그것은 사실일 것이다.

I have nothing to say **to the contrary**.
나는 아무런 이의가 없다.

to the day

하루도 어김없이, 정확히

She died ten years ago **to the day**.
그녀는 정확히 10년 전에 죽었다.

It's two years **to the day** since we moved here.
우리가 여기에 이사 온 이래로 정확히 2년이다.

to the effect (that)

…라는 취지로, …라는 목적으로

He spoke **to the effect that** he would have done with her.
그는 그녀와는 손을 끊겠다는 뜻의 말을 했다.

They said something **to the effect that** they would have to change jobs if the situation continued.
그들은 그 상황이 계속된다면 직업을 바꿔야한다는 취지로 무엇인가를 말했다.

to the full

충분히, 최대한으로, 마음껏

To appreciate this opera **to the full**, you should read the story first.

이 오페라를 최대한으로 감상하기 위해서, 너는 줄거리를 먼저 읽어야 한다.

Today is my birthday, so let's enjoy the evening **to the full**.

오늘은 내 생일이니 저녁을 마음껏 즐기자.

to the letter

글자 그대로, 엄밀히, 정확히

If you follow these instructions **to the letter** you will succeed in this task.

만약 네가 이 지시들을 엄밀히 따른다면 이 일에서 성공할 것이다.

His orders were carried out **to the letter**.

그의 명령은 엄정하게 수행되었다.

to the minute

⋯정각에, 정확히 제 시간에

The ship set sail at five o'clock **to the minute**.

그 배는 정각 5시에 출범했다.

She died exactly when I was born, **to the minute**.

그녀는 일분의 차도 없이 제가 태어나자 돌아가셨어요.

to the point

적절한, 요령 있는, 딱 맞는

The message was short and **to the point**.

그 전보는 짧고 적절했다.

Your answer is not **to the point**.

너의 대답은 요점에서 벗어나 있다.

A/O
B/P
C/Q
D/R
E/S
F/T
G/U
H/V
I/W
J/X
K/Y
L/Z
M
N

U/u

under age

미성년인

The regulations rule out anyone **under age**.
규정에 따르면 미성년자는 제외이다.

You are not allowed to be drinking, you're **under age**.
너는 미성년이므로 술을 마시면 안돼.

under consideration

고려중인, 검토 중인

There are several amendments **under consideration**.
지금 검토 중인 개정안이 몇 개 있다.

The matter is now **under consideration**.
그 안건은 지금 고려 중이다.

under control

제어하고 있는, 억제 받는

Don't worry, everything's **under control**.
걱정 마세요, 모든 것이 잘 되고 있어요.

The situation's **under control**.
여기 일은 해결됐다.

under cover

엄호를 받고, 숨어서

She was working **under cover** to get information on the drug dealers.
그는 마약 상인들에게서 정보를 캐기 위해 숨어서 일하고 있었다.

We've got to keep this **under cover**.
우리는 반드시 이것을 비밀에 붙여야 한다.

under repair

보수 중인

The road is **under repair**.
도로는 보수 중이다.

This section of motorway will be **under repair** until January.
이 구역의 고속도로는 1월까지 보수 공사를 할 것이다.

under way

(사업 등이) 시작되어, 진행 중인

Economic recovery is already **under way**.
경제 회복은 이미 진행 중이다.

The film festival gets **under way** on 11th July.
영화제는 7월 11일에 시작된다.

under(below) one's breath

작은 소리로, 소곤소곤

He's talking **under his breath**.
그는 작은 목소리로 중얼거리고 있다.

She said something **under her breath**.
그 여자는 뭔가를 작은 소리로 소곤거렸다.

up in the air

(계획 따위가) 막연하여, 미결정인

The trade negotiations are still **up in the air**.
무역 교섭은 여전히 결정을 못 보고 있다.

The whole future of the project is still **up in the air**.
그 계획의 전체적인 가망은 아직 막연하다.

up to date

최신식의, 현대적인, 최근의

He is very **up to date** in his methods of language teaching.
그가 언어를 가르치는 방법은 매우 최신식이다.

The record is most **up to date**.
그 기록은 최신의 것이다.

W/w

with (all) one's might

열심히, 전력을 다하여, 힘껏

I pushed the rock **with all my might**.
나는 전력을 다해서 그 바위를 밀었다.

He swung the ax **with all his might**.
그는 힘껏 도끼를 휘둘렀다.

with a view to

···의 목적으로, ···을 바라고(기대하여), ···을 꾀하여

> We bough the cottage **with a view to** moving there when we retired.
> 우리는 퇴직 후에 이사하려고 작은 주택을 샀다.
>
> He did so **with a view to** conciliation.
> 그는 화해를 바라며 그렇게 했던 것이다.

with a will

열심히, 정신 차려서

> They worked **with a will** and cleared a path by 10 a.m.
> 그들은 열심히 일해서 오전 10시까지 길을 다 청소했다.
>
> He worked **with a will** to finish the work in a day.
> 그는 하루 안에 일을 마치기 위해 열심히 일했다.

with open arms

두 팔을 벌리고, 진심으로, 기쁜 마음으로

> My parents welcomed me **with open arms**.
> 부모님은 나를 기쁜 마음으로 맞아 주셨다.
>
> We welcomed his offer **with open arms**.
> 우리는 그의 제안을 진심으로 기꺼이 받아들였다.

with open hand

관대하게, 기분 좋게, 너그럽게

> She gives to charity **with open hand**.
> 그녀는 아낌없이 자선 사업에 기부한다.
>
> He was not able to view her conduct **with open hand**.
> 그는 그녀의 행동을 너그럽게 봐줄 수가 없었다.

with pleasure

기꺼이, 쾌히

I will do it **with pleasure**.
나는 기꺼이 그 일을 하겠다.

I accept your invitation **with pleasure**.
기꺼이 초대를 받아들이겠다.

with the intention of

…할 목적으로

They went into the town **with the intention of** visiting the library.
그들은 도서관을 방문하려는 목적으로 도시에 갔다.

He said such a thing **with the intention of** giving her pain.
그는 그녀를 괴롭힐 목적으로 그렇게 말했다.

within a stone's throw of

돌을 던지면 닿을 만 한 거리에, 매우 가까운 곳에

He lives **within a stone's throw of** the school.
그는 학교에서 엎어지면 코 닿을 거리에 산다.

The church is **within a stone's throw of** my house.
교회는 우리 집에서 아주 가까운 곳에 있다.

within call

부르면 들리는 곳에

I was kept waiting **within call** at the hospital.
나는 병원에서 부르면 들리는 곳에서 대기하고 있어야 했다.

The police is on standby **within call**.
경찰은 부르면 들리는 곳에서 대기하고 있다.

within one's reach

도달할 수 있는 곳에, 손닿는 곳에, 손에 넣을 수 있는

Don't put the matches **within the children's reach**.
성냥은 아이들의 손이 닿는 곳에 두지 마라.

He's grown so much that now even the top shelf is **within his reach**.
그는 정말 많이 자라서 이제 선반 꼭대기에도 손이 닿는다.

without a break

중단 없이, 끊임없이

I had worked all day **without a break**.
나는 쉬지 않고 하루 종일 일했다.

His verbal attack went on **without a break**.
그의 말로 하는 공격은 끊임없이 계속되었다.

without delay

지체하지 않고, 꾸물거리지 않고

Prepare a meal **without delay**.
꾸물거리지 말고 식사 준비를 해라.

This should be investigated **without delay**.
이것은 지체하지 않고 조사되어야 한다.

without doubt

의심할 여지없이, 확실히

Truth is beautiful **without doubt**, and so are lies.
진실은 확실히 아름답다. 그리고 거짓말도 그러하다.

She is **without doubt** the best student I have ever taught.
그녀는 의심할 여지없이 내가 지금까지 가르친 학생 중에서 최고다.

without exception

예외 없이, 전부

You must answer all the questions **without exception**.
예외 없이 모든 질문들에 답을 해야 한다.

Every type of plant, **without exception**, contains some kind of salt.
모든 종류의 식물은 예외 없이 약간의 소금을 함유하고 있다.

without fail

틀림없이, 꼭, 반드시

Phone me tonight **without fail**.
오늘밤 꼭 전화해 주세요.

You shall have the money **without fail** by the end of the month.
이번 달 말까지는 틀림없이 돈을 받으실 겁니다.

실 용
숙 어

abide by

zone

A/a

abide by

(결정, 규칙 등에) 따라 행동하다, 따르다, …을 지키다, 고수하다

The players must **abide by** the umpire's decision.
선수들은 심판의 결정에 따라야 한다.

A man must **abide by** his word. 사람은 약속을 지켜야 한다.

abound in

풍부하다, 많이 있다

Saudi Arabia **abounds in** oil.
사우디아라비아는 석유가 풍부하다.

This garden **abounds in** flowers. 이 정원에는 꽃이 많다.

abstain from

삼가다, 절제하다

We must **abstain from** speaking ill of others.
우리는 남을 헐뜯는 것을 삼가야 한다.

Pilots must **abstain from** alcohol for 24 hours before flying.
조종사들은 비행하기 전 24시간 동안 술을 삼가야 한다.

account for

…을 설명하다, 원인이 되다

There is no **accounting for** tastes.
사람의 취향을 설명하는 것은 불가능하다, 취미도 각양각색.

He is ill, that **accounts for** his absence.
그는 아프다, 그게 그가 결석한 이유이다.

accuse ~ of

…을 고소하다

The woman **accused** him **of** stealing her car.
그 여자는 그가 차를 훔쳤다고 고소했다.

The doctor was **accused of** professional misconduct.
그 의사는 업무상 과실로 기소되었다.

act on

…에 작용하다, 영향을 미치다; …에 따라 행동하다

The drug **acted on** his nerves like magic.
그 약은 그의 신경에 이상할 정도로 잘 들었다.

She **acts on** our suggestion.
그녀는 우리의 제안대로 행동했다.

You'd better **act on** what you believe.
소신껏 행동하는 게 좋을 거야.

adapt to

적응하다, 순응하다

The children are finding it hard to **adapt to** their new school.
아이들은 그들의 새로운 학교에 적응하는 것이 힘들다는 것을 알고 있다.

It took me a while to **adapt to** the new job.
새로운 직업에 적응하는 데에 시간이 좀 걸렸다.

add to

…을 늘리다, 늘다, 증가하다

He is **adding to** his weight.
그는 몸무게가 늘어났다.

This will **add to** our troubles.
이것은 우리를 더욱 곤란하게 할 것이다.

add up

합계하다; 생각을 정리하다, 증가하다, 계산이 맞다, 조리가 서다

Add your scores **up** and we'll see who won.
너의 점수를 합계해 보면 누가 이겼는지 알게 될 것이다.

These account books will not **add up** right.
이 회계 장부들은 계산이 잘 맞지 않는다.

There were points in his testimony that didn't **add up**.
그의 증언에는 앞뒤가 맞지 않는 점이 몇 가지 있었다.

adhere to

끝까지 지키다, 집착하다, 고수하다

He **adhered to** the party to the end.
그는 끝까지 그 정당을 지지했다.

She **adhered to** her principles throughout her life.
그녀는 일생에 걸쳐서 자신의 절조를 지켰다.

admit of

…의 여지가 있다, …을 허락하다, 인정하다

This fault **admits of** no apology.
이 실수에는 변명의 여지가 없다.

Circumstances do not **admit of** this.
사정이 이것을 허락하지 않는다.

agree to + (제안)

…에 동의하다

I can not **agree to** your plan.
나는 네 계획에 동의할 수 없다.

My uncle was willing to **agree to** my suggestion.
아저씨는 나의 제안에 흔쾌히 동의하셨다.

agree with + (사람)

(음식, 기후 등이) …에 알맞다, 적합하다; 의견에 동의하다

His account **agrees with** the facts.
그의 진술은 사실과 부합한다.

I **agree with** him that she should be sent to hospital.
그녀를 입원시켜야 한다는 점에서 나는 그와 같은 의견이다.

aim at

…을 겨냥하다, …을 목표하다

Aim at the yellow circle.
노란 원을 겨냥해라.

These advertisements are specifically **aimed at** young people.
이 광고들은 특별히 젊은 층을 겨냥한 것이다.

He **aims at** being a singer. 그는 가수가 되는 것이 목표이다.

allow for

…을 고려하다, …을 참작하다, (사고 따위를) 예측하다, 준비하다

He failed to **allow for** the unexpected.
그는 예측할 수 없는 사태를 고려하지 못했다.

In climbing mountains, **allow for** changes in weather.
등산을 할 때에는 날씨의 변화를 고려해야 한다.

You will have to **allow for** thirty guests.
30인분을 준비해 두어야 할 것이다.

allude to

…에 대해 넌지시 말하다, 언급하다

He often **alluded to** his poverty.
그는 가끔 자기가 가난하다는 것을 넌지시 말했다.

The character's evil nature is constantly **alluded to** throughout the play.
그 캐릭터의 악한 본성은 연극 전체에 걸쳐서 계속 언급된다.

answer for

…의 책임을 지다

I will **answer for** his honesty.
그의 정직함에 대해서는 내가 보장하겠다.

We expect parents appeal to **answer for** their children's behaviour.
우리는 부모들이 아이들의 행동에 대한 책임을 질 것이라고 생각한다.

appeal to

…에 호소하다, 간청하다

I **appeal to** you to let me alone.
제발 나를 내버려 두세요.

He made a personal **appeal to** the kidnappers to return his child.
그는 자기 아이를 돌려달라고 유괴범들에게 직접 나서서 호소했다.

apply for

…을 신청하다, 지원하다, 의뢰하다, 문의하다

It is up to you to **apply for** the job.
그 일에 지원할지의 여부는 너에게 달려 있어.

How do I **apply for** a scholarship?
장학금 신청은 어떻게 해?

apply to

적합하다, 적용되다

This rule **applies to** all cases.
이 규칙은 모든 경우에 적용된다.

It doesn't **apply to** you.
그건 당신한테는 해당되지 않아요.

appoint A to B

A를 B에 임명하다

They **appointed** me **to** headmaster.
그들은 나를 교장으로 임명했다.

The President **appointed** him **to** Secretary of State.
대통령은 그를 국무 장관에 임명했다.

approve of

시인하다, 지지하다, 마음에 들다

Catherine's parents now **approve of** her marriage.
캐서린의 부모는 이제 그녀의 결혼을 인정하신다.

His father **approved of** what he had done.
그의 아버지는 그가 한 일을 마음에 들어 했다.

argue ~ into

…을 설득하여 하게 하다

I **argued** him **into** coming with me.
나는 그를 설득하여 나와 동행하게 했다.

She **argued** me **into** buying a new jacket.
그녀는 나를 설득하여 새 재킷을 사게 했다.

argue against

…에 반대되는 결론을 내리다

All the evidence **argued against** the theory.
증거는 모두 그 이론과 반대되는 결론을 시사하는 것뿐이었다.

You can **argue against** extending the airport on the grounds of cost.
당신은 경비 문제를 이유로 공항 확장의 반대의견을 주장할 수 있습니다.

A/O

B/P

C/Q

D/R

E/S

F/T

G/U

H/V

I/W

J/X

K/Y

L/Z

M

N

ascribe A to B

A를 B의 탓으로 돌리다

I must **ascribe** my election **to** your influence.
저의 당선은 오로지 당신의 힘에 의한 것입니다.

They **ascribe** the country's difficulties **to** the last government's polices.
그들은 그 나라의 재정 곤란을 지난 정부의 정책 탓으로 돌리고 있다.

ask after

…의 안부를 묻다

She appreciates it when you **ask after** her elderly father.
네가 그녀의 노쇠하신 아버님의 안부를 물었을 때 그녀는 그에 대해 감사했어.

I **asked after** my friend in hospital.
나는 병원에 있는 친구의 안부를 물었다.

ask for

…을 청하다, 요구하다

I would like to **ask for** a raise.
나는 급여인상을 요청해야 겠다.

May I **ask for** just a bit more?
조금 더 주시겠어요?

aspire after(to)

갈망하다

Few people who **aspire after** fame ever achieve it.
명성을 얻고자 갈망하는 사람은 거의 얻지 못한다.

It was clear that he **aspired after** the leadership of the party.
그가 정당의 지도자가 되기를 갈망하는 것은 분명했다.

associate A with B

A를 보고 B를 연상하다

I **associate** him **with** my uncle.
그를 보면 내 아저씨가 연상된다.

His name will always be **associated with** Korea.
그의 이름은 항상 한국과 함께 연상될 것이다.

associate with

…와 교제하다, 제휴하다, 공동으로 (함께) 하다

I don't like these lay abouts you're **associating with**.
나는 네가 사귀고 있는 이 부랑자들이 마음에 들지 않아.

He has **associated with** large enterprises.
그는 지금까지 큰 회사들과 제휴해 왔다.

I don't want my children to **associate with** drug addicts and
alcoholics.
나는 내 아이들이 마약중독자와 알코올중독자들과 어울려 다니는 것을 원하지
않는다.

attach A to B

A를 B에 부착시키다

Attach a recent photograph **to** your application form.
신청서에는 최근의 사진을 붙이세요.

Use this lead to **attach** the printer **to** the computer.
컴퓨터에 프린터를 부착시키기 위해서 이 납을 사용해라.

attend on

…을 보살피다

They thought it is a great honor to **attend on** the queen.
그들은 여왕의 시중드는 일을 큰 영광으로 생각했다.

She **attended on** her sick grandfather.
그녀는 병환 중인 할아버지를 돌봐드렸다.

attend to

…에 유의하다, 귀를 기울이다, 힘쓰다, 정성을 다하다

They **attended to** strictly national interests.
그들은 전적으로 국가의 이익에만 주의를 기울였다.

You should **attend to** what a teacher says.
선생님의 말씀에 귀를 기울여야 한다.

I always have so many things to **attend to**, when I come into the office after a trip abroad.
해외여행 후에 사무실에 가면 언제나 신경 써야 할 일이 잔뜩 있다.

attribute A to B

A를 B의 탓(결과, 덕분)이라고 생각하다

He **attributes** his poverty **to** bad luck.
그는 자기가 가난한 것을 운이 나쁜 탓이라고 생각한다.

The doctors have **attributed** the cause of the illness **to** an unknown virus.
의사들은 그 병의 원인이 알려지지 않은 바이러스에 기인한 것이라고 생각했다.

avenge ~ on

원수를 갚다

I will **avenge** my father **on** them.
나는 그들에게 아버지의 원수를 갚겠다.

They **avenged** his death **on** the town.
그들은 그의 죽음에 대해 그 도시에 보복을 했다.

B/b

back ~ up

후원 (지지, 보완)하다

They **backed** him **up** in everything.
그들은 모든 면에서 그를 지원했다.

Will you **back** me **up** if I say that I never saw him.
내가 결코 그를 보지 못했다고 말하더라도 너는 나를 지지해 주겠니?

back down

취소하다, 양보하다; 뒤로 물러나다, 후퇴하다

Don't **back down** on what you said to them.
그들과의 약속을 깨지 마라.

The union has refused to **back down** over their wage claim.
노조는 그들의 임금 요구를 철회할 것을 거부했다.

bear on

…에 영향을 미치다, …과 관계가 있다

This decision **bears on** our happiness.
이 결정은 우리의 행복과 관계가 있다.

I don't see how that information **bears on** this case.
그 정보가 이 경우에 어떻게 영향을 미치는지 모르겠다.

bear with

말하는 것을 참을성 있게 듣다, 견디다

We can't **bear with** such rude fellows.
그런 무례한 녀석들을 참을 수가 없어.

I tried to **bear with** her tempers.
나는 그녀의 짜증을 참아내려고 노력했다.

become of

…이(어찌) 되다

Whatever has **become of** the book I put here yesterday?
어제 여기에 둔 책은 도대체 어디로 갔을까?

Whatever will **become of** Sam when his wife dies?
셈의 부인이 죽으면 그는 어떻게 될까?

beg for

간청하다

They **begged for** mercy.
그들은 자비를 청했다.

She had to **beg for** money and food for her children.
그녀는 아이들을 위해서 돈과 음식을 부탁해야 했다.

begin by

…을 하면서 시작하다

He **begins by** reading the preface.
그는 서문을 읽는 일부터 시작했다.

Let us **begin by** thanking you for taking the time to write to us.
일부러 시간을 내서 편지 주신 데 대해 우선 감사드립니다.

begin with

…로부터 시작하다

The concert **began with** a piano recital.
연주회는 피아노 독주로 시작되었다.

What shall I **begin with**?
무엇부터 시작할까요?

believe in

…의 존재를 믿다; 신뢰하다; 가치를 인정하다

Do you **believe in** fairies?
너는 요정의 존재를 믿니?

The people want a President they can **believe in**.
국민들은 신뢰할 수 있는 대통령을 원한다.

Do you **believe in** love at first sight?
당신은 첫눈에 반한 사랑을 믿나요?

He **believed in** his work.
그는 자기의 작품에 자신이 있었다.

belong to

…에 소속되다, 일원이다

That lid **belongs to** this jar.
저 뚜껑은 이 병 것이다.

These books **belong to** me.
이 책들은 내 것이다.

Do you **belong to** a tennis club?
테니스 클럽의 회원입니까?

His opinion does not **belong to** this discussion.
그의 의견은 이 토론과는 관계가 없다.

bestow ~ on

…에게 주다, 수여하다, 기증하다

He **bestows** millions **on** this charity.
그는 수백만 달러를 이 자선 사업에 기증하고 있다.

Queen **bestowed** honors **on** him.
여왕은 그에게 훈장을 수여했다.

beware of

…에 주의하다, 조심하다

Beware of fire!
불조심!

Beware of falling asleep while sunbathing.
일광욕하는 동안 잠들지 않도록 주의해라.

blame ~ for

…을 비난하다

I don't **blame** you **for** going with him.
네가 그의 함께 가는 것을 탓하지는 않겠다.

We don't **blame** him **for** what he did.
우리는 그가 한 일로 그를 탓하지 않습니다.

blow up

파괴하다, 폭파하다, 폭발하다

The plane **blew up** in midair.
그 비행기는 공중에서 폭발했다.

The terrorists **blew up** the parliament buildings.
테러리스트들이 의회 건물들을 폭파했다.

A/O

B/P

C/Q

D/R

E/S

F/T

G/U

H/V

I/W

J/X

K/Y

U/Z

M

N

boast of

…을 과장하여 자랑스럽게 말하다

He **boasts of** swimming the English Channel.
그는 영국 해협을 헤엄쳐 건널 수 있다고 호언하고 있다.

He enjoyed **boasting of** his wealth.
그는 자신의 부유함에 대해 자랑스럽게 얘기하는 것을 즐겼다.

break down

(감정 등을) 억누를 수 없게 되다; 쇠약해지다; 사고를 내다; 고장나다

When we gave her the bad news she **broke down** and cried.
우리가 그녀에게 나쁜 소식을 전하자 그녀는 감정을 억누르지 못하고 울었다.

If you carry on working like this, you'll **break down** sooner or later.
만약 자네가 계속해서 이처럼 일한다면, 곧 몸이 쇠약해지게 될 거야.

The elevators on this building are always **breaking down**.
이 건물의 엘리베이터들은 항상 고장이다.

break in

부수고 안으로 들어가다; 대화에 끼어들다, 일에 익숙하도록 도와주다

Thieves had **broken in** during the night.
도둑들이 밤중에 침입했다.

The police **broke in** the door. 경찰관들이 문을 부수고 안으로 들어갔다.

As she was talking, he suddenly **broke in**, saying, "That's a lie".
그녀가 말을 하고 있을 때, 그가 갑자기 "그건 거짓말이야."라며 끼어들었다.

Don't worry about doing the accounts, we'll **break** you **in** gently.
계산하는 것에 대해 걱정 하지 마, 네가 익숙해지도록 우리가 친절하게 도와줄게.

break in on(upon)

돌연 나타나다, …에 밀어닥치다, 방해하다

Adversity **broke in upon** him.
불행이 별안간 그에게 닥쳐왔다.

Sorry to **break in on** you, but you are wanted on the phone.
방해해서 죄송합니다만, 전화 왔습니다.

break into

침입하다; 갑자기 …하기 시작하다, …상태가 되다; 방해하다

Thieves **broke into** the bank vault by digging a tunnel.
도둑들은 땅굴을 파서 은행 금고에 침입했다.

He felt so happy that he **broke into** song.
그는 너무 행복함을 느껴서 갑자기 노래를 부르기 시작했다.

I heard footsteps behind me and **broke into** a run.
나는 뒤에서 발자국 소리가 나는 것을 듣고 달리기 시작했다.

Sorry to **break into** your lunch hour, but I must speak to you urgently.
점심시간을 방해해서 미안하지만, 급하게 해야 할 말이 있어.

break off

(이야기 따위를) 갑자기 그만하다, (교섭, 관계 등을) 파기하다, 끊다, 절교하다

She told her story, **breaking off** now and then to wipe the tears from her eyes.
가끔씩 자기의 눈물을 닦기 위해 멈추었다가 그녀는 자신의 얘기를 계속했다.

He was so angry that he **broke off** his friendship with her.
그는 너무 화가 나서 그녀와의 우정을 끊어버렸다.

They've **broken off** their engagement.
그들은 계약을 파기해버렸다.

The governments have **broken off** diplomatic relations.
정부는 외교 관계를 끊어버렸다.

break out

느닷없이 …하기 시작하다, 달아나다, (전쟁, 질병 따위가) 갑자기 터지다

They **broke out** laughing. 그들은 느닷없이 웃기 시작했다.
I'm preparing myself in case the war should **break out**.
나는 전쟁이 일어날 경우에 대비하고 있다.

An epidemic **broke out**. 전염병이 발생했다.
They made a plan to **break out** of jail.
그들은 감옥을 탈출할 계획을 세웠다.

break up

박살나다, 깨다, 부수다; 흩어지다, 헤어지다, 방학에 들어가다

The ice in the river **broke up**. 강의 얼음이 깨졌다.

If a parent dies, the family may **break up** families.
부모 중 한 사람이 죽으면, 가족은 해체될지도 모른다.

The emigration of young people often **breaks up** families.
젊은 사람들의 이민이 가족들을 종종 단절시킨다.

When does your school **break up** for the winter?
겨울방학은 언제 시작되니?

break with

관계를 끊다, 헤어지다, …에서 탈퇴하다; (낡은 관습 등을) 버리다

The quarrel caused him to **break with** his brother.
그 싸움은 그로 하여금 형과 관계를 끊게 했다.

We decided to **break with** tradition and not spend Christmas with our family.
우리는 전통을 깨고 가족끼리 크리스마스를 보내지 않기로 결정했다.

bring about

…을 초래하다, 가져오다, 일어나게 하다

That plan could **bring about** our destruction.
그 계획은 우리의 파멸을 초래할 것이다.

Computers have **brought about** many changes in the workplace.
컴퓨터는 직장에 많은 변화를 가져왔다.

bring back

(물건 등을) 되찾다, 되돌리다, 가져오다; …을 생각나게 하다

They **brought** him **back** safe and sound.
그들은 그를 무사히 데리고 돌아왔다.

The smell of new paper always **brings back** memories of school.
새 종이의 냄새는 항상 학창시절의 기억을 떠올리게 한다.

That music always **brings back** happy memories.
그 음악은 언제나 행복한 추억들을 생각나게 한다.

bring down

쓰러뜨리다, (남을) 다치게 하다, 실망시키다, 의기소침하게 하다, (물가 등이) 내리다, (비행기를) 착륙시키다

He **brought** a commercial plane **down** in a hay-meadow by the river.
그는 비행기를 강 옆의 초원에 착륙시켰다.

The people succeeded in **bringing down** the dictator.
사람들은 독재자를 쓰러뜨리는 데에 성공했다.

bring forth

(아이를) 낳다, (열매를) 맺다, (꽃 등을) 피우다; 폭로하다; (의견 따위를) 내놓다, 제시하다

Their tragic love affair **brought forth** only pain.
그들의 비극적인 연애는 오직 고통만을 낳을 뿐이었다.

The weekly **brought forth** her remarriage.
주간지가 그녀의 재혼을 폭로했다.

I **bring forth** an earlier start.
나는 빨리 출발할 것을 제안한다.

bring forward

(행사의) 일정을 앞당기다; (계획, 제안 등을) 제시하다

The meeting's been **brought forward** to Thursday.
회의가 목요일로 앞당겨졌다.

The election was **brought forward** by three months.
선거가 세 달 앞당겨졌다.

The government has **brought forward** a plan to tackle urban crime.
정부는 도시 범죄에 대항하기 위한 계획을 제시했다.

bring home to

충분히 납득시키다, 뼈저리게 느끼게 하다

The documentary **brought home to** him the seriousness of the situation. 그는 다큐멘터리를 보고 상황의 심각성을 뼈저리게 느꼈다.
Her death **brought home to** me the sorrow of life.
그녀의 죽음은 내게 인생의 슬픔을 절실히 느끼게 했다.

bring in

가지고 돌아오다, (의안, 보고 따위를) 제출하다; (이익, 수입을)가져오다, 생기게 하다

It looked as if it was going to rain, so I **brought in** the washing from the garden.
비가 올 것 같아서 나는 정원에서 세탁물을 가지고 들어왔다.

She **brought in** five new members last week.
그녀는 지난주에 다섯 명의 새로운 회원을 데려왔다.

Don't **bring in** things that are irrelevant to this case.
이 문제와 관계없는 일들을 꺼내지 마라.

His job **brings in** a big salary.
그가 하는 일은 봉급이 많다.

bring off

가져오다, 다른 데로 옮기다; …에 성공하다

Together they **brought off** a daring diamond robbery.
그들은 과감하게 다이아몬드를 훔치는 데에 성공했다.

She's managed to **bring off** the biggest check fraud in history.
그녀는 역사상 가장 규모가 큰 수표 사기에 성공했다.

bring on

(병, 전쟁, 문제 따위를) 일으키다; …을 향상시키다

Going out in the rain **brought on** a bad cold.
빗속에 외출해서 독감에 걸렸다.

The loud music **brought on** his headache.
시끄러운 음악이 그에게 두통을 일으켰다.

The hot weather has really **brought on** the roses.
더운 날씨로 인해 장미들이 정말 잘 자라고 있다.

bring out

…을 꺼내다, 분명하게 하다, (사실을) 밝히다, (재능 따위를) 발휘하다, 출판하다

The oregano really **brings out** the flavor of the meat.
오레가노는 그 고기의 풍미를 한층 이끌어낸다.

A crisis can **bring out** the best and the worst in people.
위기는 사람들의 좋은 점과 나쁜 점을 드러낸다.

The Food Association has **brought out** a handy guide.
식품 연합은 유용한 입문서를 출판해 오고 있다.

bring round(around)

정신이 들게 하다, 생각을 바꾸게 하다, 설득하다

At first they refused but I managed to **bring** them **round**.
처음에 그들은 거절했지만, 나는 가까스로 그들을 설득했다.

Next time you come, **bring** her **around**.
다음에 올 때는 그녀를 데리고 오게.

bring up

…을 기르다, (의제 등을) 제출하다, 토하다

Why did you have to **bring up** the subject of money?
너는 왜 돈에 관한 문제를 꺼내야했던 거지?

They **brought** her **up** as a Catholic.
그들은 그녀를 가톨릭 신자로 길렀다.

brood on(over, about)

…을 골똘히 생각하다

He sat at his desk, **brooding** darkly **on** why she had left him.
그는 책상에 앉아서 그녀가 그를 떠난 이유를 침울하게 골똘히 생각했다.

Take your time and **brood on** all the possibilities.
모든 가능성을 시간을 두고 곰곰이 생각해 보세요.

brush off

(제의 등을)무시하다, 거절하다

I tried to be friendly but he **brushed** me **off**.
나는 친해지려고 노력했으나 그는 나를 무시했다.

The President **brushed off** their pleas for an investigation.
대통령은 조사에 관한 그들의 청원을 거절했다.

brush up (on)

다시 시작하다, (잊혀져 가는 학문을) 복습하다

I thought I'd **brush up** on my French before going to Paris.
파리로 떠나기 전에 프랑스어 공부를 다시 시작해야겠다고 생각했다.

You must **brush up** on your English.
영어 공부를 다시 시작해야겠다.

build up

(집, 계획 등을) 세우다, 이룩하다, 증강하다

It took her ten years to **build up** her publishing business.
그녀가 출판 사업을 이룩하는 데에 10년이 걸렸다.

We must **build** ourselves **up** for the winter.
우리는 겨울에 대비해서 신체를 단련시켜야 한다.

A/O

B/P

C/Q

D/R

E/S

F/T

G/U

H/V

I/W

J/X

K/Y

L/Z

M

N

burden ~ with

…에게 무거운 짐(부담)을 지우다

I don't want to **burden** you **with** my problems.
너를 나의 문제로 곤란하게 하고 싶지 않아.

He was **burdened with** duties.
그는 직무의 중책에 괴로워하고 있었다.

burn down

…을 전소시키다; (불이) 약해지다

They came back to find that their house had **burnt down**.
그들은 돌아와서 자신들의 집이 다 타버린 것을 발견했다.

The whole village was **burned down**.
마을 전체가 불타 버렸다.

burst in on

(남의) 일 등을 훼방놓다, 중단시키다, 끼어들다

Sorry if we **burst in on** you.
갑자기 훼방을 놓았다면 미안합니다.

He kept **bursting in on** the debate with silly questions.
그는 토론에 끼어들어 어리석은 질문을 했다.

burst out

갑자기 …하기 시작하다

"I don't believe it!" she **burst out** angrily.
"나는 못 믿겠어!" 그녀는 갑자기 분노하여 소리를 질렀다.

Without warning he **burst out** laughing.
예고 없이 그는 갑자기 웃음을 터뜨렸다.

C/c

call back

나중에 전화를 걸다

I'm a bit busy, can I **call** you **back** later?
조금 바쁘니까 나중에 전화해도 되겠니?

No problem, I'll **call back** later.
괜찮아, 내가 나중에 전화 걸게.

call for

요구하다, 필요로 하다; 불러내다, …을 가지러(데리러) 들르다

It's the sort of work that **calls for** a high level of concentration.
그것은 고도의 집중을 필요로 하는 일이다.

You've been promoted? This **calls for** a celebration!
네가 승진했다고? 이건 축하할 일이야!

We will **call for** you at about five.
5시경에 모시러 가겠습니다.

call forth

끌어내다, 불러일으키다, 유발하다

It was hard to **call forth** a reply from him.
그에게서 대답을 끌어내는 것은 힘들었다.

The proposal **called forth** a good deal of hostile criticism.
그 제안에 대해서 많은 반대 의견이 나왔다.

call off

불러서 가게 하다; (주의를) 딴 곳으로 돌리다; 취소하다, 중지하다

The teacher **called off** the test. 그 선생님은 시험을 취소했다.

Tomorrow's match has been **called off** because of the icy weather. 추운 날씨 때문에 내일의 시합은 취소되었다.

I shouted to him to **call** his dog **off**, but he just laughed at me. 나는 그에게 개를 불러서 공격하지 못하게 하라고 외쳤지만, 그는 나를 비웃을 뿐이었다.

call on

…하도록 요구하다, 부탁하다, 잠깐 방문하다

Why don't you **call on** my sister when you're in Seoul? 서울에 갈 때 내 동생을 잠깐 방문하는 게 어때?

I now **call on** everyone to raise a glass to the happy couple. 이제 행복한 커플을 위해서 잔을 들어주시기를 여러분께 부탁드립니다.

call out

큰 소리로 외치다, 불러내다, 끌어내다, 도전하다

Someone in the crowd **called out** his name but he couldn't see who. 군중 속에서 누군가가 그의 이름을 불렀지만 그는 누구인지 볼 수 없었다.

I heard him **calling out** for help. 나는 그가 도와달라고 큰 소리로 외치는 것을 들었다.

call up

전화 걸다, 생각해내다, 소집하다, 되살아나게 하다

Can I **call** you **up** at your apartment? 당신의 아파트로 전화해도 됩니까?

He was **called up** when the war began. 전쟁이 시작되자 그는 군대에 소집되었다.

This spell can **call up** the spirits of the dead. 이 주문은 죽은 자의 영혼을 불러낼 수 있다.

A/O

B/P

C/Q

D/R

E/S

F/T

G/U

H/V

I/W

J/X

K/Y

L/Z

M

N

calm down

차분하게 하다, 차분해지다, 고요하게 되다

Calm down and tell me what happened.
진정하고 무슨 일이 일어났는지 내게 말해라.

The sea will soon **calm down**.
바다는 곧 잔잔해질 것이다.

care about

…에 마음을 쓰다, …에 관심이 있다 …을 걱정(염려)하다

I **care about** his safety. 그의 안부가 염려된다.
The only thing he seems to **care about** is money.
그가 관심이 있는 것은 오직 돈뿐인 것 같다.

care for

(의문문, 부정문에서) 좋아하다; …을 돌보다

Would you **care for** a drink? 음료수 한 잔 드시겠습니까?
I don't much **care for** his parents.
나는 그의 부모님을 그다지 좋아하지 않는다.

After the death of their mother, the children were **cared for** by an aunt. 그들의 어머니가 죽은 후 숙모가 아이들을 돌봐주었다.
Who will **care for** the boys if their mother dies?
이 아이들의 엄마가 죽으면 누가 그들을 돌볼까?

carry on

계속(속행)하다, (중단된 일을) 재개하다

The game was **carried on** in spite of the shower.
소나기에도 불구하고 경기는 속행되었다.

You just have to **carry on** as if nothing's happened.
너는 단지 아무 일도 없었던 것처럼 계속해야 해.

carry out

…을 실행하다, (약속 등을) 이행하다, 성취(달성)하다

Don't blame me, I'm only **carrying out** my orders.
나를 비난하지 마라, 나는 그저 명령을 수행하는 것뿐이다.

You must **carry out** the work for yourself.
너는 혼자 힘으로 그 일을 수행해야 한다.

A survey is now being **carried out** nationwide.
지금 조사가 전국적으로 실행되고 있다.

carry through

끝까지 해내다, 성취하다, (남을) 끝까지 지지하다, 어려움에서 헤어나게 하다

We are determined to **carry** our plans **through**.
우리는 우리의 계획을 완수하기로 결심했다.

Her confidence **carried** her **through**.
그녀의 확신은 그녀로 하여금 어려움에서 헤어나게 했다.

cast down

(수동태로) 의기소침하게 하다

He too seemed quite **cast down**.
그는 매우 의기소침해 있는 것 같았다.

He is **cast down** by a failure.
그는 실패로 인해 의기소침해 있다.

cast off

벗어버리다, 그만두다, (속박을) 풀다, 출항하다

The ship was scheduled to **cast off** at 8 p.m. .
그 배는 오후 8시에 출항하기로 예정되어 있었다.

He **cast off** his only son.
그는 하나뿐인 아들과 의절했다.

catch at

…을 움켜잡다, 잡으려고 손을 내밀다

A drowning man will **catch at** a straw.
물에 빠진 사람은 지푸라기라도 잡는다.

The monkey **caught at** her wig and pulled it off.
원숭이는 그녀의 가발을 움켜잡고 잡아당겼다.

catch on

…을 이해하다, 인기를 얻다

I didn't **catch on** to the meaning of the joke.
나는 그 농담의 의미를 이해하지 못했다.

It was a popular style in Britain but it never really **caught on** in America.
그것은 영국에서 유행한 스타일이었지만, 미국에서는 결코 많은 인기를 얻지 못했다.

catch up with

따라잡다, 이해하다, 빼앗다, 잡아채다

I ran after her and managed to **catch up with** her.
나는 그녀의 뒤를 쫓아 달려 겨우 그녀를 따라잡을 수 있었다.

I couldn't **catch up with** everything he said.
그가 한 말을 다 알아들을 수 없었다.

Will western industry ever **catch up with** Japanese innovations?
서구 산업이 과연 일본의 혁신을 따라잡을 수 있을까?

chance on

뜻밖에(우연히) 만나다, 우연히 발견하다

He **chanced on** some valuable coins in the attic.
그는 다락에서 몇 개의 귀중한 동전을 우연히 발견했다.

Ten years after leaving school, we **chanced on** each other in the street. 우리는 학교를 졸업한 지 10년 후 길에서 서로 우연히 만났다.

charge ~ with

…의 혐의로 고발하다

She is **charged with** murdering her husband.
그녀는 남편을 살해한 혐의로 고발당했다.

The man they arrested last night has been **charged with** theft.
어젯밤 그들이 체포한 남자는 절도죄로 고발되었다.

check in

탑승 절차를 밟다, (호텔에서 도착해서 숙박부에) 기명하다

Let's **check in** at the hotel before we get something to eat.
뭔가 먹으러 가기 전에 호텔에 체크인을 하자.

You need to **check in** one hour before the flight.
비행 한 시간 전에 탑승 절차를 밟아야 합니다.

clear away

(식탁 따위를) 치우다

Come on children, **clear** these files **away**.
어서 얘들아, 이 파일들을 치워라.

I am fed up with **clearing away** rubbish.
잡동사니를 치우는 데 질려버렸다.

clear up

깨끗이 되다, 개다; 정돈하다; 분명하게 하다, 해결하다; 낫다

The weatherman said that the sky will **clear up** by tomorrow afternoon. 일기예보에 따르면 내일 오후까지는 하늘이 갤 거래.

Before we begin, there's something we'd like to **clear up**.
먼저 얘기를 시작하기 전에 분명히 해두고 싶은 것이 있습니다.

I have something to **clear up** at my office.
내 사무실에서 좀 정리할게 있어.

You won't be able to go swimming tomorrow if your cold hasn't **cleared up**. 만약 너의 감기가 낫지 않는다면 너는 내일 수영하러 갈 수 없을 거야.

cling to

···에 달라붙다, 매달리다, 집착하다

The two lost children **clung** tightly **to** each other.
길을 잃은 두 아이들은 서로가 무척이나 의지했다.

The boy **clung to** his father's arm.
그 아이는 아빠의 팔에 매달려 있었다.

She **clings to** the hope that her husband will come back to her.
그녀는 남편이 그녀에게 돌아올 것이라는 희망을 버리지 못하고 있다.

close down

닫다, 막다, 폐쇄하다, (땅거미 따위가) 지기 시작하다, 다가오다

The works will **close down** on June 30th.
공장은 6월 30일에 폐쇄될 것이다.

The law **closed down** on gambling.
법률이 도박을 금지했다.

Darkness **closed down** on the wildness.
땅거미가 황야에 졌다.

close in

다가오다, 접근하다, 포위하다

The snake **closed in** for the kill.
뱀은 사냥감을 포위했다.

The night **closed in**.
어둠이 지기 시작했다.

coincide with

동시에 일어나다; 일치(부합)하다

The promotion **coincided with** his assignment to a detachment.
그는 승진과 동시에 파견대로 배속되었다.

His interest happily **coincided with** his duty.
그의 흥미는 다행히 그의 직무와 일치했다.

collide with

…와 충돌하다

He swerved to avoid **colliding with** a taxi.
그는 택시와의 충돌을 피하기 위해서 갑자기 방향을 바꾸었다.

Sometimes one's principles **collide with** one's interests.
때로는 사람들의 원칙이 이해와 상반되기도 한다.

combine A with B

A와 B를 결합시키다; 겸하다, 양립시키다

He found it difficult to **combine** his ordinary work **with** writing.
그는 일상적인 일과 글쓰기를 함께 하는 것이 힘들다는 것을 알았다.

This film **combines** education **with** recreation.
이 영화는 교육과 오락을 겸하고 있다.

come about

일어나다, 생기다, 방향을 바꾸다, 돌다

Tell me how the accident **came about**.
그 사고가 어떻게 일어났는지 내게 말해 줘.

The wind **came about** into the east.
바람이 동풍으로 바뀌었다.

come across

우연히 만나다, (물건을) 찾아내다, 문득 머리에 떠오르다

If you **come across** my glasses can you let me have them, please?
내 안경을 찾게 되면 나에게 가져다주지 않겠어요?

A good idea **came across** my mind.
좋은 생각이 문득 머리에 떠올랐다.

A/O

B/P

C/Q

D/R

E/S

F/T

G/U

H/V

I/W

J/X

K/Y

L/Z

M

N

come at

···닿다, (진상 등을) 파악하다; 공격하다

We **came at** a true knowledge of that matter.
우리는 그 일에 관해 진실을 알게 되었다.

The bull **came at** me with fury.
그 소는 맹렬한 기세로 나를 향해 달려들었다.

come back

돌아오다, 생각을 떠올리다; (원래 상태로) 되돌아가다, (옷 등이) 다시 유행하다

Miniskirts have **come back** in this season.
이번 계절에 미니스커트가 다시 유행하고 있다.

He will **come back** sooner or later.
그는 조만간 돌아올 것이다.

The whole thing **came back** to me.
나는 모든 것을 머리에 떠올렸다.

come between

가르다, ···사이를 갈라놓다

Why should a little argument **come between** friends?
왜 사소한 싸움으로 친구사이가 갈라서야 하는 걸까?

Parents **came between** the lovers.
부모가 애인들의 사이를 갈라놓았다.

come by

···을 얻다, (···의 옆을) 지나다

How on earth did you **come by** these tickets?
도대체 어떻게 이 표들을 얻었니?

He **came by** the club frequently.
그는 자주 그 클럽에 들렀다.

come down

(물가 등이) 내리다; 떨어지다, 내려오다; (조상으로부터) 전하다

This month prices have **come down**.
이번 달에는 물가가 내렸다.

The rain **came down** in torrents.
비가 억수같이 쏟아졌다.

The custom has **come down** to us from our ancestors.
그 풍습은 우리 조상들로부터 전승되어 온 것이다.

come down on

힐책하다, 갑자기 덤벼들다

Do that once more and I'll **come down on** you like a ton of bricks.
한번만 더 그렇게 하면 아주 심하게 힐책할 것이다.

My parents really **came down on** me for being out so late.
나의 부모님은 내가 늦게까지 외출한 것에 대해 정말로 호되게 꾸짖으셨다.

come for

…의 목적으로 오다, (물건을) 가지러 오다, (사람을) 마중 나오다

I've **come for** the carpet I ordered.
주문했던 카펫을 가지러 왔다.

Shall I **come for** you at about six then?
그러면 6시쯤에 마중 나갈까?

come in for

(벌, 비판 등을) 받다, …을 손에 넣다, 초래하다

I didn't realize I'd **come in for** so much abuse.
내가 그토록 많은 욕을 먹고 있는지 몰랐어.

The police **came in for** a lot of criticism for excess brutality.
경찰은 과도한 잔인성으로 많은 비판을 받았다.

come into

…에 들어가다, …에 가입하다, …을 입수하다, …을 상속하다

He **came into** the room.
그는 방으로 들어왔다.

She **came into** the land.
그녀는 그 땅을 상속받았다.

This country **came into** the United Nations ten years ago.
이 나라는 10년 전에 국제연합에 가입했다.

come out

나타나다, (꽃이) 피다, 공개되다; 매출되다, (경기 따위에) 참가하다; 판명되다; (…의) 결과로 되다; 첫무대에 서다

The stars **came out** one by one.
별이 하나 하나 나타났다.

It will all **come out** as I said.
모두 내가 말한 대로 될 거야.

How did the baseball game **come out**?
야구는 어떤 결과로 끝났니?

It was several weeks before the truth of the matter **came out**.
사건의 진실이 판명되기까지 몇 주가 걸렸다.

The book **came out** last month.
그 책은 지난달에 나왔다.

The flower will **come out** next week.
꽃은 다음 주쯤에 피게 될 것이다.

come out with

…을 말하다, …을 별안간 발표하다, 누설하다

She **came out with** a really stupid remark.
그녀는 별안간 정말로 어리석은 말을 했다.

You **come out with** some good ideas sometimes.
때때로 당신은 갑자기 좋은 생각들을 말하곤 해요.

A/O

B/P

C/Q

D/R

E/S

F/T

G/U

H/V

I/W

J/X

K/Y

L/Z

M

N

come round

갑자기 방문하다; 의식을 되찾다, 회복하다, 의견을 바꾸다, 결국 동조하다

Why don't you **come round** for lunch?
점심 먹으러 잠깐 들르지 않을래?

She hasn't **come round** from the anaesthetic yet.
그녀는 아직 마취에서 회복하지 않았다.

I'm sure he will **come round** to our way of thinking.
나는 그가 우리의 사고방식에 동조할 것이라고 확신해.

come to

의식을 되찾다; 합이 …가 되다; (결국) …으로 되다 (귀착하다)

It was many hours before he **came to**.
몇 시간이 지나서야 그는 겨우 정신을 차렸다.

That **comes to** 23,500 won, madam.
합이 총 23,500원입니다, 부인.

All those years, and in the end it **came to** nothing.
그 모든 세월들이 결국은 아무 것도 아니게 되었다.

come true

실현되다

I'd always dreamt of owning my own house, but I never thought it would **come true**. 나는 항상 내 집을 소유하는 것을 꿈꿨지만, 결코 그것이 실현될 거라고 생각하지 않았다.

Everything he predicted has **come true**.
그가 예언했던 모든 것이 실현되었다.

come up to

…에 달하다, 미치다, 이르다

The water **came up to** the floor. 물이 마루에까지 달했다.

The yield of the mine did not **come up to** our expectations.
그 광산의 생산량은 우리 기대에 이르지 못했다.

come upon

문득 생각나다, 우연히 만나다, 우연히 보게 되다

I **came upon** this book in the attic.
나는 다락에서 우연히 이 책을 발견했다.

I **came upon** a little man sitting beside the path.
나는 우연히 길옆에 앉아있는 어린 소년을 만났다.

compare A to B

A를 B에 비유하다

Poets often **compared** sleep **to** death.
시인들은 종종 잠을 죽음에 비유하였다.

Books are often **compared to** friends.
책은 종종 친구에 비유된다.

In korea, people **compare** a pretty face **to** an apple.
한국에서 사람들은 예쁜 얼굴을 사과에 비유한다.

compare A with B

A와 B를 비교하다

I **compared** my camera **with** his.
나는 내 카메라를 그의 것과 비교했다.

Parents should not **compare** their children **with** other children.
부모들은 그들의 아이들과 다른 자녀들을 비교해선 안 된다.

compare with

어깨를 겨루다, 필적하다

No book can **compare with** the Bible.
어떤 책도 성서에는 필적하지 못한다.

No artificial light can **compare with** daylight for general use.
일반적인 사용 목적으로는 햇빛과 견줄 만한 인공 광선은 없다.

complain of

…를 불평하다, (고통, 병 따위를) 호소하다

We all **complain of** the shortness of life.
우리는 모두 인생의 짧음을 푸념한다.

She's been **complaining of** a bad back recently.
그녀는 최근 허리가 아프다고 호소하고 있다.

comply with

(규칙, 요구, 명령 따위에) 따르다, 응하다

We were all forced to **comply with** his request.
우리 모두는 그의 요청에 응할 수밖에 없었다.

We must **comply with** the terms of the covenant.
우리는 계약조건에 따라야 한다.

confer A on B

B에게 A를 주다, 수여하다

The honour was **conferred on** him just after the war.
전쟁 직후 그에게 훈장이 수여되었다.

The university **conferred** an honorary degree **on** him.
그 대학은 그에게 명예 학위를 수여했다.

confer with

의논하다, 협의하다

The congress woman is **conferring with** her advisors on the matter.
의원은 그 문제에 대하여 그녀의 고문들과 의논 중이다.

We **conferred with** her lawyer.
우리는 그녀의 변호사와 의논했다.

confide A to B

A를 B에게 맡기다

The children were **confided to** her care.
아이들은 그녀에게 맡겨졌다.

He **confided** his money **to** his brother's safe-keeping.
그는 자신의 돈을 형의 금고에 맡겼다.

confide in

비밀을 털어놓고 말하다

They have no friend to **confide in**.
그들은 비밀을 털어놓고 얘기할 친구가 없다.

I **confide in** him alone.
내가 비밀을 털어놓을 수 있는 사람은 그분이다.

confine to

(수동태 또는 재귀 용법으로) 가두다, 감금하다

He **confined** himself **to** his room.
그는 방에 틀어박혔다.

I have been **confined to** my bed for a week.
나는 일주일 째 병으로 자리에 누워있다.

conform to

(규칙, 관습 등에) 따르다, 순응하다

Students must **conform to** the school dress code.
학생은 학교의 복장 규정에 따라야 한다.

The novel **conformed to** our notion of a good story.
그 소설은 우리가 말하는 좋은 이야기라는 견해를 따랐다.

congratulate ~ on

…을 축하하다

Let me **congratulate** you **on** your success.
성공을 축하합니다.

I **congratulate** you **on** your election.
당선을 축하합니다.

consist in

…에 있다

Happiness **consists in** working toward one's goals.
행복이란 목표를 향하여 노력하는 데 있다.

Strength does not **consist in** mere physical power.
힘이란 단순히 육체적인 힘에만 있는 것은 아니다.

consist of

…로 이루어지다

Water **consists of** hydrogen and oxygen.
물은 산소와 수소로 구성된다.

The committee **consists of** five members.
위원회는 5명으로 구성되어 있다.

consist with

…와 일치하다, 양립하다

The testimony **consisted with** all known facts.
그 증언은 이미 알려진 사실과 일치했다.

Health **consists with** temperance.
건강은 금주와 양립한다.

contend with

다투다, 싸우다, 논쟁하다

She always **contends with** him about silly trifles.
그녀는 언제나 하찮은 일로 그와 말다툼한다.

Korea is **contending with** other countries in automobile production. 한국은 자동차 산업에서 다른 나라들과 경쟁하고 있다.

contribute to

…에 도움이 되다, 이바지하다, 기부(기여, 공헌)하다; 기고하다

He **contributed to** improve the national music.
그는 국민 음악을 향상시키는데 기여했다.

I think her presence will **contribute to** his comfort.
그녀가 있으면 그에게는 위안이 되리라고 생각한다.

Food additives may **contribute to** cancer.
식품 첨가물은 암의 한 원인이 될 수 있다.

She has **contributed to** articles to a magazine once a month.
그녀는 한 달에 한 번씩 잡지에 글을 기고하고 있다.

convince ~ of

…에게 확신(납득)시키다

He shall easily **convince** you **of** its truth.
그는 그것이 사실이라는 것을 너에게 쉽게 납득시킬 수 있을 것이다.

I am fully **convinced of** your innocence.
네가 무죄라는 것을 충분히 확신하고 있다.

cope with

대처하다, 잘 처리하다, 수습하다

I envy you for your ability to **cope with** the situation.
상황에 잘 대처하는 너의 능력이 부럽다.

He may not be able to **cope with** those problems.
그는 그 문제들을 잘 처리할 수 없을지도 모른다.

correspond to

일치하다, 부합하다, 대응하다

Her answer **corresponds to** my expectation.
그녀의 대답은 내가 예상한 것과 일치한다.

His living does not **correspond to** his income.
그의 생활은 그의 수입에 걸맞지 않는다.

A bird's wing **corresponds to** a human arm.
새의 날개는 사람의 팔에 해당된다.

correspond with

…와 편지 왕래하다, 통신하다

I have **corresponded with** her for 3 years.
나는 그녀와 3년 동안 편지를 주고받고 있다.

He earnestly wishes to **correspond with** her.
그는 그녀와의 편지 왕래를 몹시 바란다.

count on (upon)

의지하다, 기대하다, 믿다

If I got into trouble I could always **count on** him.
내가 곤경에 빠질 때면 언제나 그에게 의지하곤 했다.

May I **count on** your coming?
당신이 오리라고 기대해도 될까요?

cover up

완전히 덮다, 싸다; 감추다, 은폐하다

She put a cloth over the floor to **cover up** the mess.
그녀는 지저분한 것들을 감추기 위해 마루를 천으로 덮었다.

I forced a smile to **cover up** my confusion.
나는 당황한 것을 숨기기 위해 억지로 미소를 지었다.

cross out

선을 그어 지우다, 말소하다

If you think it's wrong, **cross** it **out** and write it again.
만약 틀렸다고 생각하면 선을 그어 지우고 다시 써라.

My name was **crossed out** on the list.
명단에서 내 이름이 지워져 있었다.

cry off

손을 떼다, 포기하다, 취소하다

She usually says she'll there and then **cries off** at the last minute.
그녀는 보통 가겠다고 하고 나서 마지막 순간에 취소한다.

He tired to **cry off** at the last moment saying he had to work late.
그는 늦도록 공부해야 한다고 말하면서 마지막 순간에 포기하려 했다.

cure ~ of

병을 고치다; 없애다

He easily **cured** a child **of** a cold.
그는 쉽게 아이의 감기를 낫게 했다.

Even whisky could not **cure** him **of** his anxieties.
위스키조차도 그의 불안을 없애주지는 못했다.

cut ~ short

…을 급하게 끝내다, 중단시키다, 가로막다

She had to **cut short** her vacation when she heard that her mother was ill.
그녀는 어머니가 아프다는 소식을 듣고 휴가를 급하게 끝내야 했다.

I tried to explain, but he **cut** me **short**.
내가 설명하려고 했지만 그가 가로막았다.

A/O

B/P

C/Q

D/R

E/S

F/T

G/U

H/V

I/W

J/X

K/Y

L/Z

M

N

cut dead

일부러 모른 체하다, 완전히 무시하다

He **cut** me **dead** in the street.
그는 길에서 나를 모른 체했다.

I saw him in town but he just **cut** me **dead**!
시내에서 그를 봤는데 그는 나를 무시했다.

cut down

베어 넘어뜨리다; 줄이다, 절감하다

I had my father's tuxedo **cut down** to fit me.
아버지의 턱시도를 내게 맞도록 고쳤다.

The firm has **cut down** production.
그 회사는 생산을 줄였다.

I've decided to **cut down** cigarettes.
나는 담배를 줄이기로 결심했다.

cut in

끼어들다, 옆에서 말참견하다, 가로막다

I wish she would stop **cutting in** on our conversation all the time.
그녀가 항상 우리의 대화에 끼어드는 것을 좀 그만 두면 좋을 텐데.

It is rude to **cut in** while others are talking.
남들이 말하고 있는데 말참견하는 것은 무례한 짓이다.

cut up

잘게 썰다; (보통 수동태로) 몹시 슬프게 하다, 기분을 언짢게 하다

His mother has to **cut up** all his food for him.
그의 엄마는 그를 위해 모든 음식을 잘게 썰어야 한다.

I'm rather **cut up** about him. 나는 그의 일로 몹시 슬프다.
She still seems very **cut up** about it.
그녀는 그 일로 아직도 기분이 매우 언짢은 것 같다.

D/d

date from

(특정한 시기, 시대에) 속하다, 기원을 가지다

This church **dates from** the 13th century.
이 교회의 기원은 13세기로 거슬러 올라간다.

This book **dates from** the 1600s. 이 책이 나온 것은 1600년대이다.

dawn on

이해되기 시작하다, 보이기 시작하다, 분명해지다, 알게 되다

The meaning at last **dawned on** me.
나는 마침내 뜻을 알게 되었다.

It at last **dawned on** him that he was in danger.
그는 자기가 위험하다는 것을 드디어 깨닫게 되었다.

deal in

매매하다, 장사하다, 거래하다

He **deals in** canned foods. 그는 통조림 식품을 판매한다.

They mainly **deal in** cosmetics. 그들은 주로 화장품을 매매한다.

deal with

처리하다, 해결하다

How will you **deal with** this problem?
이 문제를 어떻게 처리하겠소?

One of our secretaries **deals** exclusively **with** customers complaints.
우리 비서들 중의 한 명이 소비자들의 불만을 전적으로 해결하고 있다.

decide on

(…로, …을) 결정하다

Have you **decided on** going abroad?
외국에 가기로 결정했니?

Have you **decided on** a date for your wedding?
당신의 결혼 날짜를 정했습니까?

delight in

(…하여) 즐기다

He **delights in** teasing his younger sister.
그는 여동생을 못살게 굴면서 즐거워한다.

Some people **delight in** the misfortunes of others.
어떤 사람들은 다른 이들의 불행에서 즐거움을 얻는다.

depend on

… 에 좌우되다, …을 믿다, …에 의존하다

To what extent does human nature **depend on** genetic inheritance?
인간의 본성은 어느 정도까지 유전적인 요인에 의해 좌우되는 것일까?

The sciences **depend on** one another.
과학은 서로 의존하고 있다.

Can I **depend on** this timetable?
이 시간표를 믿어도 괜찮겠니?

That **depends on** your courage. 그것은 너의 용기에 달려있다.

deprive A of B

A에서 B를 빼앗다

The war **deprived** her **of** her only son.
전쟁은 그녀에게서 유일한 아들을 빼앗아갔다.

This law will **deprive** us **of** our most basic rights.
이 법률은 우리에게서 우리의 기본권 대부분을 박탈할 것이다.

derive A from B

B에게서 A를 끌어내다, …의 어원을 나타내다

She **derives** great pleasure **from** playing the violin.
그녀는 바이올린을 연주하면서 아주 기뻐했다.

These words are **derives from** Latin.
이 말들을 라틴어에서 온 것이다.

despair of

절망하다, 단념하다

They **despaired of** finding the children alive.
그들은 아이들 찾는 것을 단념했다.

She **despaired of** her son because he shows no interest in getting a job.
그녀는 아들이 직업을 구하는 것에 전혀 관심을 보이지 않아 그에게 절망했다.

die away

(빛, 소리 따위가) 차츰 사라지다, 희미해지다

The sound slowly **died away**.
소리는 차차 희미해져 갔다.

The strange noise **died away** and an absolute silence closed in upon us.
이상한 소음은 점차 사라지고 완전한 침묵이 우리를 감싸왔다.

die from + (상처, 부주의)

(상처, 부주의) …로 죽다

My grandfather **died from** a heart attack.
나의 할아버지는 심장마비로 돌아가셨다.

He **died from** bullet wounds.
그는 총상을 입고 죽었다.

die of + (병, 굶주림, 노령)

(병, 굶주림, 노령) …으로 죽다

My grandmother **died of** old age.
나의 할머니는 노령으로 돌아가셨다.

She **died of** a cancer.
그녀는 암으로 죽었다.

die out

사라지다, 멸종하다; 쇠퇴하다

Dinosaurs **died out** millions of years ago.
공룡은 수백만 년 전에 멸종했다.

Smallpox has completely **died out** in this century.
천연두는 이 시대에 완전히 사라졌다.

differ from

…와 다르다

The reader's interpretation may **differ from** the authors.
독자의 해석은 저자와는 다를 수도 있다.

His opinion does not **differ** much **from** yours.
그의 의견은 당신 의견과 별로 다르지 않다.

dispense with

…없이 지내다, …(의 수고)를 덜다, (법, 규칙 따위를) 완화(면제)하다

Man cannot **dispense with** water even for a day.
사람은 하루라도 물 없이는 지낼 수 없다.

It's so warm today that I can **dispense with** an overcoat.
오늘은 너무 따뜻해서 외투 없이 지낼 수 있다.

Machinery **dispenses with** much labor.
기계는 많은 인력을 덜어준다.

A/O

B/P

C/Q

D/R

E/S

F/T

G/U

H/V

I/W

J/X

K/Y

L/Z

M

N

dispose of

처분하다, 매각하다, (음식을) 먹어치우다

How are you going to **dispose of** all rubbish?
그 쓰레기를 모두 어떻게 처분할 생각이니?

How will they **dispose of** this problem?
그들이 이 문제를 어떻게 처리할 작정이지?

distinguish A from B

A와 B를 구별하다, 식별하다

The twins are so alike and it's difficult to **distinguish** one **from** the other.
그 쌍둥이들은 아주 닮아서 서로 구별하는 것이 어렵다.

How can you **distinguish** an Englishman **from** an American?
영국인과 미국인을 어떻게 구별할 수 있습니까?

do away with

버리다, 처분하다; (사람이 가축을) 죽이다

We should **do away with** a bad custom.
우리는 나쁜 습관을 없애야 한다.

These ridiculous rules and regulations should have been **done away with** years ago.
이 터무니없는 규칙과 규제들은 수 년 전에 없어져야 했다.

do for

알맞다, 어울리다; 해치우다, 지치게 하다

You won't **do for** a teacher.
너는 선생으로 알맞지 않다.

I was **done for** after a long walk.
먼 길을 걸어서 녹초가 되었다.

I'll **do for** him if I catch him.
잡기만 하면 그를 해치우고 말겠어.

do up

포장하다; 손질하다, 치우다, (머리를) 땋다, 세탁하다; (수동태로) 몹시 지치게 하다

Please **do** these things **up** for me.
이것을 포장 좀 해주십시오.

The room was **done up** for the visitors.
방은 손님을 맞기 위해 깨끗이 정돈되어 있었다.

I'm too **done up** to move.
너무 지쳐서 움직일 수가 없다.

do with

필요하다, 처리하다, …을 다루다; …을 참다

What have you **done with** the book?
책을 어떻게 했니?

I could **do with** more space here.
여기가 좀 더 넓었으면 좋겠다.

I really can't **do with** you behaving like this.
너의 이와 같은 행동은 정말 참을 수가 없어.

do without

…없이 지내다 (견디다)

Can we **do without** water for one day?
하루라도 물 없이 지낼 수 있습니까?

I can not **do without** bread. 나는 빵 없이는 지낼 수가 없다.

draw on

점점 가까워지다, 끌어당기다, 꾀다; 의지하다

It grew colder as night **drew on**.
밤이 가까워짐에 따라 점점 더 추워졌다.

Your expert knowledge will be **drawn upon** increasingly as negotiations proceed.
교섭이 진전됨에 따라 자네의 전문적 지식에 의지하는 일이 많아지겠지.

draw up

정렬시키다, (계획을) 세우다, (서류를) 작성하다; (자동차 따위) 서다

We must **draw up** a plan. 우리는 계획을 세워야한다.

I've **drawn up** a list of candidates that I'd like to interview.
나는 인터뷰하고 싶은 후보의 목록을 작성하였다.

We saw a police car **draw up** to our house.
경찰차가 우리 집에 서는 것을 보았다.

dream of

꿈같은 일을 생각하다, 몽상하다; (부정문에서) 꿈에도 생각지 않다

She **dreamed of** becoming a language teacher.
그녀는 어학 선생이 되려고 생각했다.

I couldn't **dream of** succeeding so well.
그렇게 성공하리라고는 꿈에도 생각지 못했다.

I wouldn't **dream of** asking her.
그녀에게 물어보고 싶은 생각은 추호도 없다.

dream up

(계획, 행동을) 생각해내다

Who on earth **dreams up** the plots for these soap operas?
도대체 누가 이 드라마들의 줄거리를 생각해낸 걸까?

Who **dreamt up** that method? 누가 그 방법을 생각해냈지?

dress up

잘 차려입다; 정장하다

You don't need to **dress up** just to go to the pub, jeans and a T-shirt will do.
술집 가는데 차려입을 필요는 없어, 청바지와 티셔츠로 충분할 거야.

I don't want to go to their wedding because I hate having to **dress up**.
나는 정장을 하는 것을 싫어하기 때문에 그들의 결혼식에 가고 싶지 않다.

drop in

잠시 들르다

We'll only have time to **drop in** at his party.
그의 파티에 잠깐 얼굴을 내밀 정도의 시간밖에 없어.

I wish you **drop in** on me more often.
당신이 좀더 자주 내게 들러줬으면 합니다.

dwell on

…을 곰곰이(찬찬히) 생각하다; …을 길게(상세히, 강조하여) 말하다(쓰다)

Don't **dwell on** your past failure, but think of your future.
과거의 실패에 대해 곰곰이 생각할 게 아니라, 장래를 생각하라.

Newspapers always **dwell on** bad news.
신문은 늘 나쁜 뉴스를 자세히 취급한다.

E/e

eat out

외식하다

Let's eat **out for** a change. 기분 전환으로 외식을 하자.
Do you fancy **eating out** tonight? 오늘밤 외식하는 것 어때?

end up

결국 마지막에는 (…이) 되다

The wounded soldier **ended up** a bedridden cripple.
그 부상병은 결국 누워 있어야만 하는 불구자가 되고 말았다.

We were going to go out, but **ended up** watching videos.
우리는 외출하려고 했으나 결국 비디오만 봤다.

enter into

(교섭, 토의 등에) 들어가다, 종사하다, …과 관계하다, (문제에) 개입하다, 조사하다, 위로하다

> They **entered into** a discussion. 그들은 토론을 시작했다.
> We shall **enter into** this subject later on.
> 이 문제는 나중에 다루고자 한다.
>
> Obviously personal relationships **entered into** it.
> 분명히 그것에 사적인 관계가 개입되었다.

enter on

(새 사업 등에) 착수하다, …에 들어가다, (문제를) 조사하다, 다루다

> They refused to **enter on** negotiations.
> 그들은 협상에 착수하기를 거부했다.
>
> He **entered on** a political career at the aga of 40.
> 그는 40세의 나이에 정계에 들어갔다.

entitle ~ to

…에게 권리, 자격을 주다

> This ticket **entitles** you **to** free admission.
> 이 표를 가지면 무료로 입장할 수 있다.
>
> A membership card **entitles** you **to** take a guest with you free.
> 회원카드를 소지하면 손님 한 명을 무료로 데려갈 수 있다.

exchange A for B

A를 B와 교환하다

> I'd like to **exchange** this blouse **for** a smaller size.
> 이 블라우스를 작은 것으로 교환하고 싶습니다.
>
> Where can I **exchange** American money **for** won?
> 어디에서 달러를 원화로 바꿀 수 있을까요?
>
> I would not **exchange** my house **for** a palace.
> 나는 내 집을 궁전과도 바꾸고 싶지 않다.

F/f

fade away

기력이 쇠하다, 시들다, 서서히 사라져가다

Daylight is **fading away**.
날이 저물어가고 있다.

The children's memories of their father slowly **faded away**.
아버지에 대한 아이들의 기억이 서서히 희미해졌다.

Old soldiers never die, they just **fade away**.
노병은 죽지 않는다, 다만 사라질 뿐이다.

fail in

실패하다

He worked hard only to **fail in** business.
그는 열심히 일했지만 사업에 실패했다.

I **failed in** persuading him.
그를 설득하는 데 실패했다.

fall away

버리다, 이탈하다; 물러가다, 작아지다, 야위다, 저버리다

His former friends **fell away** from him.
옛날 친구들은 그를 버렸다.

A piece of wood had **fallen away** from the foot of the door.
문의 밑바닥에서 나무 조각 하나가 떨어져 나갔다.

His flesh **fell away**. 그는 몸이 야위었다.

fall back

후퇴하다, 주춤하다

She **fell back** in disgust.
그녀는 역겨움 때문에 주춤했다.

He ordered the men to **fall back**.
그는 사람들에게 후퇴하라고 명령했다.

fall back on

…에 의지하다, …을 믿다, …으로 되돌아오다

In case you fail, you must have something to **fall back on**.
네가 실패할 경우에, 의지할 무언가가 있어야 한다.

When the business failed, we had to **fall back on** our savings.
사업이 실패했을 때 우리는 저축에 의지해야 했다.

fall behind

뒤지다, (지불이) 늦어지다, 밀리다

We have **fallen** hopelessly **behind** schedule.
우리는 어쩔 도리 없이 예정보다 늦어버렸다.

He was ill for six weeks and **fell behind** with his school work.
그는 6주 동안 아파서 학업에 뒤쳐졌다.

I've **fallen behind** with the rent.
나는 집세 지불이 밀려있다.

fall down

굴러 떨어지다, 실패하다; (논의, 방책, 계획 등이) 잘되지 않다

She **fell down** and twisted her ankle.
그녀는 굴러 떨어져서 발목을 삐었다.

France **fell down** completely in its diplomacy.
프랑스는 외교에서 완전히 실패했다.

A/O

B/P

C/Q

D/R

E/S

F/T

G/U

H/V

I/W

J/X

K/Y

L/Z

M

N

fall flat

순조롭지 못하다, 효과가 없다, (계획, 시도가) 실패로 끝나다

Whenever he tries to tell a joke, it always **falls flat**.
그가 농담을 하려고 할 때면, 언제나 반응이 없다.

The government's new scheme **fell flat** on its face.
정부의 새로운 계획이 완전히 실패로 끝났다.

fall in with

우연히 만나다, 알게 되다, …과 일치하다; (계획 등에) 응하다, 받아들이다

I **fell in with** him in New York.
나는 뉴욕에서 그를 우연히 만났다.

She **fell in with** a strange crowd of people at university.
그녀는 대학에서 이상한 무리들과 사귀게 되었다.

He **fell in with** my proposal. 그는 내 제안을 받아들였다.

fall on(upon)

…을 공격하다, 먹다; …을 만나다, (우연히) …에 떨어지다, 정해지다, …의 손에 넘어가다

The enemy **fell upon** them as they slept.
적은 그들이 자고 있을 때 공격했다.

Christmas **falls on** Sunday this year.
금년 크리스마스는 일요일이 된다.

The estate **fell on** his niece. 재산은 그의 조카딸 손에 넘어갔다.

fall out with

싸우다, 사이가 틀어지다

She's **fallen out with** her boyfriend.
그녀는 남자친구와 사이가 나빠졌다.

He left home after **falling out with** his parents.
그는 부모와 싸운 후 집을 떠났다.

fall short of

…이 부족하다, …에 못 미치다

His results **fell short of** our expectations.
그의 결과는 우리의 기대에 미치지 못했다.

The arrow **fell short of** the mark.
화살은 과녁에 미치지 못했다.

fall to

…하기 시작하다, 임무(역할)이 되다

They **fell to** crying at the news.
그들은 그 소식을 듣고 울기 시작했다.

It **fell to** me to give her the bad news.
그녀에게 나쁜 소식을 전하는 것이 나의 역할이 되었다.

fall under

…에 해당되다, …의 책임(관할)이다, 당하다

That area **falls under** your jurisdiction.
그 지역은 당신의 관할 구역에 있다.

He **fell under** her spell.
그는 그녀에게 매혹되었다.

feed on

…을 먹이로 하다, …을 주식으로 하다

Owls **feed on** mice and other small animals.
올빼미들은 쥐와 다른 작은 동물들을 먹고 산다.

Love **feeds on** jealousy.
사랑은 질투로 가꾸어진다.

feel for

…에 동정하다; 손으로 더듬다

I **feel for** you deeply.
나는 너를 깊이 동정하고 있어.

He **felt for** her in her troubles.
그는 곤경에 처한 그녀를 가엾게 생각했다.

There he stopped and **felt for** his purse.
거기에서 그는 멈추어 서서 지갑을 손으로 더듬어 찾았다.

feel free

사양하지 않고(마음대로)…하다

Do **feel free** to help yourself to coffee.
사양하지 말고 마음껏 커피를 드세요.

"Could I use your phone for a minute?" "**Feel free**"
"잠깐만 당신의 전화기를 사용해도 될까요?" "얼마든지 그러세요."

feel like

…하고 싶은 마음이 생기다; (아무래도) …같다; …한 느낌이 들다

I don't much **feel like** working these days.
요즈음은 일하고 싶은 마음이 생기지 않아.

It **feels like** snow. 아무래도 눈이 내릴 것 같다.

I **feel like** I might have a little bit of fever.
열이 좀 있는 것 같다.

feel up to

(부정문, 의문문, 조건문) …을 할 수 있을 것 같이 생각되다, …을 이길 만한 건강 상태에 있다

I don't **feel up to** a long hike today.
오늘은 멀리까지 하이킹 할만한 기운이 없다.

Did you **feel up to** the work?
그 일을 이겨낼 수 있을 것 같은 기분이 들었니?

figure out

계산하여 합계하다; …을 이해하다, 생각해내다

We **figured out** how much time the trip would take.
여행에 소요되는 시간을 계산해 보았다.

I can't **figure out** what he is driving at.
그가 무엇을 노리고 있는지 짐작할 수가 없다.

Did you **figure out** how to get there?
그 곳에 어떻게 가는지 그 방법을 생각했니?

fill in

필요 사항을 기입하다, 써넣다; 메우다, 채워 넣다

Don't forget to **fill in** you boarding cards.
탑승권에 기입하는 것을 잊지 말아라.

Fill in the blanks.
빈칸을 채워 넣으시오.

fill out

메우다, 빈자리에 써넣다

Could you **fill out** a form?
이 양식에 기입해 주시겠습니까?

Please **fill out** this registration form.
이 숙박카드를 작성해 주십시오.

find out

…을 알아내다, 찾아내다, 알다, 이해하다

I'm going to **find out** who's behind this.
이번 일의 배후에 누가 있는지를 알아내겠어.

How did you **find out** that he had gone abroad?
그가 외국에 나간 것을 어떻게 알았니?

A/O
B/P
C/Q
D/R
E/S
F/T
G/U
H/V
I/W
J/X
K/Y
L/Z
M
N

furnish A with B

A에게 B를 마련해주다, 공급하다

The travel company has **furnished** us **with** all the details of our journey.
여행사는 우리에게 여행에 필요한 모든 세세한 정보를 제공해주었다.

They **furnished** the expedition **with** food.
그들은 탐험대에 음식을 공급하였다.

G/g

gain on(upon)

…을 침해하다, …에 다가가다; …보다 앞서다; …의 환심을 사다; …을 사로잡다

In spring the day **gains on** the night.
봄에는 낮이 밤보다 길어진다.

The passion for liquor was **gaining on** him.
술에 대한 그의 애착이 점점 강해졌다.

gaze at

응시하다, 빤히 쳐다보다

Every day for a week she would sit **gazing at** the painting.
그녀는 일주일동안 매일 그 그림을 응시하며 앉아 있었다.

I **gazed at** the stars.
나는 별을 가만히 쳐다보았다.

get about

돌아다니다; (소문 등이) 널리 알려지다; (일에) 착수하다, 힘을 내어 하다

He is now **getting about** again.
그는 이제 회복해서 전처럼 돌아다닌다.

The story has **got about** everywhere. 그 이야기는 사방으로 퍼졌다.

Now **get about** the job at once. 자, 곧 일에 착수해라.

get along

나아가다, (일이) 잘 돼가다, 살아가다, 마음이 맞다, 사이좋게 지내다

The ship was **getting along** quickly. 배는 빠른 속도로 나아가고 있었다.

The business is **getting along** very well.
사업은 아주 잘 돼가고 있었다.

We cannot **get along** without money.
우리는 돈 없이는 살아갈 수 없다.

They do not seem to **get along** well together.
그들은 서로 잘 맞지 않는 것 같다.

get around

돌아다니다; (소문 따위가) 퍼지다; 속이다, 설득하다, (곤란 등을) 모면하다

It quickly **got around** that he was back in town.
그가 낙향했다는 소문이 신속하게 퍼졌다.

She knows very well how to **get around** her father.
그녀는 아버지를 어떻게 설득하는지를 매우 잘 안다.

get off

(…을) 떠나다, …에서 내리다; 출발하다; 놓아주다, (벌 따위를) 면하다(면하게 하다); (남을) 보내다

Turn right when you **get off** the elevator.
엘리베이터에서 내리셔서 우측으로 가십시오.

I must be **getting off**. 이젠 가봐야겠습니다.

The counsel **got** him **off**. 변호사 덕분에 그는 벌을 모면했다.

get on

…에 타다; (시간, 나이 따위가) 나아가다, 잘되다, 지내다

Such a person is bound to **get on** in life.
그와 같은 사람은 틀림없이 성공한다.

How are you **getting on?**
어떻게 지내?

She is **getting on** for forty.
그녀는 마흔 살이 되어갔다.

get on with

(일 등이) 척척 진행되다; 사이좋게 지내다, 마음이 맞다

I am **getting on with** my studies.
나는 연구를 진행시켜야겠다.

It is hard to **get on with** a suspicious man.
의심 많은 사람과 사이좋게 지내기는 힘들다.

get out

나가다, 떠나다; (비밀, 뉴스 등이) 알려지다, 꺼내다, 발행하다

Get out at once!
당장 떠나거라!

I'll be in trouble if the story **gets out**.
그 이야기가 누설되면 나는 곤란해진다.

get out of

…을 피하다, (남을 책임에서) 면하게 하다; …에서 나가다, 도망치다; …에서 알아내다

If you can't stand the heat, **get out of** the kitchen.
중이 절이 싫으면 절간을 떠나야 한다.

I wish I could **get out of** making a speech.
연설을 하지 않으면 좋을 텐데.

His illness **got** him **out of** having to attend the meeting.
그는 몸이 아파서 회의에 나갈 수가 없었다.

I could **get** nothing **out of** him.
나는 그에게서 아무 것도 알아내지 못했다.

get over

…에서 회복하다, 넘어가다, 건너다; 극복하다, 설득하다; 이해시키다; 끝마치다

He soon **got over** his illness.
그는 병에서 곧 회복되었다.

It's best quite **got over** quickly.
빨리 끝내는 것이 상책이다.

She has quite **gotten over** her husband's death.
그녀는 남편의 죽음에 대한 슬픔을 다 이겨냈다.

He is trying to **get** the facts **over** to the people.
그는 사람들에게 그 사실을 이해시키려고 애쓰고 있다.

get through

…을 빠져나가다, 마치다, 통과하다, 합격하다; (전화가) 통하다; (돈, 시간을) 써 버리다

As soon as I **get through** with my work, I will join you.
내 일을 끝마치자마자 너와 합류할게.

I'm afraid your daughter failed to **get through** her mid-tern exams.
자네의 딸이 중간시험에 통과하지 못할까봐 걱정이네.

The telegraph operator is trying to **get through** to the coast guard.
그 통신사는 해안 경비대와 연락을 취하려고 애쓰고 있다.

He **gets through** at least 50,000won every weekend.
그는 주말마다 적어도 5만원은 써버린다.

A/O
B/P
C/Q
D/R
E/S
F/T
G/U
H/V
I/W
J/X
K/Y
L/Z
M
N

get to

도달하다, …과 연락이 닿다; …을 시작하다

What time do you **get to** work?
몇 시에 직장에 도착해?

What's the best way to **get to** this address?
이 주소로 가려는데 어떻게 가야 가장 좋겠어요?

When she **gets to** talking, she forgets everything.
이야기를 시작하기만 하면 만사를 잊어버린다.

get together

모이다, 단결하다, (의견이) 일치하다

We still **get together** once a year.
우리들은 아직까지도 일 년에 한번 모임을 가진다.

The jury was unable to **get together**.
배심원들은 의견의 일치를 보지 못했다.

get up

일어나다, 세우다, 열다, 계획하다

What time did you **get up** this morning?
오늘 아침 몇 시에 일어났니?

She **got up** to answer the bell.
그녀는 손님을 맞으러 자리에서 일어섰다.

She's **getting up** a dramatical performance.
그녀는 연극 공연을 계획하고 있다.

give away

주다, 폭로하다, 누설하다

His German accent **gave** him **away**.
그의 독일어 악센트로 그의 정체가 드러났다.

You have **given away** a good chance of success.
너는 아깝게도 성공할 좋은 기회를 놓쳤구나.

A/O

B/P

C/Q

D/R

E/S

F/T

G/U

H/V

I/W

J/X

K/Y

L/Z

M

N

give in

굽히다, 양보하다, 승낙하다

He will not **give in** except on fair terms.
그는 공평한 조건이 아니면 양보하지 않을 것이다.

She was determined not to **give in** until she received compensation for the accident.
그녀는 사고에 대한 보상을 받을 때까지 굽히지 않기로 결심했다.

give off

(증기, 가스, 빛, 냄새 등을) 발하다, 발산하다

Chives **give off** a delicate oniony scent.
쪽파는 은은한 양파 향을 낸다.

Our bodies use oxygen and **give off** carbon dioxide.
사람의 신체는 산소를 마시고 탄산가스를 내보낸다.

give out

나눠주다, 뿜어내다, 발표하다, (힘, 저축 따위가) 다되다, 지치다

The teacher **gave out** the examination papers.
선생님이 시험지를 나눠주셨다.

The engine **gave out** one last sputter and died.
엔진은 마지막으로 탁 소리를 내더니 꺼져 버렸다.

The news was **given out** this morning.
그 소식은 오늘 아침 발표되었다.

My feet began to **give out**.
발이 피로해지기 시작했다.

The food supplies will **give out** at the end of the week.
식량 공급이 주말쯤에 바닥날 것이다.

give over

(…하기를) 그만두다, 맡기다, 양도하다

Give over, both of you!
둘 다 그만둬라!

Give over teasing the cat.
고양이를 괴롭히는 짓은 그만둬라.

He **gave over** all his property to the state.
그는 자기의 모든 재산을 나라에 양도했다.

give up

…하기를 중단하다, 손을 떼다; 단념하다; 맡기다, 양보하다

You should **give up** smoking and drinking.
당신은 흡연과 음주를 금해야 한다.

She was so late that I **gave** her **up**.
그녀가 너무 늦어서 나는 그녀를 포기했다.

I **gave up** after running about ten minutes.
나는 십 분쯤 달린 다음 포기했다.

He **gave up** his seat to an old man.
그는 노인에게 자리를 양보했다.

go about

돌아다니다; (일 등에) 착수하다; …을 열심히 하다; (소문이) 퍼지다

Go about your work as if I weren't here.
내가 여기에 없다 생각하고 일을 열심히 해라.

Go about your own business.
남의 일은 상관 말고 네 일이나 열심히 해라.

A report **goes about** that he is going to resign.
그가 사임할 것이라고 소문이 있다.

go by

(..을) 지나가다, (기회 등이) 지나가 버리다, 놓치다; …에 의하여 판단하다

My vacation **went by** quickly.
나의 휴가는 금방 지나가 버렸다.

Never let a good opportunity **go by**.
절대로 좋은 기회를 놓치지 마라.

You can't always **go by** appearances.
언제나 겉모습만 보고 판단해서는 안 된다.

go down

내리다, 오랫동안 잊히지 않다, 기록되다; 받아들여지다, …에게 납득되다 (=be received)

The ship **went down** with all hands.
그 배는 승무원 전원과 더불어 물속에 가라앉았다.

Land values will never **go down**.
땅값은 절대 떨어지지 않을 것이다.

I hope I'll **go down** in history as a famous English professor.
나는 역사에 유명한 영어 교수로 기록되기를 희망합니다.

That plan **went down** well with the committee members.
그 계획은 위원들에게 잘 납득이 되었다.

go for

…을 공격하다; …을 가지러(찾으러, 구하러) 가다; 찬성하다; …라고 생각되다, …에도 해당되다; …을 좋아하다

The watch dog **went for** the prowler.
집 지키는 개는 좀도둑에게 덤벼들었다.

Shall I **go for** a doctor?
의사를 부르러 갈까요?

Who will you **go for**?
너는 누구에게 투표할 거니?

Do you **go for** modern music? 현대 음악을 좋아하세요?

I told him to work harder, and that **goes for** you, too.
나는 그에게 더 열심히 공부하라고 말했는데 그건 너에게도 역시 해당되는 말이야.

go in for

(경기 등에) 참가하다, (시험을) 치다; …을 좋아하다, …에 종사하다

Are you **going in for** the Civil Service Examination?
공무원 시험을 칠거니?

I **go in for** all kinds of sports.
스포츠라면 뭐든지 좋아합니다.

Have you ever considered **going in for** medicine?
의학에 종사하는 것에 대해 생각해본 적 있습니까?

go into

…에 들어가다, …으로 통하다, …에 종사하다, 논하다, 조사하다

She wants to **go into** the army.
그녀는 군대에 들어가길 원하고 있다.

The matter is worth **going into**.
그 문제는 상세히 논의할 만한 가치가 있다.

This is the first book to **go into** her personal life as well as her work.
이것은 그녀의 작품뿐만 아니라 개인적인 삶까지 상세히 다룬 최초의 책이다.

go off

폭발하다; 발사하다; (맛이) 나빠지다, (일이) 되어가다

The firecracker **went off** with a bang.
폭탄이 굉음과 함께 폭발했다.

Meat soon **goes off** in this weather.
이런 날씨에는 고기가 곧 상한다.

go on

…을 계속하다, 앞으로 전진하다, 해나가다; 일어나다, 마구 지껄이다

Please **go on** with your story.
얘기 계속해 주세요.

The battle **went on** all day. 전투는 온종일 계속되었다.

We **went on** a little further along the same road.
우리는 같은 길을 좀 더 전진했다.

For the first two days he **went on** very well.
처음 이틀 동안 그는 잘해 나갔다.

What's **going on** next door?
이웃에 무슨 일이 일어난 것일까?

go out

외출하다; (불 등이) 꺼지다; 유행에 뒤지다; 동맹 파업을 하다; 알려지다

You must on no account **go out** in this storm.
너는 이런 폭풍 속에 결코 외출해서는 안돼.

My cigar **went out**.
내 시가의 불이 꺼졌다.

Long skirt has **gone out**.
롱스커트는 유행이 지났다.

The workmen **went out** for higher wages.
노동자들은 임금 인상을 요구하며 동맹 파업에 들어갔다.

The story **went out** to everybody.
그 이야기는 모든 사람들에게 알려졌다.

go over

…을 건너다, 넘다; 점검하다, 잘 살펴보다, 되풀이하다

Let's **go over** lesson two again.
2과를 다시 한 번 읽어봅시다.

I **went over** the report.
보고서를 잘 살펴보았다.

We should like to **go over** the house.
우리는 집을 임대하기로 결정하기 전에 잘 살펴보아야 합니다.

go round(around)

(분배물이 전원에게) 골고루 돌아가다; 빙글빙글 돌다, (이야기, 병 따위가) 퍼지다, (집 등을) 방문하다

Are there enough chairs to **go around**?
모두가 앉을 수 있을 만큼 의자가 있냐?

The earth **goes round**.
지구는 회전한다.

There's a lot of flu **going around** at the moment.
지금 유행성 감기가 퍼지고 있다.

go through

(고난 따위를) 경험하다, 극복하다; …을 다 써버리다, 통과하다; 끝내다; 검사하다

Love is like the measles, we all have to **go through** it.
사랑이란 홍역 같은 것, 누구나 겪어내야만 한다.

The country has **gone through** too many wars.
그 나라는 너무 많은 전쟁을 겪었다.

She **went through** her entire inheritance.
그녀는 유산을 전부 다 써버렸다.

The bill failed to **go through**.
그 법안은 통과되지 못했다.

He **went through** his accumulated mail.
그는 쌓인 우편물을 꼼꼼히 살펴보았다.

Where do I **go through** customs inspection?
어디에서 세관검사를 하지요?

go up

(가격, 온도 지위 등이) 오르다, 폭파되다, 소실하다; (건물이)세워지다

Prices are **going up** these days.
요즈음 물가가 점점 올라가고 있다.

The whole building **went up** in flames.
건물 전체가 불에 타버렸다.

New houses are **going up** all around the town.
시내 곳곳에 새 집들이 세워지고 있다.

A/O

B/P

C/Q

D/R

E/S

F/T

G/U

H/V

I/W

J/X

K/Y

L/Z

M

N

go with

···과 조화되다, ···에 부속되다, ···와 동반하다, ···에 동조하다, 지지하다

What jacket do you think will **go with** this tie?
어떤 재킷이 이 넥타이와 어울릴 것 같아요?

Five acres of land **go with** the house.
5 에이커의 땅이 집에 딸려 있다.

We **went with** him on that plan.
우리는 그 계획에 대하여 그에게 동조했다.

go without

···없이 지내다, ···을 갖고 있지 않다

I'd rather **go without** food than work for him.
그를 위해서 일을 하느니 차라리 음식 없이 지내겠어.

He had to learn to **go without** drinking while he was in Saudi Arabia.
그는 사우디아라비아에 있는 동안 술을 마시지 않고 지내는 법을 배워야 했다.

graduate from

···을 졸업하다

Which school did you **graduate from**?
당신은 어느 학교를 졸업하셨나요?

He **graduated from** Harvard in 2019.
그는 2019년에 하버드 대학을 졸업했다.

grow into

성장하여 ···이 되다, (몸이) ···에 충분할 만큼 커지다, (성장하여) ···을 할 수 있게 되다

She's **grown into** a lovely young woman.
그녀는 사랑스런 아가씨로 자랐다.

She **grew into** her mother's dresses.
그녀는 어머니의 옷이 맞을 정도로 성장했다.

He **grew into** the job. 그는 그 일을 해낼 수 있게 되었다.

grow out of

(사람이 옷 등을 못 입을 만큼) 너무 커지다; (성장하여) …에서 벗어나다; …에서 일어나다(발달하다)

Children soon **grow out** of their clothes.
아이들은 금방 자라서 옷을 못 입게 된다.

You have **grown out** of recognition.
몰라보게 컸구나!

All arts **grow out** of necessity.
모든 예술은 필요에서 생긴다.

grow up

성장하다, 성인이 되다

What are you going to be when you **grow up**?
넌 커서 뭐가 될 거니?

I will **grow up** to be a doctor.
나는 커서 의사가 될 거야.

H/h

hand down

자손에게 남기다, 후세에 전하다

The story was **handed down** to posterity.
그 이야기는 후손에게 전해졌다.

This ring was **handed down** from her grandmother.
이 반지는 그녀의 할머니로부터 전해진 것이다.

hand in

제출하다, 건네다

> **Hand** your papers **in** at the end of the exam.
> 시험이 끝날 때 답안지를 제출하세요.
>
> Oh, no, I forgot to **hand in** my report.
> 맙소사, 리포트를 제출하는 것을 잊어버렸어.

hand out

…을 주다, 나누어주다

> Could you start **handing** these books **out**?
> 이 책들을 나누어 주세요.
>
> Would you **hand** the cake **out** while I pour the coffee?
> 제가 커피를 따르는 동안 케이크를 나누어주시겠어요?

hand over

…의 보관에 맡기다, 넘기다, 양도하다

> The offender was **handed over** to the police.
> 죄인은 경찰에 인도되었다.
>
> He **handed over** all his property to his son.
> 그는 모든 재산을 그의 아들에게 양도했다.

hang around(about)

서성거리다, 배회하다, (사람에게) 늘 붙어 다니다, (남과)사귀다

> We don't have enough time to **hang around**.
> 우린 지금 이렇게 어슬렁거릴 시간이 없어.
>
> We always **hang around** together.
> 우리는 항상 같이 다닌다.

hang back

⋯하기를 꺼려하다, 망설이다

Don't **hang back,** go and introduce yourself.
망설이지 말고 가서 네 소개를 해라.

Many students **hang back** from asking a question.
많은 학생들은 질문하기를 망설인다.

hang on

(⋯에) 들러붙다, 매달려 있다, 견뎌내다, ⋯에 따라 결정되다

Hang on tight, it's going to be a very bumpy ride.
매우 덜컹거릴 테니까 단단히 붙들어.

Hang on to the ledge until I can get help.
구조대를 부를 때까지 암벽 선반에 잘 매달려 있어라.

hang out

(깃발 따위를) 내걸다; 몸을 내밀다; 존재하다; 시간을 보내다, 살다

The branches **hung out** over the road.
나뭇가지가 길을 뒤덮듯이 드리워져 있었다.

Where does he **hang out** there days?
그는 요즘 어디에서 지내고 있니?

hang up

전화를 끊다; (옷가지를 못이나 옷걸이에) 걸다

I'll **hang up** and call you back.
끊었다가 다시 걸어보겠습니다.

Will you **hang up** and wait, please?
전화를 끊고 기다려주세요.

Hang up your coat in the closet.
코트를 옷장에 걸어라.

A/O

B/P

C/Q

D/R

E/S

F/T

G/U

H/V

I/W

J/X

K/Y

L/Z

M

N

head for

…방향으로 향하다

The ship was **heading for** Cuba.
그 배는 쿠바 쪽으로 향하고 있었다.

It's getting late, we'd better **head for** home.
늦었다, 집으로 돌아가자.

hear from

…로부터 소식을 듣다, 연락(편지, 전화)을 받다

I'd like to **hear from** you once in a while.
종종 소식을 전해 주십시오.

I **hear from** her every week.
그녀로부터 매주 소식이 온다.

hear of

…에 대하여 전해 듣다, 소문(소식)을 듣다

Have you **heard of** him recently?
최근에 그의 소식을 들은 적 있니?

I have **heard of** her illness.
나는 그녀가 아프다는 소문을 들었다.

hit on(upon)

(생각이) 떠오르다; 우연히 발견하다

I have **hit upon** a good idea.
나는 우연히 좋은 생각이 떠올랐다.

He **hit on** this ingenious method of freezing food.
그는 식품을 냉동시키는 독창적인 방법을 우연히 생각해 냈다.

hold back

누르다, (진실을) 숨기다; 삼가다

When it comes to you, I'll be **holding** nothing **back**.
당신이라면 나는 아무 것도 숨기지 않겠어요.

The tone of his voice made her **hold back**.
그의 말투 때문에 그녀는 멈칫거렸다.

hold good

유효하다, 적용되다, 들어맞다

This advice will **hold good** throughout your life.
이 조언은 너의 인생 내내 유효할 것이다.

The rule does not always **hold good**.
그 규칙은 항상 적용되는 것은 아니다.

hold off

연기하다, 늦추다; 기꺼이 오지 못하게 하다; 주저하다

The board has decided to **hold off** its decision.
위원회는 결정을 늦추기로 했다.

I hope the rain **holds off** while we walk home.
우리가 집에 가는 동안은 비가 오지 않았으면 좋겠다.

hold out

지속하다, 이어지다; 버티다, 견디다, 내밀다, 제공하다

He **held out** his hand.
그는 손을 내밀었다.

Can you **hold out** much longer?
더 오래 견딜 수 있겠니?

How long can the enemy **hold out**?
적이 얼마나 오래 버틸 수 있을까?

hold to

지키다, 고수하다, 고집하다.

Will the new president **hold to** his election promises?
새로운 대통령은 그의 선거 공약을 지킬까?

We must **hold to** the laws.
우리는 법률을 지켜야 한다.

hold together

함께 모이다, 단결하다, 일치하다

The party was **held together** by personal loyalty to the leader.
그 정당은 지도자에 대한 개인의 충성심으로 결집된 당이다.

They **held together** against their common enemy.
그들은 공동의 적에 맞서서 단결했다.

hold with

…과 일치하다, ..에 대해 찬성(동의, 공감)하다

I don't **hold with** letting people smoke public places.
나는 공공장소에서 사람들이 담배를 피우는 것은 좋지 않다고 생각한다.

We don't **hold with** physical violence in this school.
우리는 학교에서의 육체적 폭력에는 찬성하지 않는다.

hunt for

…을 찾아 헤매다

What are you **hunting for**?
너는 무엇을 찾고 있니?

All the people in the area turned out to **hunt for** the missing child.
그 지역의 모든 사람들이 미아를 찾고 있는 것으로 드러났다.

Police are **hunting for** the terrorists who planted the bomb.
경찰은 폭탄을 설치한 테러리스트들을 찾고 있다.

hurry up

서두르다

Hurry up, the bus is coming.
서둘러라, 버스가 온다.

Hurry up, or you will be late for school.
서둘러라, 그렇지 않으면 학교에 늦을 것이다.

identify with

…와 견해(행동, 주의)를 같이하다, …의 입장이 되다

I didn't enjoy the movie because I couldn't **identify with** any of the characters.
나는 어떤 등장인물들과 같은 심정이 될 수 없어서 그 영화를 즐기지 못했다.

She became **identified with** the labor movement.
그녀는 그 노동운동에 참가하게 되었다.

idle away

하는 일없이 보내다, 빈둥거리다

We were just **idling away** the time by the river.
우리는 강가에서 빈둥거리며 시간을 보내고 있었다.

We **idle away** the hours until the attack, drinking and playing cards.
우리는 공격 개시할 때까지 술을 마시거나 카드놀이를 하며 시간을 보냈다.

A/O
B/P
C/Q
D/R
E/S
F/T
G/U
H/V
I/W
J/X
K/Y
L/Z
M
N

impose A on B

A를 B에게 강요하다

Parents **impose** their own moral values **on** their children.
부모들은 그들만의 도덕적 가치를 자신의 아이들에게 강요한다.

Colonial settlers **imposed** their own culture and religion **on** the countries that they conquered.
식민지의 이주자들은 그들의 문화와 종교를 정복한 나라들에게 강요했다.

indulge in

…에 빠지다, 탐닉하다, 실컷 즐기다

He **indulges in** unnecessary expenses.
그는 불필요한 경비를 너무 많이 쓴다.

Once in a while, she **indulges in** fantasy.
가끔 그녀는 공상에 빠진다.

inform A of B

A에게 B에 관해서 알리다, 통지하다

I **informed** her **of** his arrival.
나는 그가 도착한 것을 그녀에게 알렸다.

Inform me **of** the result of my examination, please.
나에게 시험 결과를 알려 주세요.

inquire A of B

A를 B에게 묻다

I **inquired** my way **of** a policeman.
경찰관에게 길을 물었다.

He **inquired of** me when the movie would begin.
그는 영화가 언제 시작되는지 내게 물었다.

inquire after

…의 안부(건강 상태)를 묻다, …을(를) 문병하다

She **inquired after** his grandfather's health.
그녀는 그의 할아버지의 건강상태를 물어보았다.

He **inquired after** my father.
그는 나의 아버지의 안부를 물었다.

inquire into

…을 조사하다, 탐구하다

We must **inquire into** the merits of the case.
우리는 그 사건의 시비를 조사해야 한다.

They **inquired into** the hidden cause.
그들은 감춰진 원인을 조사했다.

insist on

…라고 우기다, 강요하다, 조르다

He **insisted on** her being invited to the party.
그는 그녀를 파티에 초대해야 한다고 고집했다.

I **insist on** your being present.
자네가 꼭 출석해 주기를 바란다.

interfere in

간섭하다, 말참견을 하다

I don't like to be **interfered in**.
남에게 간섭받는 것은 질색이다.

That old woman is always **interfering in** other people's affairs.
저 할머니는 언제나 남의 일에 참견하신다.

interfere with

방해하다

Don't let your brain **interfere with** your heart.
머리로 해결할 게 아니란 말이야.

Don't **interfere with** him while he's working.
그가 일을 하고 있을 때에는 방해하지 마라.

jump at

(제안 따위에) 기꺼이 응하다, 당장 받아들이다; …에 덤벼들다

She **jumped at** the chance of a trip to Paris.
그녀는 파리로 여행할 기회를 당장 받아들였다.

The dog **jumped at** the child.
개는 그 아이에게 덤벼들었다.

K/k

keep A from B

A가 B를 못 하게 막다; B에게 A를 숨기다

The noise **kept** us **from** falling asleep.
소음 때문에 우리는 잠을 자지 못했다.

What is **keeping** him **from** coming?
그는 무엇 때문에 오지 못할까?

I **keep** nothing **from** you.
나는 너에게 아무 것도 숨기고 있지 않아.

keep abreast of

…에 뒤지지 않고 나아가다

He tries to **keep abreast of** the latest developments in computing.
그는 컴퓨터 계산에 있어서 가장 최근의 발전 수준에 뒤지지 않으려 노력한다.

We must read the papers to **keep abreast of** the times.
우리는 시대의 흐름에 맞추기 위하여 신문을 읽어야 한다.

keep at

계속해서 하다, 참고 노력하다

I **kept at** it and finally finished at 3 o'clock in the morning.
나는 그 일을 끈기 있게 계속해서 마침내 새벽 3시에 끝냈다.

Let's just **keep at** it until we're finished.
우리가 그것을 끝마칠 때까지 계속해서 하자.

keep away

…을 피하다, 가까이 가지 않다; (…으로부터) 떼어놓다, 삼가다

Keep the child **away** from the fire.
아기가 불에 다가가지 못하도록 해라.

You **keep away** from my daughter!
내 딸에게 가까이 오지 마라!

keep back

억제하다, 숨기다; 막다, 차단하다, (남을) 붙들어두다

I got the feeling he was **keeping** something **back**.
나는 그가 무언가를 숨기고 있다는 느낌을 받았다.

His poor education **kept** him **back**.
그는 별로 교육을 받지 않았기 때문에 출세할 수 없었다.

The rain **kept** me **back**.
비 때문에 나올 수 없었다.

keep in

억제하다; 집에 있게 하다, 틀어박히다

The hospital **kept** her **in** overnight for observation.
병원 측에서 그녀를 밤새 살펴보기 위해 남아 있게 했다.

I was **kept in**.
나는 벌을 받고 남아 있었다.

keep off

막다, 가까이 못 오게 하다; 참다; (눈 등이) 오지 않다

Keep your hands **off** my bicycle.
내 자전거에 손대지 마라.

There was a notice saying '**Keep off** the grass.'
'잔디밭에 들어가지 마시오'라는 문구의 게시판이 있었다.

Wear a hat to **keep** the sun **off**.
태양을 차단하기 위해서 모자를 써라.

keep on

계속하다; …을 계속하다, 입고(쓰고) 있다; 고용해 두다

Keep on along this street. 이 길을 곧장 따라 가십시오.

Don't **keep on** asking silly questions!
어리석은 질문 좀 계속하지 마라!

I **keep on** thinking I've seen her before somewhere.
전에 어디선가 그녀를 봤던 것 같은 생각이 계속 든다.

Keep your coat **on**, please. 외투는 그냥 입고 계십시오.

keep out

밖으로 내쫓다, 안으로 들이지 않다

Take this. It should at least **keep** the rain **out**.
이것을 가져가요. 최소한 비는 막아줄 거예요.

This club **keeps out** undesirable aliens.
이 클럽은 바람직하지 못한 외국인을 못 들어오게 한다.

keep still

움직이지 않고 가만히 있다

Keep still while I tie your shoes.
너의 신발끈을 메어줄 동안 가만히 있어라.

I can't brush your hair if you don't keep still.
네가 가만히 있지 않고 움직이면 네 머리를 빗을 수가 없잖아.

keep to

…을 지키다, …에서 벗어나지 않다

Please keep to the left hand side of the stairs.
계단 왼쪽 편으로 통행해주세요.

Keep strictly to the terms of the contract.
계약 조항을 엄격히 지키시오.

keep up

…을 유지하다; 계속하다

You're doing well, keep it up!
아주 잘하고 있으니 계속해!

I don't think I can keep this up any longer.
내가 이 일을 더 이상 계속할 수 있을 것 같지 않아.

Keep up your spirits.
기운을 내라, 분발해라.

keep up with

뒤떨어지지 않도록 따라가다

It's hard to keep up with the changes in computer technology.
컴퓨터 기술의 변화를 뒤쳐지지 않고 따라가는 것은 어렵다.

I walked so fast that my wife could not keep up with me.
내가 너무 빨리 걸어서 아내는 따라오지 못했다.

He cannot keep up with his class in school.
그는 학교에서 학업을 따라가지 못한다.

knock about

정처 없이 돌아다니다, 방랑하다; 들볶다, 학대하다

I **knocked about** all over the world for a few years.
몇 년 동안 온 세계를 정처 없이 돌아다녔다.

He was badly **knocked about**.
그는 심한 학대를 당했다.

knock off

(일 등을) 중지하다, 에누리하다; 재빨리 처리하다

Is it okay if I **knock off** a little early today?
오늘 조금 일찍 일을 끝내도 괜찮을까요?

He said he'd **knock off** a couple of pounds if I bought two.
내가 두 개를 사면 2파운드를 깎아 주겠다고 그가 말했다.

knock up

…을 황급히 준비하다, 급조하다; (노크하여) 깨우다

A local carpenter **knocked up** some kitchen units for us out of old pine.
이 고장의 목공은 오래된 소나무로 우리를 위해서 여러 채의 부엌을 황급히 준비해 주었다.

Knock me **up** at five o'clock.
5시에 깨워주십시오.

know A from B

A와 B를 구별하다

It is hard to **know** flatterers **from** friend.
아첨꾼과 친구를 구별하는 것은 힘들다.

I cannot **know** an Englishman **from** an American.
나는 영국인과 미국인을 구별할 수가 없다.

L/l

laugh at

비웃다, 조소하다

I can't go to school wearing that, everyone will **laugh at** me.
나는 그런 것을 입고 학교에 갈 수 없어요, 모두들 날 비웃을 거예요.

His absurd behavior made many people **laugh at** him.
그의 터무니없는 행동에 모든 사람들이 그를 비웃었다.

lay aside

(책임, 희망, 습관 등을) 버리다, 거절하다; 따로 두다, 비축하다

You'd better **lay** such prejudice **aside**.
너는 그런 편견을 버리는 것이 좋다.

He is **laying aside** money for his old age.
그는 노년을 대비해 돈을 저축하고 있다.

Shall we **lay** an afternoon **aside** for another meeting next week?
다음 주 또 다른 모임을 위해 오후를 비워두는 게 어떨까?

lay down

말하다, 제정(주장)하다; 버리다, 부설(설치)하다; (술 등을) 저장하다; 계획하다

He is ready to **lay down** life itself for their sake.
그는 그들을 위해 목숨을 버릴 준비가 되어 있다.

I will **lay down** a plan for the holidays.
나는 휴일에 대한 계획을 세우겠다.

lay off

…을 해고하다, 그만두다, 단념하다

We were **laid off** work for three weeks.
3주일 동안의 일시 해고를 당했다.

The company is **laying off** some of its workers.
그 회사는 노동자의 일부를 임시로 해고하고 있다.

lay on

주다, 한턱내다; 부과하다; (파티 등을) 계획하다

They **laid on** a wonderful buffet after the wedding.
그들은 결혼식 후에 훌륭한 뷔페음식을 대접했다.

The government has **laid on** a new tax.
정부는 새로운 세금을 부과했다.

Sorry to **lay** this **on** you, but we need someone to go to Italy next
week. 당신에게 이 일을 맡겨서 미안하지만, 우리는 다음주에 이탈리아에 갈
사람이 필요해요.

lay out

펴다, 펼치다, 진열하다; (돈을) 내다, 쓰다; 때려눕히다, 설계하다

I am prepared to **lay out** $3,000 on your training.
너의 훈련에 3,000달러를 쓸 준비가 되어 있다.

There were glasses **laid out** as though there was going to be a
party. 마치 파티라도 있는 양 컵들이 깨끗이 정돈되어 있었다.

She was **laid out** by the intense heat.
그녀는 강렬한 더위 때문에 쓰러지고 말았다.

lean on

기대다, 의지하다

Lean on me when you're not strong.
당신이 약해질 때 나에게 기대세요.

It's good to know you've got friends to **lean on**.
네가 의지할 친구가 있다는 것을 알아서 다행이다.

leave A with B

A를 B에 맡기다

I want to **leave** the matter **with** you to fix up.
그 문제의 해결을 당신에게 맡기고 싶습니다.

They **left** the papers **with** me.
그들은 서류를 나에게 맡겼다.

leave behind

잊어서 내버리고 가다, 남겨놓고 가다

I think I **left** my credit card **behind** at the restaurant.
식당에 신용카드를 깜박 잊고 두고 온 것 같아.

Have you been **left behind** at home?
집에 혼자만 남겨진 거야?

leave off

(일 등을) 그만 하다, 그치다

Where did we **leave off** last time?
우리가 지난번 어디까지 했었어요?

Has the rain **left off** yet?
비는 그쳤니?

leave out

생략하다, 고려하지 않다, 무시하다

Leave out everything you don't need.
필요 없는 것은 전부 빼 놓으세요.

You have **left out** her name on this list.
이 목록에서 그녀의 이름을 빠뜨렸구나.

He **left out** the probability that he would fail.
낙제할 수도 있다는 것을 그는 고려하지 않았다.

let alone

…은 말할 것도 없이, …은 물론

He does not know English, **let alone** German.
그는 독일어는 물론 영어도 모른다.

The baby can't even crawl yet, **let alone** walk!
그 아기는 걷는 것은 물론 아직 기지도 못해요!

let down

실망시키다, 저버리다; 낮추다, 내리다

She never thought he'd **let** her **down** like that.
그녀는 그가 그런 식으로 그녀를 실망시킬 거라고 생각을 못했다.

I'll try not **let** you **down**.
실망시키지 않도록 할게요.

let in

…을 안으로 들이다, 끼워 넣다; 끌어넣다, 말려들게 하다

On no account must strangers be **let in**.
어떤 이유로도 낯선 사람을 들여서는 안 된다.

I unlocked the door and **let** him **in**.
나는 문을 열고 그를 안으로 들였다.

let off

면제하다; 방면하다, 석방하다

I'll **let** you **off** with a caution this time.
이번에는 훈계만 하고 풀어 주지.

Since you practiced the piano yesterday, I'll **let** you **off** today.
어제 피아노를 연습했으니, 오늘은 하지 않아도 돼.

The judge **let** me **off** with a light sentence.
판사는 내게 가벼운 형을 선고했다.

let on

…을 폭로하다, (비밀을) 누설하다, 자백하다

Don't **let on** to him that we are going to the movies.
우리가 영화 보러 갈 거라는 걸 그에게 말하지 마라.

He knew the fact but he never **let on** about it.
그는 그 사실을 알고 있었으나 결코 그것을 남에게 누설하지 않았다.

let up

(비, 눈 등이) 멎다, 약해지다

When do you think this snow will **let up**?
이 눈이 언제 그칠 것 같니?

It has rained for three days without **letting up**.
3일 동안 그치지 않고 비가 내렸다.

lie in

…에 있다 (존재하다).

Success **lies in** diligence.
성공의 열쇠는 근면함에 있다.

His greatness **lies in** his character.
그의 위대함은 그의 인격에 있다.

lie with

…의 직책(의무)이다

The responsibility for this problem **lies with** me.
이 문제에 대한 책임은 나에게 있다.

The decision **lies with** you.
결정은 네가 해.

live for

…을 위하여 살다

He **lived for** his art.
그는 그의 예술을 위하여 살았다.

He **lived** and died **for** his country.
그는 조국을 위해 살고 또 죽었다.

live on

(…을 먹고) 살다, 주식으로 하다

We Koreans chiefly **live on** rice.
우리 한국인은 쌀을 주식으로 한다.

Horses **live on** grass and grain.
말은 풀과 곡물을 주식으로 하고 있다.

live through

…을 버티어 나가다, 견디어내다, 살아남다

We must **live through** financial difficulties.
우리는 재정난을 견디어 내야 한다.

The patient will not **live through** the night.
환자는 오늘밤을 넘기기가 어려울 것이다.

live up to

(이상, 기준 등에) 합당한 생활을 하다, (기대, 명성 등에) 부응하다

The movie doesn't **live up to** the original.
그 영화는 원작에 미치지 못한다.

I **lived up to** my promise.
난 내가 한 약속에 충실하며 살아왔다.

long for

…을 동경하다, 간절히 바라다

He is **longing for** your arrival.
그는 너의 도착을 간절히 바라고 있어.

I **longed for** the sight of my old home.
나는 고향을 몹시 그리워했다.

look at

…을 보다, 살피다, 고려하다

Can I have another **look at** the picture?
그 사진을 다시 한 번 볼 수 있을까요?

Let me have a **look at** the menu.
메뉴를 좀 봅시다.

The plumber came to **look at** the pipe.
배관공이 파이프를 조사하러 왔다.

Please **look at** this sentence, I can't make it out.
이 문장 좀 봐 주십시오. 뜻을 모르겠습니다.

look back on

…을 회상하다, 생각해내다, 회고하다

It is pleasant to **look back on** your high schools days.
우리의 고교 시절을 회상하는 것은 즐거운 일이다.

When I **look back on** those days I realize I was desperately
unhappy. 그 시절을 돌이켜보면 내가 지독히도 불행했다는 것을 깨닫게 된다.

look down on

…을 깔보다, 업신여기다

You must not **look down on** poor people.
가난한 사람들을 업신여겨서는 안 된다.

Don't **look down on** me because I'm young.
내가 어리다고 깔보지 마세요.

look for

…을 찾다

What are you **looking for**?
무엇을 찾고 있니?

You **look for** me only when you need something.
너는 뭔가 필요할 때만 나를 찾는구나.

look forward to

…을 학수고대하다

I am **looking forward to** the day when I shall see her.
나는 그녀를 만날 날을 학수고대하고 있다.

I **look forward to** your visit.
당신의 방문을 학수고대합니다.

People **look forward to** more prosperous times.
사람들은 지금보다 더 번영된 시대를 고대한다.

look in(on)

잠깐 들르다, (사람을)잠시 찾아보다

I hope you will **look in** on us one evening.
저녁에 잠깐 들러주기를 바란다.

Please **look in** on me at my office tomorrow.
내일 내 사무실에 들러주세요.

look into

…을 조사하다, 살펴보다

The police are **looking into** the past record of the man.
경찰은 그 남자의 과거 기록을 조사하고 있다.

We must closely **look into** the matter.
우리는 그 사건을 면밀히 조사해야 한다.

look on

방관하다, 구경하다

Why don't you play football instead of just **looking on**?
구경만 하고 있을 게 아니라 축구를 하는 게 어때?

He **looked on** the fire with folded arms.
그는 팔짱을 낀 채 화재를 방관했다.

look out

…을 찾다, 고르다; …을 조심하다, 조사하다

I'll **look out** the letter for you.
너를 위해 그 편지를 찾아보겠다.

You had better **look out** what you say in court.
법정에서는 말을 조심하는 것이 좋을 게다.

We have warned you, so **look out**.
우리가 경고했으니, 주의해라.

look over

(서류 등을) 죽 훑어보다

Could you just **look over** this?
이것을 한번 훑어봐 주시겠습니까?

I **looked over** the goods one by one.
나는 상품들을 하나씩 살펴보았다.

look round

주변을 둘러보다; (물건을 사기전에) 널리 알아보다

I'd like to **look round** this city.
이 도시를 둘러보고 싶다.

Let's **look round** the shops.
가게들을 둘러보자.

look through

(서류, 제안 등을) 자세히 살펴보다, (남을) 보고도 못 본체하다

I've **looked through** all my papers but I still can't find the contract.
내 서류들을 다 샅샅이 살펴보았지만, 아직 계약서를 찾지 못했다.

When we meet outside he always **looks through** me.
우리가 밖에서 만나면 그는 언제나 나를 본체만체 한다.

look to ~ for

…에게 (원조, 충고 등을) 바라다, 기대하다

I do not **look to** you **for** assistance.
나는 네게 도움을 바라지 않는다.

We **look to** you **for** suggestions.
당신이 여러 가지 제안을 해주기를 기대하고 있다.

look up

…을 찾아내다, 조사하다, 검색하다

I'll just **look up** the train times.
그냥 기차 시간표를 검색해볼 거야.

Would you **look up** the phone number for me?
저를 위해 전화번호를 찾아 주시겠습니까?

look up to

존경하다

We all **look up to** him as a great scientist.
우리 모두 그를 위대한 과학자로서 존경한다.

I've always **looked up to** him for his courage and determination.
나는 그의 용기와 결단력에 대해 항상 그를 존경해 왔다.

A/O

B/P

C/Q

D/R

E/S

F/T

G/U

H/V

I/W

J/X

K/Y

L/Z

M

N

M/m

make at

…에 덤벼들다

He **made at** me in anger.
그는 화를 내며 내게 덤벼들었다.

The bear **made at** him.
곰이 그에게 덤벼들었다.

make away with

…을 제거하다, 처분하다, 훔치다; 죽이다

I shall **make away with** all those old curtains.
저 낡은 커튼들을 모두 처분해 버릴거야.

Thieves **made away with** thousands of dollars worth of jewelry.
도둑들은 수천 달러의 가치가 있는 보석을 훔쳤다.

He **made away with** himself.
그는 자살했다.

make for

…을 향해 가다

We **make for** London as fast as possible.
우리는 가능한 빨리 런던을 향해 갔다.

He **made for** the door and tried to escape.
그는 문으로 가서 달아나려고 했다.

make free with

(남의 물건을) 마음대로 쓰다

I wonder if he knows that Jenny is **making free with** his money.
나는 그가 제니가 그의 돈을 마음대로 쓰고 있는 걸 아는 지 궁금해.

She **made free with** her employer's clothing.
그녀는 고용주의 옷을 마음대로 입었다.

make good

좋아지다, 성공하다; 보상하다, 벌충하다

A boy from a hick town **made good** in New York.
시골 마을 출신의 한 소년이 뉴욕에서 성공했다.

I took it back to where I bought it and asked them to **make good**.
나는 그것을 산 곳으로 가지고 가 바꿔달라고 했다.

make of

…을 보고 이해하다, 생각하다

I do not know what to **make of** his remarks.
그의 발언을 어떻게 해석해야 할지 모르겠다.

What do you **make of** him?
그에 대해서 어떻게 생각하세요?

make off

황급히 달아나다

The burglars **made off** as soon as the police arrived.
강도들은 경찰이 도착하자마자 황급히 달아났다.

The car **made off**.
그 차는 쏜살같이 달아났다.

make off with

..을 훔치다

The cashier **made off with** all money in the safe.
그 점원은 금고 안의 돈을 모두 훔쳤다.

Somebody **made off with** my umbrella.
누군가 나의 우산을 갖고 가버렸다.

make out

이해하다, 알다

I can't **make out** what the writer is trying to say.
나는 그 작가가 말하려고 하는 것을 모르겠다.

We cannot **make out** what you want to say.
우리는 네가 말하고자 하는 것을 이해할 수 없어.

make over

넘기다, 양도하다; …을 변경하다, 고쳐 만들다

He **made over** all his property to his wife.
그는 모든 재산을 아내에게 양도했다.

I've **made over** that old blue dress into a skirt.
나는 그 낡고 파란 드레스를 스커트로 고쳐 만들었다.

make sure

확인하다, 확신하다

Make sure to turn off the radio before you go to bed.
잠자리에 들기 전에 라디오를 껐는지 확인해라.

"Did you lock the front door?" "I think so, but I'd better **make sure.**"
"현관문을 잠궜니?" "그런 것 같지만 확인하는 게 좋았어."

A/O

B/P

C/Q

D/R

E/S

F/T

G/U

H/V

I/W

J/X

K/Y

L/Z

M

N

make up

화장하다, 모아서 …을 만들다, (각 부분이) …을 구성(형성)하다; 지어내다

She **makes up** in public.
그녀는 남들 앞에서 화장을 한다.

Eleven players **make up** a team.
11명의 선수가 한 팀을 구성하고 있다.

The whole story is **made up**.
모든 이야기는 꾸며낸 것이다.

make up for

…을 보상(벌충, 보충)하다

I had to work hard to **make up for** lost time.
나는 낭비한 시간을 보충하기 위해 열심히 공부해야 한다.

He **made up for** lost time by driving fast.
그는 빠르게 운전하여 지연된 시간을 만회했다.

make up to

…에게 아첨하다, 환심을 사려고 하다

Have you seen the disgusting way she **makes up to** the boss?
그녀가 사장님에게 아첨하는 진절머리 나는 행동 봤어요?

He's always **making up to** his superiors.
그는 언제나 그의 상사의 환심을 사려고 한다.

mark off

경계선을 긋다, 구별하다, 따로 두다

The boundaries are clearly **marked off** on the map.
지도 위에 경계선이 뚜렷이 그어져 있다.

Her natural flair for languages **marked** her **off** from the other students.
언어에 대한 그녀의 타고난 재능은 그녀를 다른 학생들과 구별 짓게 했다.

mean A for B

A를 B가 되게 할 생각이다

I **meant** my son **for** a doctor.
나는 아들을 의사가 되게 할 생각이었다.

He was **meant for** a lawyer.
그는 변호사가 되게 되어 있었다.

meet ~ halfway

…와 타협하다, 서로 양보하다

They will end up by **meeting** each other **halfway**.
그들은 결국 타협할 것이다.

I can't agree to wait a week but I'll **meet** you **halfway** and say three days.
일주일을 기다리는 데에는 찬성할 수 없지만, 당신에게 3일을 양보하겠다.

mistake A for B

A를 B로 착각하다

I've **mistaken** you **for** someone else.
제가 사람을 잘못 봤군요.

She is often **mistaken for** her sister.
그녀는 종종 동생과 혼동된다.

mix up

…을 섞다; 혼동하다, 뒤죽박죽을 만들다

Mix up this egg with the milk.
이 달걀을 우유에 넣고 잘 휘저으세요.

I always **mix** him **up** his brother.
나는 언제나 그를 그의 동생과 혼동한다.

Don't **mix up** those papers, or we'll never find the ones we need. 그 서류들을 뒤섞어 놓지 마라, 그렇지 않으면 우리가 필요한 서류를 못 찾을거야.

N/n

not that I know of

내가 아는 한은 …아니다

"There is nobody coming here, I hope?" "**Not that I know of.**"
"손님이 오는 건 아니겠죠." "내가 아는 한 아무도 안와."

"Has he gone mad?" "**Not that I know of.**"
"그 사람 미쳤는가?" "내가 아는 한은 그렇지 않아."

nothing to sneeze at

얕볼 것이 아니다, 무시하지 못하다

His new salary is **nothing to sneeze at.**
그의 새 월급은 무시하지 못할 액수이다.

This offer is **nothing to sneeze at.** 이 제안은 얕볼 만한 것이 아니다.

O/o

occur to

(생각이) 떠오르다

Didn't it **occur to** you to write to him?
그에게 편지를 쓸 생각을 하지 못했어?

Such an idea never **occurred to** me. 그런 생각은 전혀 떠오르지 않았다.
He says things as they **occur to** him.
그는 생각나는대로 무엇이든 지껄인다.

open out

넓어지다, 통하다; 마음을 터놓다

The road **opened out** into a green valley.
그 길을 벗어나자 푸르고 넓은 골짜기가 펼쳐졌다.

He would not **open out** to me.
그는 좀처럼 나에게 마음을 터놓지 않는다.

As she got to know us better, Mira gradually started to **open out**. 우리를 더 잘 알게 됨에 따라, 미라는 차츰 마음을 터놓기 시작했다.

operate on

…을 수술하다

Doctors decided to **operate on** her immediately.
의사들은 그녀를 즉시 수술하기로 결정했다.

He was **operated on** for lung cancer.
그는 폐암 수술을 받았다.

order A from B

A를 B에게 주문하다

I have **ordered** some books **from** England.
영국에 책을 몇 권 주문했다.

Shall we **order** chicken **from** a grocery?
식료품 가게에 닭고기를 주문할까?

owe A to B

A인 것은 B 덕택이다

I **owe** what I am **to** my mother.
오늘날의 내가 있는 것은 전적으로 어머니 덕분이다.

He **owes** his excellent health **to** abundant exercise and good food.
그가 좋은 건강을 유지하게 된 것은 충분한 운동과 적절한 식사 덕분이다.

P/p

part from

…와 헤어지다

I am very sorry to **part from** you.
당신과 헤어지게 되어서 매우 섭섭합니다.

To be **parted from** him even for two days make her sad.
그와 단 이틀 동안 헤어져 있는 것만으로도 그녀는 슬펐다.

participate in

…에 참가하다

It is significant for a country simply to **participate in** the Olympics. 올림픽에는 참가하는데 의의가 있다.

Everyone in the class is expected to **participate in** these discussions.
학급의 모든 사람들이 이 회의에 참가하기로 되어 있다.

pass away

죽다

He **passed away** during the night.
그는 밤사이에 사망했다.

She's terribly upset because her father **passed away** last week.
지난 주에 그녀의 아버지가 사망해서 그녀는 몹시도 심란하다.

pass by

지나가다, 통과하다

She sat looking out of the train window at the countryside **passing by**.
그녀는 앉아서 차창 밖으로 지나가는 시골풍경을 보았다.

When you happen to **pass by**, drop in and see us.
지나는 길에 한번 들르세요.

Please let me **pass by**.
좀 지나가겠습니다.

pass for

…로 통하다, 받아들여지다, …이라고 간주되다

He **passes for** a learned man in this village.
그는 이 작은 마을에서 학자로 통한다.

I really want to go and see the film, but I don't think I'd **pass for** 18.
나는 정말로 이 영화를 보러 가고 싶지만, 영화를 볼 수 있는 18살로 생각할 것 같지가 않다.

pass over

무시하다, 눈감아 주다

Such an error may be **passed over**.
그러한 실수는 눈감아 줄 것이다.

I have decided to **pass it over** in silence.
나는 그것을 잠자코 무시해 버리기로 했다.

pass through

경험하다, 겪다

After **passing through** many difficulties, he finally succeeded.
많은 곤란을 겪고 나서 마침내 그는 성공했다.

I have **passed through** lots of risks.
나는 많은 위험을 겪었다.

pay ~ back for

앙갚음하다, 보답하다

I'll **pay** Jenny **back for** what she did to me!
제니가 나에게 한 짓에 대해서 그녀에게 복수하겠어.

I'll **pay** you **back for** your kindness at any cost.
당신의 친절에 반드시 보답하겠습니다.

persist in

…을 고집하다, 관철하다

She **persisted in** going her own way.
그녀는 자기 마음대로 하겠다고 고집했다.

He has **persisted in** that bad habit for a long time.
그는 오랫동안 그 나쁜 버릇을 고치려 하지 않고 있다.

pick ~ up

자동차로 마중 나가다, 태우다

Where should I **pick** you **up**?
어디로 모시러 갈까요?

Please **pick** me **up** at the hotel.
호텔로 와서 나를 좀 태워다 주세요.

pick out

골라내다; 구별하다, …을 찾아내다

Pick out all the words in the poem that suggest despair.
시에서 절망을 암시하는 단어를 모두 골라보시오.

It was easy to **pick out** Bob's father.
밥의 아버지를 찾아내는 것은 쉬웠다.

play down

정도를 낮추다, 얕보다, 문제 삼지 않다

The government has tried to **play down** its defeat in the local elections.
정부는 지역 선거에서의 패배를 문제 삼지 않으려고 했다.

He **played down** the importance of the matter.
그는 그 일의 중요성을 얕보았다.

play off against

…와 경쟁시키다, …와 싸우게 하다

Management policy seemed to be **play** one department **off against** another.
경영진의 정책은 한 부서를 다른 부서와 경쟁시키려는 것처럼 보였다.

He is **playing off** you **against** me.
그는 너를 부추겨서 나와 싸우게 하려는 거야.

play on

(감정에) 거슬리다, …을 자극하다, 이용하다

They are **playing on** the fact that we don't like to appear ignorant.
그들은 우리가 무식하게 보이고 싶어 하지 않는 사실을 이용하고 있다.

You are always **playing on** my nerves.
당신은 언제나 내 신경에 거슬려요.

point out

가리키다, 지적하다, 주목하게 하다

Point out the town on the map.
그 도시를 지도에서 가리켜봐.

He **pointed out** the dangers of setting out without proper equipment.
그는 적절한 장비 없이 출발하는 것은 위험하다고 지적했다.

ponder on

심사숙고하다

She **pondered on** the question for a while before answering.
그녀는 대답하기 전에 그 문제에 대하여 잠시 곰곰이 생각해 보았다.

We can afford to wait while you **ponder on** these plans.
우리는 당신이 이 계획들을 심사숙고하는 동안 기다릴 여유가 있다.

pray for

…을 간청하다, 기원하다, 빌다

She **prayed for** strength in her troubles.
그녀는 어려움을 당해 힘을 달라고 기도했다.

We're **praying for** a fine day tomorrow.
내일은 날씨가 좋기를 기원하고 있다.

prefer A to B

A를 B보다 좋아하다

Few children **prefer** working **to** playing.
노는 것보다 공부를 좋아하는 아이들은 거의 없다.

I'd **prefer** soft-boiled eggs **to** hard-boiled eggs.
나는 완숙계란보다 반숙계란이 더 좋다.

present A with B

A에게 B를 주다, 선물하다

He **presented** me **with** assortment of chocolates.
그는 나에게 종합 초콜릿을 선사했다.

The winners were **presented with** medals.
우승자들은 메달을 받았다.

preside over

통할(주재)하다; 사회(의장)를 맡다

She **presides over** the committee meetings.
그녀가 위원회 회의를 주재한다.

The meeting was **presided over** by the party leader.
그 회합의 사회는 그 당의 지도자가 맡았다.

prevail on

설득하다

I tried to **prevail on** him to stay.
나는 그가 머물도록 설득하려고 애썼다.

He is easy to **prevail on**.
그를 설득하는 일은 어렵지 않다.

prevent A from B

A가 B를 못하게 하다

People tried in vain to **prevent** flu **from** spreading.
사람들은 유행성 감기가 확산되는 것을 막으려 했으나 허사였다.

What **prevented** you **from** coming?
너는 어째서 안왔어?

protect ~ from(against)

(사람, 위해 등에서) 지키다, 막다, 보호하다

His throat was **protected** by a scarf **from** the night air.
그는 밤공기가 차가워서 스카프를 둘러 목을 보호했다.

Try to **protect** your skin **from** the sun.
태양으로부터 당신의 피부를 보호하려고 노력하세요.

provide against

(나쁜 경우에) 대비하다

It is wise to **provide against** contingencies.
만일의 사태에 대비하는 것이 현명하다.

Beach operators do not have a legal obligation to **provide against** injury or drowning.
해변 운영자들은 부상이나 익사에 대비할 법적인 의무는 없다.

provide for

필요한 것을 대주다, 부양하다, 준비하다

He has a large family to **provide for**.
그는 대가족을 부양한다.

You should **provide for** your retirement years.
퇴직 후를 대비해야 해.

pull up

(차, 사람, 말을) 세우다, (남의 발언, 행동을) 제지하다; 나무라다

Pull up to the right.
오른쪽 길옆으로 차를 세우세요.

He was **pulled up** by the chairman.
그는 의장으로부터 발언을 제지당했다.

The car **pulled up** outside the cinema.
차는 극장 밖에서 섰다.

put ~ away

치우다, 제쳐놓다; (음식물을) 먹어치우다; 저금하다

You have to **put** money **away** for your future.
미래를 위해서 저축해야 한다.

Let me **put** just these files **away**. 이 파일들 좀 치우겠습니다.

He **puts away** a pound of steak at one meal.
그는 한 끼에 1파운드의 스테이크를 먹어치운다.

put ~ down

…을 초라하게 만들다, 적어놓다; (…을 자동차 등에서) 내려놓다

I will **put down** that impudent fellow.
내가 그 건방진 녀석의 콧대를 꺾어 놓겠어.

Police used tear gas to **put** the riot **down**.
경찰은 폭동을 진압하기 위해서 최루 가스를 사용했다.

Put the goods **down** to me. 그 물건은 내 앞으로 적어 놔라.

put aside

제쳐놓다, 중지하다, 비축하다

He **puts** ten dollars **aside** every week.
그는 매주 10달러씩 저축한다.

He **put** his tools **aside** to clean up.
그는 청소하기 위해 연장을 치웠다.

put back(behind)

(일, 생산 등의) 진행을 지연시키다, 방해하다, 늦추다

The meeting has been **put back** to next Thursday.
모임이 다음 주 목요일로 연기되었다.

This fire could **put back** the opening data by several weeks.
이 화재로 인해서 개막 날짜가 몇 주정도 늦춰질 것이다.

put forward

(의견 등을) 내다, 제출하다; 주장하다; 날짜를 앞당기다

Various proposals were **put forward** for increasing sales.
판매를 늘리기 위한 여러 가지 제안들이 나왔다.

The game was **put forward** from Tuesday to Monday.
시합이 화요일에서 월요일로 앞당겨졌다.

put in

(시간을) 보내다; (남이) 말참견하다, 말을 거들다; …을 취임시키다

I shall **put in** three hours a day reading.
나는 하루 3시간씩을 독서에 할당하겠다.

"I'm sure Daniel's the best man for the job," **put in** She.
"그 일에는 다니엘이 가장 적합하다고 확신해요,"라며 그녀가 참견했다.

Could you **put in** a word for me?
나를 위해 한 마디 해주실 수 있습니까?

put off

연기하다, 미루다

Never **put off** till tomorrow what can be done today.
오늘 할 수 있는 일을 내일로 미루지 말라.

The meeting has been **put off** for the time being.
회의는 당분간 연기되었다.

I can't **put off** going to the dentist any longer.
치과에 가는 것을 더 이상 미룰 수 없다.

put on

입다, 신다, …인 체하다, …을 가장하다

She **put on** a beautiful coat and looked charming.
그녀는 아름다운 코트를 입어서 매력적으로 보였다.

His modesty is all **put on**.
그는 짐짓 겸손을 가장하고 있다.

put out

끄다, (보통 수동태로) 난처하게 하다, (힘을) 내다, 발휘하다

Water is used to **put** the fire **out**.
물은 불을 끄는데 사용한다.

The traveler was much **put out** by the loss of his bag.
그 여행자는 가방을 잃고 몹시 난처해했다.

put through

(일 등을) 잘 해내다, (전화를) 연결하다; (시험, 시련 따위를) 받게 하다

They **put through** the whole scheme without a hitch.
그들은 순조롭게 전 계획을 실행하였다.

Put me **through** to the manager.
지배인을 연결해 주세요.

put up

짓다, (값, 가지 등을) 올리다; (후보자로) 내세우다

They are **putting up** several new buildings in that block.
그들은 그 구역에 새로운 건물들을 짓고 있다.

Our landlord keeps threatening to **put** the rent **up**.
우리 집주인은 집세를 올리겠다고 계속 협박하고 있다.

put up at

···에 투숙하다, 숙박하다

He **put up** at the hotel on the way.
그는 도중에 그 호텔에 묵었다.

We **put up** at the inn for the night.
우리는 그날 밤 여관에 투숙했다.

put up with

···을 참다, 인내하다

I can't **put up with** his insolence any longer.
나는 더 이상 그의 건방진 태도를 참을 수 없다.

I don't know how you **put up with** their constant quarrelling.
네가 어떻게 그들이 계속 싸우는 걸 참는 건지 모르겠어.

A/O

B/P

C/Q

D/R

E/S

F/T

G/U

H/V

I/W

J/X

K/Y

L/Z

M

N

puzzle out

(세심한 연구, 노력으로) 풀다, 알아내다

He **puzzled out** how to do it.
그는 그것을 어떻게 하는지 겨우 생각해 냈다.

I've been trying to **puzzle out** the meaning of a cypher.
암호의 뜻을 알아내려고 애쓰고 있다.

R/r

read out

소리 내어 읽다, 큰 소리로 읽다

He opened the envelope and **read out** the name of the winner.
그는 봉투를 열고 수상자의 이름을 읽었다.

Could you **read out** this sentence?
이 문장을 큰 소리로 읽어보겠어요?

reason with

…에게 도리를 설명하다, 설득하다

There's no **reasoning with** somebody who's prejudiced.
편견에 사로잡힌 사람을 설득하는 것은 불가능하다.

She **reasoned with** her son about his mistake.
그녀는 아들의 잘못을 타일렀다.

reckon on

…에 기대를 걸다, …를 의지하다, …될 것으로 기대하다

He **reckoned on** being free in the afternoon.
그는 오후에는 한가해질 것으로 기대했다.

I **reckon on** getting his help.
나는 그의 도움을 받을 수 있을 것이라고 기대한다.

recover from

(병, 상처 등에서) 회복하다, 소생하다, 복구하다

It took her a long while to **recover from** her heart operation.
그녀가 심장 수술에서 회복하는 데에는 오랜 시일이 걸렸다.

Have you **recovered from** the jet lag yet?
벌써 시차극복을 하셨습니까?

reduce A to B

A를 B의 상태로 (억지로) 만들다, 시키다

The story **reduced** her **to** tears.
그 이야기는 그녀를 울게 만들었다.

His extravagance **reduced** him **to** poverty.
그는 사치스러워서 완전히 가난하게 됐다.

refer to

언급하다, 인용하다; 참조하다; 문의하다, 조회하다

Refer to the instructions to fix the refrigerator.
냉장고를 수리하려면 사용 설명서를 참조해 주십시오.

The subject has been **referred to** in the preface.
그 문제는 서문에 언급되어 있었다.

A/O

B/P

C/Q

D/R

E/S

F/T

G/U

H/V

I/W

J/X

K/Y

L/Z

M

N

reflect on

나쁜 영향을 미치다, 불명예가 되다, 체면을 손상시키다

Your conduct will **reflect on** your future.
너의 행동은 네 장래에 나쁜 영향을 미칠 것이다.

If my children are rude, that **reflects on** me as a parent.
내 아이들이 무례하게 굴면, 부모인 나의 체면이 손상된다.

refrain from

···을 삼가다, 억제하다, 참다

My physician advised me to **refrain from** alcohol for the time being.
의사가 당분간 술을 삼가라고 나에게 충고했다.

I couldn't **refrain from** tears.
나는 눈물을 억누를 수가 없었다.

regard A as B

A를 B로 여기다, 생각하다

We **regard** him **as** the greatest poet of the day.
우리는 그를 당대 최고의 시인이라고 생각한다.

I **regard** the contract **as** having been broken.
계약은 파기된 것으로 간주합니다.

Let us **regard** the money **as** gone.
그 돈은 없어진 것으로 생각하자.

relieve ~ of

(남을 고통, 무거운 짐으로부터) 해방하다, (고통 따위를) 없애주다

She could **relieve** you **of** some of the household chores.
그녀는 너의 집안일을 덜어줄 수 있을 거야.

Let me **relieve** you **of** that case.
그 케이스를 제가 날라다 드리지요.

rely on

의지하다, 신뢰하다, 믿고 기대다

You can **rely on** me to keep your secret.
내가 너의 비밀을 지키리라고 믿어도 된다.

I have a friend whom I can **rely on**.
나에게는 의지할 수 있는 친구가 있다.

remind A of B

A에게 B를 생각나게 하다

You **remind** me **of** your father.
당신을 보니 당신의 부친이 생각나는군요.

Please **remind** me **of** the time of the meeting.
회의 시간을 내게 알려주세요.

resort to

(사람, 사물)에 의존하다, 호소하다

Do you have someone you could **resort to** for help.
도움을 청할 수 있는 사람이 있니?

I had to **resort to** violence to get my money.
돈을 얻기 위해서 폭력에 의존해야 했다.

rest with

(결정 책임 등이) …에 달려 있다, (죄 따위가 …에) 있다

The decision **rests with** you.
결정권은 너에게 있어.

It does not **rest with** me to help them.
그들을 돕는 것은 내 책임이 아니다.

The blame **rests with** her.
그녀가 비난을 받아야 한다.

result from

…에 기인하다, …의 결과로서 일어나다

His success **resulted from** his diligence.
그의 성공은 근면의 결과이다.

Nothing has **resulted from** my efforts.
나의 노력은 헛수고로 끝났다.

result in

…으로 끝나다, 귀착하다

The match **resulted in** a draw.
시합은 결국 무승부로 끝났다.

The accident **resulted in** the death of two passengers.
그 사고로 승객 두 명이 사망했다.

rob A of B

A에게서 B를 빼앗다, 훔치다

A pickpocket **robbed** me **of** my purse!
소매치기가 내 지갑을 훔쳐갔어요!

The shock **robbed** him **of** speech.
그 충격으로 그는 말문이 막혔다.

rule out

…을 제쳐놓다, …을 못하게 하다, 불가능하게 하다

The police have **ruled out** suicide.
경찰은 자살일 가능성은 제쳐두었다.

The conditions of the ground **ruled out** any chance of playing.
운동장 상태로 봐서 경기할 전망은 전혀 없었다.

run across

(우연히) …을 만나다, 찾아내다, …과 마주치다

I shall **run across** him one of these days.
머지않아 그와 만나게 되겠지요.

I **ran across** several old friends when I was back to my hometown.
고향에 돌아갔을 때 옛 친구들 몇 명을 우연히 만났다.

run after

…을 뒤쫓다, 추구하다, …을 따르다

If you **run after** two hares, you will catch neither.
두 마리 토끼를 쫓으면 둘 다 놓치게 된다(두 가지 일을 한꺼번에 하려다가 모두 그르친다)

She has spent her life **running after** fame and fortune.
그녀는 명성과 부를 추구하는 데에 일생을 보냈다.

run away

…에서 달아나다, (어려움 등에서) 도망치다

He **ran away** from home when he was only 12.
그는 겨우 12살 때에 집에서 도망쳤다.

You've got to stop **running away**, and learn to face your problems. 당신은 달아나지 말고 자신의 문제에 직면하는 법을 배워야 해요.

run away with

(생각 따위를) 사실로 믿어버리다, 속단하다; (감정 등이 사람을) 사로잡다

Don't **run away with** the idea that this is going to be easy!
이 일이 쉽게 될 것이라도 속단하지 말아라.

He **ran away with** the boss's wife.
그는 두목의 아내를 데리고 달아났다.

Don't let your temper **run away with** you!
감정에 사로잡혀서는 안 돼!

run down

헐뜯다, 비난하다, 쇠약하게 하다, 추적해서 붙잡다(죽이다)

I think it's bad manners to **run down** your parents.
너의 부모님을 비난하는 것은 나쁜 태도라고 생각해.

Don't **run** yourself **down**! 너 자신을 비난하지 마라.
He's much **run down** from overwork. 그는 과로로 몹시 쇠약해져 있다.

run into

…에 충돌하다, (곤란 등에) 맞서다; (거듭해서) …에 이르다

The two cars **ran into** each other.
두 대의 차가 서로 충돌했다.

After a promising start, the company **ran into** trouble.
순조로운 출발 이후, 그 회사는 어려움에 부딪혔다.

The cost will **run into** thousands of dollars.
비용은 수천 달러에 달할 것이다.

run off

서둘러 떠나다, 인쇄하다, 막힘없이 쓰다, 짓다

I must **run off** now.
나는 이제 서두르지 않으면 안 된다.

Could you **run off** five copies of this for me, please?
이것 좀 다섯 장을 복사해서 나한테 줄래요?

run on

계속 이어지다, 계속되다

The lecture **ran on** until 11 o'clock.
강의는 11시까지 계속되었다.

Time's **running on**, let's hurry up.
시간이 계속 지나고 있어, 서두르자!

A/O

B/P

C/Q

D/R

E/S

F/T

G/U

H/V

I/W

J/X

K/Y

L/Z

M

N

run out of

…을 다 써버리다, …이 없어지다

I have **run out of** my pocket money.
나는 용돈이 떨어졌다.

How long before you **run out of** pills?
약이 떨어지려면 얼마나 남았지요?

run over

…를 치다, …에 부딪다; 복습하다, …을 대충 훑어보다

I was almost **run over** by the car.
하마터면 차에 치일 뻔했다.

Could we just **run over** the section on verbs again?
동사 부분을 다시 복습할까요?

He **run over** the newspaper.
그는 신문을 훑어보았다.

run short of

…이 부족하다, 떨어지다

We **ran short of** provisions.
우리는 식량이 떨어졌다.

I am **running short of** cash.
현금이 바닥나간다.

run to

…에 달하다; (돈이) 넉넉하다

The new encyclopedia **runs to** several thousand pages.
새로 나온 백과사전은 수천 쪽에 달한다.

My wages won't **run to** a new car.
내 급료는 새 차를 살만큼 넉넉하지 못하다.

S/s

search after

…을 찾아 헤매다, 추구하다

All men **search after** health and happiness.
모든 사람은 건강과 행복을 추구한다.

People who are **searching after** inner peace sometimes turn to
religion. 정신적인 평화를 찾는 사람은 때때로 종교에 전념한다.

search for

…의 존재를 찾다

I am **searching for** my missing key.
나는 잃어버린 열쇠를 찾는 중이다.

Scientists are still **searching for** the disease.
과학자들은 여전히 그 병에 대한 치료법을 찾고 있다.

search out

…을 찾아내다, 탐색하다

We were too tired to **search out** extra blankets.
우리는 너무 피곤해서 여분의 이불을 찾지도 못했다.

We must **search out** the truth about this matter.
이 사건에 대해서 진상을 살펴야 한다.

see about

찾다, …의 일을 생각하다, 어떻게든 조치를 강구하다

He promised to **see about** the matter himself.
그는 그 문제에 대하여 스스로 어떻게든 해보겠다고 약속했다.

He's gone to **see about** getting tickets for that concert.
그는 어떻게든 그 콘서트의 티켓을 구해보러 갔다.

see fit

…하는 것이 적당하다고 생각하다, …하기로 정하다

She **saw fit** to exclude him from the list.
그녀는 그를 명단에서 빼는 것이 적당하다고 생각했다.

I **saw fit** to ask them to dinner.
나는 그들을 저녁 식사에 초대하기로 정했다.

see into

…을 조사하다

The police is **seeing into** this matter.
경찰이 이 사건을 조사하고 있다.

Let's **see into** the cause of the trouble.
그 고장의 원인을 조사해 보자.

see off

전송하다, 쫓아버리다

I think they have gone to the airport to **see** their son **off**.
그들은 아들을 배웅하기 위해 공항에 갔을 거다.

She has been to the station to **see** me **off**.
그녀는 나를 전송하기 위해 역에 왔다.

see through

…을 간파하다, 이해하다, 알아채다

I can **see through** your lies easily.
너의 거짓말은 쉽게 알아챌 수 있어.

I'll be with you the whole time and I'll **see** you **through**.
언제나 당신과 함께 있으면서 끝까지 지켜 봐드리겠습니다.

A/O

B/P

C/Q

D/R

E S

F/T

G/U

H/V

I/W

J/X

K/Y

L/Z

M

N

see to

…에 주의하다, 소중히 하다, 배려하다, 돌보다

Please **see to** it that no one touches this.
누가 이것에 손대지 않도록 주의해 주세요.

I'll **see to** the patient.
환자는 제가 보살피겠습니다.

seek for

…을 찾다, 구하다, 추구하다

He is **seeking for** a job.
그는 일자리를 찾고 있다.

We are **seeking for** someone to teach English at this school.
이 학교에서 영어를 가르칠 사람을 구하고 있다.

sell out of

(보통 수동형으로) …을 죄다, 팔다

We are **sold out of** his books.
그의 책들은 매진되었습니다.

We **sold out of** the T-shirts in the first couple of hours.
그 티셔츠는 두 시간 만에 다 팔렸어요.

send for

…를 부르다, 부르러(가지러) 보내다; 주문하다

I am a carpenter your master **sent for**.
저는 당신의 주인이 보낸 목수입니다.

We must **send for** a doctor at once.
우리는 즉시 의사를 불러와야만 한다.

Keep the money until I **send for** it.
내가 청구할 때까지 그 돈을 보관해 두십시오.

send out

내다, 발하다

The trees **send out** buds in spring.
봄이 되면 나무들은 싹을 틔운다.

The ship is **sending out** an SOS signal.
배가 구조신호를 내고 있다.

set about

…하기 시작하다, 꾀하다

She **set about** clearing up after the party.
파티가 끝난 후 그녀는 청소를 시작했다.

We **set about** repairing our house.
우리는 집을 수리하기 시작했다.

set aside

비워두다, 따로 챙겨두다, 비축하다

We must **set aside** some money for a rainy day.
어려운 때를 대비해 돈을 조금 비축해야 한다.

Let's **set aside** a room for visitors.
손님들을 위해 방 하나를 비워둡시다.

set down

적어 두다; (차에서) 내려놓다

I wanted to **set** my feeling **down** on paper.
나는 종이에 나의 느낌들을 적어 두고 싶었다.

The driver **set** her **down** at the station.
운전사는 그녀를 역에 내려주었다.

set forth

진술하다, (의견 등을) 말하다, 출발하다, 여행길에 오르다

Rousseau **set forth** his theories on education in his book 'Emile'.

루소는 그의 저서 '에밀'에서 교육에 대한 자신의 이론들을 진술하였다.

I am about to **set forth** on my hike tomorrow.

나는 내일 하이킹을 떠날 예정이다.

set in

(병, 궂은 날씨 등이) 시작되다, 일어나다, 유행하다

The rainy season **sets in** about the middle of July.

장마철은 7월 중순경에 시작된다.

Such ideas have already **set in**.

그러한 생각은 벌써 퍼지고 있다.

set off

…을 폭발시키다; 출발하다, 장식하다, 돋보이게 하다

Terrorists **set off** a bomb in the city centre, killing two children.

테러리스트들이 도시 중심부에 폭탄을 터뜨려서 어린이 두 명을 죽였다.

He **set off** on foot early the next morning.

그는 다음 날 아침 일찍 걸어서 출발했다.

A hat **sets off** a pretty face. 모자는 아름다운 얼굴을 돋보이게 한다.

set up

세우다, 건설하다, 준비하다

He managed to **set up** a factory.

그는 가까스로 공장을 하나 건설했다.

The seaside air will **set** her **up** soon.

해안의 공기를 쐬면 그녀는 곧 좋아질 거야.

You have been all **set up** for this.

너는 이 일을 위해 모든 것을 준비해 두었겠지.

settle down

결혼하여 살림을 차리다, 정착하다; 전념하다

They'd like to see you **settle down,** get married, and have kids.
그들은 네가 정착해서 결혼을 하고 아이를 갖는 것을 보고 싶어한다.

I cannot **settle down** to study.
마음잡고 공부할 수가 없다.

shake off

관계를 끊다, 따돌리다, 떨쳐버리다

The thieves were unable to **shake off** the police.
도둑들은 경찰의 추격을 따돌릴 순 없었다.

I can't seem to **shake off** this cold.
이번 감기를 떨쳐버리지 못할 것 같아.

share in

…에 참가하다, …을 함께 하다

I am glad to **share** with you **in** your distress.
나는 네 고민을 함께 나누게 되어 기쁘다.

None of the employees **shared in** the profits.
직원들은 아무도 이익 분배에 참여하지 않았다.

show around

안내하다

I'll **show** you **around** the house after lunch.
점심식사 후에 제가 집을 안내해 드릴게요.

A guide **showed** us **around** the exhibition.
안내원이 우리에게 진열품을 두루 보여주었다.

show up

나타나다, (정체를) 폭로하다; 두드러지다, 뚜렷이 보이다

Who didn't **show up** to the meeting?
모임에 나오지 않은 사람이 누구지요?

I **showed** him **up**, all right.
나는 확실히 그의 정체를 간파했다.

Her wrinkles **showed up** in the light.
밝은 곳에서는 그녀의 주름살이 잘 보였다.

shut down

(일시적으로) 폐쇄하다, 휴업하다

The hotel **shut down** for the winter.
호텔이 겨울에 휴업을 했다.

Two thousand people will lose their jobs if the factory **shuts down**.
그 공장이 폐쇄되면 2천 명의 사람들이 일자리를 잃게 될 것이다.

sit up

밤늦게까지 일어나 있다, 안자고 있다

I **sat up** late watching TV.
텔레비전을 보느라고 늦게까지 자지 않았다.

He **sat up** late into the night to study.
그는 공부하기 위해 밤늦도록 안 자고 있었다.

sleep on

…을 하룻밤 자며 생각하다, …의 결정을 다음날까지 미루다

Why don't you **sleep on** it and give me your final reply tomorrow?
하룻밤 자면서 천천히 생각해보고 내일 최종 대답을 해주는게 어때요?

He decided not to sign the deed in haste but **sleep on** it.
그는 그 증서에 급히 서명하지 않고 하룻밤 자면서 천천히 생각하기로 했다.

sort out

(싸움, 문제 등을) 해결하다; 가려내다

I'll try to **sort** a mistake **out** and call you back.
내가 실수를 해결한 다음에 당신을 다시 부를게요.

I've **sorted out** the papers that can be thrown away.
나는 버려도 될 종이들을 골라냈다.

speak for

…을 대변하다, 나타내다, (보통 수동태로) 예약하다, 주문하다

The newspaper must **speak for** the public.
신문은 여론을 대변해야 한다.

His deeds **speak for** his honest character.
그의 행동은 그의 정직한 인품을 나타내준다.

This item is already **spoken for**.
이 품목은 이미 예약된 것입니다.

speak ill of

…을 나쁘게 말하다

Don't **speak ill of** others behind their backs.
사람이 없는 데서 그 사람을 나쁘게 말하지 마라.

It's wrong to **speak ill of** the dead.
죽은 사람을 나쁘게 말하는 것은 좋지 않다.

speak out

털어놓고 얘기하다, 큰 소리로 말하다, 분명히(거리낌없이) 말하다

Speak out, we can't hear.
큰 소리로 말해 주세요.

We agreed to **speak out** at the next meeting about the matter.
다음 회합 때에 그 문제에 관해서 거리낌 없이 이야기하기로 했다.

speak to

꾸짖다; 연설하다

Who should **speak to** those stupid boys?
누가 그 어리석은 소년들을 꾸짖어야 하나?

Joe was late again today, you'll have to **speak to** him.
조가 오늘 또 늦었으니 당신이 그를 꾸짖어야 해요.

speak well of

…을 좋게 말하다

He is **spoken well of** by his friends.
그는 친구 사이에서 평판이 좋다.

All are not friends that **speak well of** you.
당신을 좋게 말한다고 반드시 친구는 아니다.

stand by

방관하다, 돕다, 지원하다

I will **stand by** you in this matter.
이 문제에 대해서 나는 너의 편을 들겠다.

How can you **stand by** and watch him take advantage of her?
그가 그녀를 유혹하는 것을 어떻게 보고만 있니?

stand down

(경쟁, 공직 등에서) 물러나다, 손을 떼다

He's decided to **stand down** after fifteen years as managing director.
그는 전무이사로서 15년 후에는 물러나기로 결심했다.

I'm prepared to **stand down** in favor of a younger candidate.
나는 더 젊은 후보자를 지지하며 물러날 준비가 되어 있다.

stand for

…을 나타내다, 상징하다

The blue bird **stands for** happiness.
파랑새는 행복을 상징한다.

The crown **stands for** royal dignity.
왕관은 왕의 존엄을 나타낸다.

stand out

튀어나와 있다, 눈에 띄다, 걸출하다

Her bright red hair made her **stand out** from the others.
그녀의 밝고 붉은 머리카락은 다른 사람들에서 그녀를 눈에 띄게 만든다.

One thing **stood out** in his career as a politician.
정치가로서의 그의 경력 중에서 한 가지가 돋보였다.

stand up for

…를 위해 일어서다, 옹호하다, 지지하다

It's time we **stand up for** our rights.
우리의 권리를 위해 일어서야 할 때이다.

Didn't anyone **stand up for** James and say it wasn't his fault?
어느 누구도 제임스를 옹호하여 그것이 그의 잘못이 아니라고 말하지 않았니?

stand up to

…에 과감히 맞서다; 끄떡없다, 견디다

He'll respect you more if you **stand up to** him.
네가 그에게 과감히 맞서면 그는 너를 더욱 존경할 거야.

That camera will **stand up to** hard use.
이 카메라는 아무리 험하게 써도 끄떡없을 것이다.

A/O

B/P

C/Q

D/R

E/S

F/T

G/U

H/V

I/W

J/X

K/Y

L/Z

M

N

stare at

응시하다, 노려보다, 말똥말똥 쳐다보다

Nobody likes to be **stared at**.
누구든지 자기를 빤히 쳐다보는 것은 싫어한다.

What are you **staring at**?
뭘 빤히 쳐다보고 있는 거야?

start for

…을 향하여 출발하다

They **started for** the country.
그들은 시골로 향했다.

We **started** from Seoul **for** New York.
우리는 서울에서 뉴욕을 향해 출발했다.

step in

(사건, 논쟁 등에) 개입하다, 간섭하다, 방해하다

I try not to **step in** and sort out the children's arguments.
나는 아이들의 싸움에는 간섭하지 않고 해결하려 한다.

If the dispute continues, the government will have to **step in**.
분쟁이 계속되면, 정부가 개입해야 할 것이다.

step up

(양, 정도 등이) 올라가다, (속력 따위를) 높이다, 촉진하다

The pace of the reforms is being **stepped up**.
개혁의 속도가 빨라지고 있다.

We will be **stepping up** production to meet the increased demand.
늘어난 수요의 충족을 위해 생산을 촉진할 것이다.

stick at

(일 등을) 끈기 있게 하다

Just **stick at** it and you'll pass your exams easily.
끈기 있게 하면 시험에 쉽게 합격할 것이다.

You'll never learn to play the piano if you're not prepared to **stick at** it.
끈기 있게 할 준비가 되어 있지 않으면 피아노 치는 법을 결코 배우지 못할 거야.

stick to

···을 고수하다, 고집하다, 끝까지 버티다

We have **stuck to** our election promises.
우리는 선거 공약들을 지켜오고 있다.

Stick to your first plan.
초지일관하십시오.

stick up for

변호하다, 지지하다, 변명하다

I can **stick up for** myself.
나는 내 자신을 변호할 수 있다.

At least my friends **stuck up for** me.
적어도 내 친구들은 나를 지지해주었다.

strike on

···이 문득 생각나다

She **struck on** the idea for her novel while she was travelling in Russia.
그녀가 러시아를 여행하는 동안 자신의 소설에 대한 아이디어가 떠올랐다.

At last I've **struck on** a plan that might work.
마침내 효과적인 계획이 떠올랐다.

I **struck on** a good name for the baby.
아기에게 좋은 이름이 문득 생각났다.

strive for

···을 얻으려고 애쓰다, 진지하게 노력하다, 분투하다

Mistakes are inevitable, but **strive for** accuracy.
실수는 불가피하지만 정확히 하려고 노력해라.

Happy are those who **strive for** peace.
평화를 위해 분투하는 자는 행복하다.

substitute for

···을 대신하다

He is **substituting for** his father.
그는 아버지를 대신하고 있다.

Gas-fired power stations will **substitute for** less efficient coal-fired equipment.
가스 점화식 발전소가 덜 효율적인 석탄 점화식 설비를 대신할 것이다.

succeed in

성공하다, 성취하다

He **succeeded in** solving the puzzle.
그는 그 어려운 문제를 성공적으로 해결했다.

She was filled with the aspiration to **succeed in** life.
그녀는 출세하겠다는 야망에 가득 차 있었다.

succeed to

뒤를 잇다, 상속하다

The son **succeeded to** a large property left by his father.
그 아들은 아버지가 남긴 많은 재산을 상속했다.

When the queen dies, her eldest son will **succeed to** the throne.
여왕이 죽으면 그녀의 장자가 왕위를 이을 것이다.

suffer from

(병, 고통 등을) 앓다, …으로 고생하다

The poor child **suffers from** asthma.
가엾게도 그 애는 천식을 앓고 있다.

They **suffer from** isolation, poverty and loneliness.
그들은 소외감과 가난과 쓸쓸함으로 고생하고 있다.

sum up

매듭짓다, 요약하다

He **summed up** the seminar with his own remarks.
그는 자기의 생각을 덧붙여서 세미나를 매듭지었다.

It may be **summed up** as follows.
그것을 다음과 같이 요약할 수 있다.

supply A with B

A에게 B를 공급하다

The power station **supplies** our village **with** electricity.
그 발전소는 우리 마을에 전기를 공급한다.

Cows **supply** us **with** milk.
젖소는 우리에게 우유를 제공해 준다.

suspect A of B

A에게 B의 혐의를 두다

She **suspected** her son **of** telling a lie.
그녀는 아들이 거짓말을 하고 있다고 의심했다.

He was **suspected of** being a spy.
그는 스파이라는 혐의를 받았다.

sympathize with

동감하다, 공감하다

I can **sympathize with** you being angry.
네가 화내고 있는 데에 동감할 수 있어.

There is much in what he said which I do not **sympathize with**.
그가 한 말 중에서 내가 공감할 수 없는 것이 많다.

T/t

take after

···를 닮다

You really **take after** your father.
너는 너의 아버지와 매우 닮았어.

She **takes after** her mother's side of the family.
그녀는 엄마 쪽을 닮았다.

take away

···을 운반하다, 제거하다

Take the box **away**.
그 상자를 치워 주세요.

His son was **taken away** from school.
그의 아들은 학교를 그만두었다.

take back

(한 말을) 취소하다, 반품하다; (남에게 옛 일을) 떠올리게 하다

I'm sorry I was rude, I **take** it all **back**.
무례하게 굴어서 죄송합니다, 모두 취소할게요.

These books must be **taken back** to the library.
이 책들은 도서관에 돌려주어야 한다.

Those old pictures **take** me **back** to my happy school days.
저 오래된 사진들은 나에게 즐거웠던 학생 시절을 떠올리게 한다.

take down

적어두다; 내리다, 떼어내다, 분해하다

Let me **take down** your name and number.
당신의 이름과 전화번호를 적어둘게요.

I will **take down** all the pictures and clean them.
저 그림들을 모두 내려서 청소해야겠다.

take in

(집에) 들이다, 묵게 하다; 이해하다, 속이다

They make a living by **taking in** lodgers.
그들은 하숙을 쳐서 생계를 유지하고 있다.

She **took in** the whole situations at one glance.
그녀는 한눈에 모든 상황을 이해했다.

I was **taken in** swindler's sweet talk.
나는 사기꾼의 감언이설에 속았다.

take off

(옷, 모자 따위를) 벗다; 이륙하다; (휴가를) 얻다; (급히) 떠나다

Take off those muddy shoes. 그 진흙 묻은 신발 좀 벗어라.
The plane **took off** at 8.30 a.m. 비행기는 오전 8시 30분에 이륙했다.
Everyone **takes** Christmas **off**. 누구나 크리스마스 휴가를 얻는다.

take on

고용하다; (모양, 성질 등을) 나타내다, (일 등을) 떠맡다, 책임을 지다

The manager agreed to **take** me **on**.
지배인은 나를 고용하는 것에 동의했다.

His voice **took on** enthusiasm. 그의 목소리는 흥분했다.

I'm worried about James, he's **taking on** too much work.
제임스가 너무 많은 일을 떠맡고 있어서 걱정이다.

take out

꺼내다, (얼룩 따위를) 빼다; (남을) 데리고 나가다, (책을) 대출하다

He **took out** a small notebook from his pocket.
그는 주머니에서 수첩을 꺼냈다.

Ammonia will **take out** the grease-spots.
암모니아는 기름기 얼룩을 뺄 수 있다.

I **took out** 5 books at a time. 나는 한꺼번에 책 다섯 권을 대출했다.

take over

(일을) 떠맡다, 물려받아서 경영하다, 인계 받다

He will be able to **take over** for you.
그가 당신 일을 인수인계 할 거다.

Will you **take over** the driving when we reach Madison?
우리가 메디슨에 도착하면 당신이 운전을 맡겠어요?

take to

…이 버릇이 되다; 좋아지다, 따르다, 붙다

He's **taken to** staying out very late.
그는 늦게 들어오는 게 버릇이 되고 있다.

She was so depressed and she **took to** drink.
그녀는 몹시 낙담하여 음주에 빠져들었다.

The baby has **taken to** his new nursemaid.
아기는 새로 온 보모를 따랐다.

take up

(일, 직무 따위를) 시작하다; (시간, 장소 등을) 차지하다

I'll **take up** the story where I finished yesterday.
어제 마친 부분부터 이야기를 시작하겠습니다.

The runners **took up** their positions on the starting line.
경주마들은 출발선에서 각자 자리를 잡았다.

talk ~ into

…을 설득하여 하도록 하다

She didn't want to come, but I **talked** her **into** it.
그녀는 오지 않으려고 했지만 내가 그녀를 설득하여 오게 했다.

Try to **talk** her **into** buying a ticket.
그녀에게 표를 사도록 설득해보세요.

talk about

…에 관하여 이야기하다; …의 소문을 이야기하다

She is always **talking about** her children.
그녀는 늘 자기 아이들에 대한 이야기만 한다.

Don't **talk about** my father that way!
우리 아빠에 대해 그런 식으로 말하지 마세요!

He does not wish to get **talked about**.
그는 소문거리가 되고 싶어하지 않는다.

talk back

남에게 말대꾸하다

Don't **talk back** to me.
나에게 말대꾸 하지 마.

I'd never let a child of mine **talk back** to me like that!
나는 결코 내 아이가 그런 식으로 내게 말대꾸 하도록 놔둔 적이 없어요!

talk down

대수롭지 않은 일이라고 말하다, 얕보다

I **talked** him **down** from his original price.
그를 찍소리 못 하게 하여 부르는 값을 깎았다.

He **talks down** my success.
그는 나의 성공을 대수롭지 않은 일이라고 말한다.

talk over

…에 관해서 이야기하다

Don't worry, we have plenty of time to **talk** it **over**.
그것에 대해 얘기할 시간은 많이 있으니 걱정하지 마라.

Let's **talk over** the arrangements with the others before we make a decision.
우리가 결정을 내리기 전에 다른 사람들과 준비에 대해 이야기하자.

tell ~ flat

…에게 딱 잘라 말하다, 냉정하게 말하다

I **told** him **flat** that I didn't want to see him again.
나는 그에게 다시는 그를 보고싶지 않다고 딱 잘라 말했다.

He **told** me **flat** that he would leave.
그는 나에게 떠나겠다고 냉정하게 말했다.

tell against

…에게 불리하게 영향을 미치다

Your southern accent will **tell against** you if you want to be an announcer.
아나운서가 되려면 당신의 남부 사투리가 큰 장애가 된다.

She has the figure of a model but her height really **tells against** her.
그녀는 모델 같은 몸매를 가지고 있지만, 그녀의 신장이 정말로 그녀에게 불리하다.

tell apart

구별하다

I've never been able to **tell** the twins **apart**.
나는 결코 그 쌍둥이를 구별한 적이 없다.

It's difficult to **tell** the forged stamp **apart** from the real one.
위조 우표를 진짜와 구별하는 것은 어렵다.

tell off

…을 나무라다, 꾸짖다, 잔소리하다

Do your homework or you'll get **told off** again.
숙제를 해라, 그렇지 않으면 또 잔소리를 들을거야.

He got **told off** severely for being rude.
그는 버릇이 없다고 호되게 야단을 맞았다.

tell on

…에 영향을 미치다

His hard life was **telling on** his health.
고된 생활이 그의 건강을 해치고 있었다.

The stress of work **told on** their marriage.
일에 대한 스트레스가 그들의 결혼에 영향을 미쳤다.

think of

…을 생각하다, …을 (…이라고) 생각하다, 기억하다

Think no more **of** it.
그 일에 대해서는 더 생각하지 마라.

What do you **think of** her playing?
그녀의 연주를 어떻게 생각하십니까?

I can't **think of** the right word.
알맞은 말이 생각나지 않는다.

think out

(구상, 일 등을) 생각해 내다, 생각하여 해결하다

We must **think out** our next course of action.
우리는 다음에 취해야 할 행동 지침을 생각하지 않으면 안 된다.

I **thought out** a way of escaping.
나는 도망갈 방법을 생각해냈다.

think over

심사숙고하다, 곰곰이 생각하다

Think over all I have said to you.
내가 너에게 한 모든 말들을 곰곰이 생각해봐.

Why don't you **think** it **over** for a while, and give me a call in a couple of days.
잠시 곰곰이 생각해보고 이틀 후에 내게 전화하는 게 어때?

tide over

(고난, 장애 등을) 극복하게 하다, 벗어나게 하다

This money will **tide** them **over** the emergency.
이 돈으로 그들은 긴급 사태를 극복할 수 있을 것이다.

His help **tided** us **over** the crisis.
그의 도움으로 우리는 위기를 넘길 수 있었다.

to speak of

(주로 부정문, 명사 뒤에서) 이렇다할 만한

I don't think his performance is anything **to speak of**.
그의 연기는 별로 대단한 것이라고는 생각지 않는다.

"Were you tired?" "Oh, nothing **to speak of**."
"피곤하니?" "아니, 별로 그렇지는 않아."

take after

…을 돌보다, 보살피다

Don't worry, I'll **take after** the kids tomorrow.
걱정 말아요, 내가 내일 아이들을 돌볼게요.

I **took after** the dog in his absence.
그가 없는 동안 나는 개를 돌봐주었다.

touch on

간단히 언급하다, 건드리다, 관련시키다

Our talk did not **touch on** that.
우리 이야기는 그것까지 건드리지는 않았다.

There is one factor we have not **touched on**, so far, in talking about personality.
인격에 대한 지금까지의 이야기에서 우리가 언급하지 않은 요소가 하나 있다.

touch up

(그림, 문장에 가필하여) 마무리하다, 수정하다

She **touched up** her lipstick and brushed her hair.
그녀는 립스틱을 수정하고 머리를 빗었다.

The speech he finally gave had been **touched up** by his staff.
그가 마지막으로 한 연설은 그의 보좌관에 의해 마무리되었다.

translate ~ into

…을 번역하다

She works for the EU, **translating** from English **into** French and Italian.
그녀는 EU에서 영어를 프랑스어와 이탈리아어로 번역하는 일을 한다.

We **translated** the text from Japanese **into** Korean.
우리는 교재를 일본어에서 한국어로 번역했다.

A/O

B/P

C/Q

D/R

E/S

F/T

G/U

H/V

I/W

J/X

K/Y

L/Z

M

N

trifle with

아무렇게나 (함부로, 소홀히) 다루다, 우롱(희롱)하다

He is not a man to be **trifled with**.
그는 우습게 볼 사람이 아니다.

You must not **trifle with** your work.
일을 건성으로 해서는 안 된다.

try on

입어보다, 신어보다

Try these coats **on** to see if they fit you.
이 코트들이 맞는지 입어보세요.

She **tried** the shoes **on** but they were too small.
그녀는 그 신발을 신어보았으나 너무 작았다.

turn against

배반하다, 대립(적대)하다, 변심하다

After the divorce, he accused her of **turning** the kids **against** him.
그는 이혼 후에 그녀가 아이들이 그를 적대하게끔 한 것에 대해 비난했다.

He **turned against** his father.
그는 아버지에게 거역했다.

turn away

(남을) 퇴짜 놓다, 입장을 거절하다

The beggar was **turned away** from the door.
그 거지는 문간에서 쫓겨났다.

I can't **turn** her **away**, she's my brother's child.
나는 그녀를 쫓아낼 수 없어요, 그녀는 내 오빠의 아이인 걸요.

turn down

(조절 장치를 돌려 가스, 램프의 불을) 약하게 하다, 거절하다

He proposed to her and she **turned** him **down**.
그가 결혼 신청을 하자 그녀는 거절했다.

Will you **turn down** the radio while I answer the phone?
전화 받는 동안 라디오 소리 좀 낮춰주시겠습니까?

turn in

돌려주다; 제출하다, 건네다

Turn in your resume in duplicate.
이력서를 두 통 내십시오.

Have you all **turned in** your homework from last night?
지난주부터 숙제를 모두 제출했니?

turn off

잠그다, 끄다

Don't forget to **turn off** the lights when you leave.
떠날 때 불을 끄는 것을 잊지 마라.

Turn off the hot water.
뜨거운 물을 잠궈라.

turn on

…을 켜다, 틀다

Could you **turn on** the light, please?
불 좀 켜주시겠어요?

How do I **turn** it **on**?
이것은 어떻게 트는 겁니까?

turn out

···로 밝혀지다, ···이라는 것이 판명되다, (···의) 결과로 되다

How did the meeting **turn out**?
회의결과는 어떻게 되었습니까?

The rumor has **turned out** to be true.
소문은 마침내 사실임이 판명되었다.

turn over

(재산 등을)양도하다, (경찰에) 넘기다, (권한 등을) 위임하다

They **turned** the man **over** to the police.
그들은 그 남자를 경찰에 넘겼다.

When I leave, the project will be **turned over** to you.
내가 떠나면 그 계획은 당신에게 맡겨질 것입니다.

turn to

구하다, 의지하다

They have no one but you to **turn to**.
그들은 너 이외에 의지할 사람이 아무도 없어.

Nobody seems to understand, I don't know who to **turn to**.
아무도 이해 못하는 것 같아, 나는 누구를 의지해야할 지 모르겠어.

turn up

···에 나타나다, 도착하다

I wonder when they will **turn up**.
그들은 도대체 언제 도착할까?

My brother hasn't **turned up** yet.
내 형은 아직 나타나지 않았습니다.

A/O

B/P

C/Q

D/R

E/S

F/T

G/U

H/V

I/W

J/X

K/Y

L/Z

M

N

V/v

vary from

…와 다르다

The climate here **varies from** that of your country.
이곳의 기후는 당신 나라의 기후와 다르다.

This story **varies** little **from** the other.
이 이야기는 다른 것과 큰 차이가 없다.

vary with

…에 따라서 변하다

One's physical condition **varies with** the climate.
신체의 상태는 기후에 따라 변화한다.

His mood seems to **vary with** the weather.
그의 기분은 날씨에 따라 변하는 것 같다.

W/w

wait for

기다리다, 대기하다

Time and tide **wait for** no man. 세월은 사람을 기다리지 않는다.

I have been **waiting for** you for two hours.
두 시간이나 너를 기다리고 있었다.

I'm still **waiting for** my test results. 나는 아직 시험 결과를 기다리고 있다.

wait on

시중을 들다

> She **waited on** shoppers all day at the department store.
> 그녀는 하루 종일 백화점에서 쇼핑객들의 시중을 들었다.

> Jessica **waited on** me in the restaurant.
> 제시카가 식당에서 나에게 시중을 들었다.

wash up

설거지하다; 손이나 얼굴을 씻다; 휩쓸어가다, 밀어붙이다

> I helped my mother **wash up**.
> 나는 어머니가 설거지하는 것을 도와드렸다.

> Go **wash up** before dinner.
> 저녁식사 전에 가서 손을 씻어라.

> The storm **washed** our boat **up** on the shore.
> 폭풍우가 배를 해변으로 밀어 올렸다.

watch over

…을 지켜보다, 보살피다

> My guardian angel will **watch over** me.
> 내 수호천사가 나를 지켜주실 것이다.

> A shepherd was **watching over** his sheep.
> 한 양치기가 그의 양들을 지켜보고 있었다.

wear away

닳아 없애다(닳다).

> The lettering has **worn away**.
> 글자가 닳아빠져서 알아 볼 수가 없다.

> The cliff face is being **worn away** by the sea.
> 벼랑의 표면이 바다에 침식되고 있다.

wear down

닳아 없애다(없어지다); (끈덕지게) 설득하다; 지치게 하다

My shoes have **worn down** at the heel.
내 신발은 뒤축이 다 닳았다.

The baby **wore** me **down** with his constant crying.
아기가 줄곧 울어서 나는 지쳤다.

wear on

(시간이) 느릿느릿 지나가다

As the night **wore on** there was still no news of the missing plane.
밤이 지났지만 여전히 실종된 비행기에 대한 소식은 없었다.

The snow kept falling as the weeks **wore on**.
몇 주일이 지나도록 눈은 계속 내렸다.

wear out

닳아 없어지게 하다(닳다); 지치게 하다

My camera batteries have **worn out**!
내 카메라 배터리가 다 닳았잖아!

She came home completely **worn out**.
그녀는 기진맥진하여 집에 돌아왔다.

wind up

끝내다, 해치우다; (상점 따위를) 닫다, 폐쇄하다

The meeting **winds up** at about 7:00.
회의는 7시쯤에 끝납니다.

He **wound up** his speech with a text.
그는 성경 문구로 연설을 끝맺었다.

After a poker game, I always **wind up** broke.
포커를 한 후에는 늘 빈털터리가 되어 버린다.

wonder at

…에 놀라다

Sometimes I **wonder at** his behaviour.
가끔 나는 그의 행동에 놀라곤 한다.

They **wondered at** the man's skill.
그들은 그 사람의 솜씨에 감복했다.

work out

풀다, 계산하다, 완성하다, (계획 등이) 잘 되어 가다, …으로 끝나다

The cost of the holiday **worked out** at 5 dollars a head.
휴가 여행의 비용은 1인당 5달러로 계산되었다.

The plan will **work out** satisfactorily.
그 계획은 만족스럽게 진행될 것이다.

She will **work out** well in that type of job.
그녀는 그런 일을 잘 해낼 것이다.

work up to

승진하다; …에 향하다, 달하다, 발전하다

My mother **worked up to** the position of vice president.
나의 어머니는 부사장의 지위에까지 승진하셨다.

I don't know what the speaker is **working up to**.
연사가 무엇을 목표로 이야기하고 있는지를 모르겠다.

worry about

…에 대해 걱정하다

That's not much to **worry about**.
그건 크게 걱정할 일도 아니다.

You've really got no need to **worry about** your weight.
너의 몸무게에 대해서는 정말로 걱정할 필요가 없어.

A/O
B/P
C/Q
D/R
E/S
F/T
G/U
H/V
I/W
J/X
K/Y
L/Z
M
N

write down

적어두다, 기록하다

She **wrote down** his phone number.
그녀는 그의 전화번호를 적어 두었다.

I have a bad memory so if I don't **write** it **down**, I forger it immediately.
난 기억력이 나빠서 적어두지 않으면 금방 잊어버린다.

write off A as B

A를 B로 생각(처리)하다

We cannot **write off** this incident **as** mere bad luck.
이 사고를 단순히 불운으로 보아 넘길 수만은 없다.

We've **written off** the project **as** a nonstarter.
우리는 그 계획을 애당초 가망 없는 것으로 생각했다.

Y/y

yearn for

…을 그리워하다, 갈망하다, 간절히 …하고 싶어 하다

She **yearned for** a child.
그녀는 간절히 아이를 갖고 싶어 했다.

The whole country seems to **yearn for** its lost empire.
온 국민이 사라진 그들의 제국을 동경하는 듯하다.

yell at

···에게 소리치다, 고함치다

Don't **yell at** me like that!
나에게 그런 식으로 큰 소리 치지 말아요!

Never **yell at** each other unless the house is on fire.
집에 불이 나지 않는 한 서로에게 고함을 지르지 마라.

yield to

···에 굴복(항복) 하다, 응하다, 따르다, 지다

He **yields to** nobody in courage.
그는 용기에 있어서는 누구에게도 지지 않는다.

The hijackers refused to **yield to** demands to release the passenger.
공중 납치범들은 승객들을 풀어달라는 요구를 거부했다.

〈저자소개〉

김영일
서울시 교육청 초등교사 영어연수 강사 역임
전 경인여자대학교 교수
현 동양대학교 교수

저서_ Easy TOEIC, TOEIC Basic, 영어로 배우는 한국속담,
토익문법 이 책만 보면 꽉 잡는다,
The Road to English Stories (편저) 등